瞬间与永恒

——王杰及传人

傅宁军　刘晶林　著

江蘇鳳凰教育出版社

图书在版编目(CIP)数据

瞬间与永恒:王杰及传人/傅宁军,刘晶林著.—南京:江苏凤凰教育出版社,2023.4
ISBN 978-7-5743-0552-6

Ⅰ.①瞬… Ⅱ.①傅…②刘… Ⅲ.①王杰(1942-1965)—生平事迹—学习参考资料 Ⅳ.①K825.2

中国国家版本馆CIP数据核字(2023)第030575号

书　　名 瞬间与永恒——王杰及传人
作　　者 傅宁军　刘晶林
策　　划 戎文敏　周敬芝
责任编辑 周敬芝　李明非
责任校对 牟盛洁
装帧设计 夏晓烨
责任监制 石贤权
出版发行 江苏凤凰教育出版社(南京市湖南路1号A楼　邮编210009)
苏教网址 http://www.1088.com.cn
照　　排 南京前锦排版服务有限公司
印　　刷 南京爱德印刷有限公司
厂　　址 南京市江宁区东善桥秣周中路99号
开　　本 787毫米×1092毫米　1/16
印　　张 21.25
版　　次 2023年4月第1版
印　　次 2023年4月第1次印刷
书　　号 ISBN 978-7-5743-0552-6
定　　价 68.00元
网店地址 http://jsfhjycbs.tmall.com
公 众 号 江苏凤凰教育出版社(微信号:jsfhjy)
邮购电话 025-85406265,025-85400774
盗版举报 025-83658579

目　录

开篇　阳光灿烂的日子

2017 年 12 月 13 日，一个阳光灿烂的日子。

这一天，天空明净剔透，几朵白云飘来，没用多大的工夫，就把原本就蓝的天色擦得更加湛蓝。和煦的阳光也配合默契，分外给力，用极其柔和的金色光芒，照耀着冬日的大地，使得解放军第 71 集团军某旅驻地的整个营区，明亮而又温暖。

就在这一天，隶属于这支部队的王杰生前所在连队的连长沈国节、指导员高伟，接到上级通知：中共中央总书记、国家主席、中央军委主席习近平，将于下午前来连队视察。

这是多大的光荣啊！

王杰生前所在连队，是一个英雄的集体，组建于 1938 年 4 月，前身为华东野战军第八兵团侦察大队一部，先后参加过抗日战争、解放战争、抗美援朝和对越边境自卫反击作战。毫无疑问，习近平主席的视察，必将载入连队的光荣史册。

这又是多大的荣耀啊！

作为一支有着光荣传统的英雄集体，连队先后荣立集体一等功 1 次、二等功 12 次、三等功 10 次，连续 25 年被上级表彰为“基层建设先进连队标兵”。2005 年，被原南京军区授予“弘扬‘两不怕’精神模范连”荣誉称号。在军队规模结构和力量编成改革中，连队由工兵连整建制改编为装甲步兵连后，全连官兵抢抓转型机遇，通过不懈的努力，在较短的时间内，一路高歌，把昔日开路尖刀，重塑成了主战先锋！如今，作为百年红色基因的重要组成部分，作为中国共产党人源远流长的精神谱系，王杰精神，将因王杰传人们始终如一的奋斗，在新的历史时期，不断续写出辉煌的崭新篇章！

因此，在新时期这个不同寻常的重要节点，最高统帅来连队视察，注定将是连队的高光时刻，具有非凡的意义！

于是，连长、指导员及时把这个通知，向全连官兵进行了传达。

连长沈国节很是兴奋，他先后在各个班、排的宿舍转了三遍，每到一处，都要检查卫生。他检查得很仔细，摸了摸窗台，又摸了摸门框，试图摸出一点点灰尘。可是没有。每个宿舍都是窗明几净……当他又一次来到王杰班，刚要伸手去摸窗台时，班长王大毛就笑了。王大毛说，连长，你都检查过三遍了，放心吧，我们平时是怎么打扫卫生的，现在就怎么打扫。王杰班，在室内卫生上，从来都是“免检”！沈国节笑着说，这就好，这就好。说完，他离开王杰班宿舍，向室外的广场走去。

连队门前的广场上，矗立着王杰半身铜像，两侧标语墙上，分别书写着“一不怕苦、二不怕死”八个熠熠生辉的红色大字。沈国节走到广场的中央，站住了。他想，习主席来到连队，一定会看到王杰铜像的。连队官兵都知道，习主席对弘扬和传承“一不怕苦、二不怕死”精神高度重视，曾明确指出，军人要有血性，血性就是战斗精神，核心是“一不怕苦、二不怕死”的精神。在多次重要会议上，在硝烟弥漫、炮声隆隆的演习训练场上，在下海防、走边关视察基层部队时，习近平主席反复强调，无论什么时候，“一不怕苦、二不怕死”的革命精神不能丢。在党、国家、人民需要的时刻，军队就是要有这股劲、这股精神！

想到最高统帅对弘扬和传承王杰精神的重视，身为王杰生前所在连队的连长，沈国节就觉得在习主席来连队视察时，要做些什么。可是，做什么呢？

其实，他想要做的事情很多。比如汇报全连官兵学习英雄王杰，争当王杰传人的情况；比如汇报军改，连队由工兵连改编为装甲步兵连后，如何适应形势尽快转型的。当然，连长沈国节还想做的一件事，是集合全连，由他指挥，为习主席唱一首王杰连的连歌《王杰的枪我们扛》……

这是一首全连官兵都喜爱唱的歌。

王杰的枪，我们扛；
王杰的歌，我们唱。
一不怕苦，二不怕死，
一心为革命，永远跟着党……

一唱起这首歌，沈国节就觉得全身充满了力量。完全可以想象，届时，在他的指挥下，全连一百多号年轻的充满血性的官兵，扯开喉咙放声高唱时，其声，该是如何排山倒海；其势，该是多么震天动地！

是的，这不仅仅是唱歌了，还具有了唱歌之外的特殊意义。在沈国节的想象中，那歌唱得好啊，全连官兵，人人高歌，个个振奋，你比我嗓门大，我比你唱得还要高亢；你比我激昂，我比你更加歌声飞扬。实际上，对于王杰连的每一个成员来说，一年三百六十五天，大家天天与钢枪、战车为伴，与使命、责任为伍，以号角、战旗为魂，以团队、连史为荣，过着一种壮怀激烈的生活，日久天长，即使是唱歌，也没有丝毫理由不唱得生虎活虎，唱得血气方刚！何况大家面对习主席唱的是连歌，唱的是字字铿锵有力、句句掷地有声的经典歌曲《王杰的枪我们扛》呢！所以啊，对于官兵们，唱歌就像是打仗，要么不唱，要唱，就唱得不同凡响，唱得惊天动地。作为王杰传人，沈国节心里明白，他要的就是这股劲，这股不甘平庸，争创一流，始终走在最前头的顽强劲道！他要的就是全连官兵们对于使命的铁血担当,以及“两不怕”精神在王杰传人爱国情怀与英雄精神的汇聚中,释放出的磅礴力量!

按照上级的安排,指导员高伟在习主席视察连队期间,要陪同主席参观连队的荣誉室。

作为王杰连的指导员,高伟熟悉连队荣誉室陈列的王杰生平事迹,就像熟悉他自己一样。他曾无数次担任义务讲解员,为前来连队荣誉室参观的人们讲解过王杰的事迹。

1965 年 7 月 14 日,装甲兵某部一连班长王杰,在组织民兵训练时,突遇炸药包意外爆炸。危急关头,王杰奋不顾身地扑向炸药包,掩护了在场的民兵和武装干部共 12 人,将自己宝贵的生命和美好的青春年华,永远定格在了 23 岁。

王杰壮烈牺牲了。如今,王杰牺牲时遗留的血衣和钢笔残片,静静地躺在连队荣誉室的展柜里,高伟每每看到它们,就会想起老班长舍己救人的壮举。高伟心想,届时,他不需要详细地讲解王杰遗物的来历,面对英雄的遗留物,一切言语,都显得多余。

在短暂的 4 年军旅生涯中,王杰留下了 10 多万字的日记。这些文字,真实地记录了英雄成长的心路历程。隔着漫长的时光,王杰的声音依旧清晰——

什么是理想?革命到底就是理想。什么是前途?革命事业就是前途。什么是幸福?为人民服务就是幸福。

为了党,我不怕进刀山入火海;为了党,哪怕粉身碎骨我也心甘情愿。

……

这是英雄的心声！

说来，一个有希望的民族不能没有英雄，一个有前途的国家不能没有先锋。我们虽然身处和平年代，但同样需要英雄。英雄精神，永远是我们不断开拓前进的勇气和力量所在！

在习主席到达连队之前，高伟情不自禁地来到连队荣誉室，一方面，他要为陪同主席参观做准备；另一方面，他需要从中汲取力量。连队每有重大任务或重要活动之前，高伟都会下意识地来到连队荣誉室。这一天也不例外。高伟在荣誉室里慢慢地走，慢慢地看，内心充满了崇尚英雄的豪气，以及争做英雄的激情！

“王杰班”班长王大毛，江西吉安人。1985 年 9 月出生。2003 年 12 月入伍。2017 年 9 月调到“王杰班”担任班长，在此之前，他当过坦克驾驶员、班长、士官长。这个来自当年“十万工农下吉安”的红色土地上的“王杰班”第 31 任班长，中等个儿，乍一看，普普通通，眸子里，却时时透出一股特有的刚毅、坚韧不拔的精气神儿。

习主席将要来到他们班，看望战士们，王大毛作为班长，兴奋不已。习主席来了，他该怎么做呢？首先向主席问好，这是必须的。王大毛心想。接下来，他应当汇报班里的情况，然后……对了，向主席介绍王杰生前用过的书桌。多少年来，老班长王杰的书桌始终就在他们的宿舍里。当年，王杰曾在这张书桌上书写过日记……还有，王杰使用的床。王大毛甚至想，他应当向习主席演示为老班长铺床和叠被子。王杰牺牲 52 年来，每一任班长，一早一晚，都是这么做的。一年又一年，一直延续至今。也就是说，老班长始终没有离开过我们，他就生活在我们中间。这就像是连队点名，第一个呼点的，总是王杰。届时，全连官兵都会齐声高喊“到——！”……王大毛心想，他向主席演示这些，是在表明，他们至今没有忘记老班长！

“王杰班”的副班长王佳峰，战士黄龙、谢彬彬、李哲等人，也像王大毛那样，激动得心潮难平。他们也在默默地做着各自的准备。比如，他们在心里一遍遍地打着腹稿，说自己是哪年入伍的，参军之前在哪个学校学习，学的是什么专业，以及来到部队后的学习和训练情况……总之，他们要求自己，到时候一定不能紧张，在向主席汇报时，说话一定不要磕巴。

新战士李哲是从山东淄博入伍的大学生，在新兵连期间，他的训练成绩全旅排名第一。来到“王杰班”之后，李哲先当 120 反坦克火箭炮手，接着当机枪手，现在则是狙击枪手。他从小习武。练习中国功夫之人练到高深处，动如脱兔，静如处子，便是一绝。而狙击手的一项基本技能则是心理素质过硬，任凭风吹雨打，我自岿然不动。经过刻苦训练，李哲在这一点上，做到了人枪合一。然而，当李哲得知习主席要来他们班看望战士们时，其内心深处竟然情不自禁地萌发出一个奇特的愿望，他希望能够当着习近平主席的面，为主席表演一套拳术。要是能够如愿以偿，那该多好啊！这样想着，李哲的心里就觉得特别地美！

不过，李哲的这个愿望后来没能实现。但好在主席听说他练过武术，亲切地问他，练的什么拳？这让李哲特别高兴。他心想，等以后有机会，他一定要为习主席打一套拳。

当然，这已是后话。

这天下午，集合号吹响了，全连官兵在营区门口列队，迎接习近平主席的到来。

2017 年 12 月 13 日这一天，阳光灿烂。当明媚的阳光照耀着营区，照耀着列队的王杰生前所在连队的官兵时，呈现在大家眼前的，是一群泛着金色光芒的群体雕像！

其实，看一个部队有没有战斗力，不必到训练场上，或是到枪林弹雨、烽火硝烟的战场去检验，你就看战士们平时的列队，从他们的一举一动、一招一式中，就可知道他们的军事素养有多棒；与此同时，你再看他们的精神气质，看看他们一个个打心底透出的那股子英雄豪气，就知道一旦打起仗来，他们必将勇往直前、无坚不摧。是的，军队是要打仗的，打仗就要有打仗的样子，就要有“一不怕苦、二不怕死”的劲道。对于王杰生前所在连队，英雄王杰所体现出的那种“两不怕”精神，将永远是他们的宝贵财富！

采访手记之一

据新华社 2017 年 12 月 13 日消息，这一天上午，中共中央、全国人大常委会、国务院、全国政协、中央军委在南京隆重举行南京大屠杀死难者国家公祭仪式，习近平等党和国家领导人出席了这项重要的活动。

同一天下午，习近平主席来到江苏徐州，视察王杰生前所在连队。

那么，习主席出席在南京举行的南京大屠杀死难者国家公祭仪式，与视察王杰生前所在连队，两者之间，是否有着某种必然的联系？

我们认为，习近平主席同一天的两地之行，具有非同寻常的深刻意义。

为什么这么说？

让我们翻开新华社2017年12月15日电文《大力弘扬“两不怕”精神，全面提高新时代备战打仗能力——习近平主席视察王杰生前所在连在全军和武警部队引起强烈反响》。

习主席出席南京大屠杀死难者国家公祭仪式，是代表国家和人民，深切缅怀南京大屠杀死难者，宣示中国人民铭记历史，珍爱和平；而视察王杰生前所在连队，则充分体现了习主席对学习和弘扬“两不怕”精神的高度重视，以及表明了新一届中央军委推动练兵备战在基层部队落地生根的鲜明态度。对于中国军人来说，全面提高新时代备战打仗能力，维护和平，是同时落在他们肩头的两副重任。

所以说，那一天，不仅仅是王杰生前所在连队的官兵们深刻意识到了习主席此行的非凡意义，全军和武警部队同样在更加广阔的层面上，加深了对于战争与和平的认知。

时光啊，请记住南京大屠杀死难者国家公祭那一天，6名南京市各界代表撞响“和平大钟”，之后，伴随着深沉悠远的钟声，寓意着对30万死难者深深追思和圆梦中华的3 000只和平鸽凌空飞翔。

岁月啊，请记住习主席视察王杰生前所在连队的那一刻，全连官兵齐声高唱连歌《王杰的枪我们扛》，那激越嘹亮的歌声，张扬着热血与忠诚，蕴含着顽强和无畏，象征着一往无前、战无不胜！

2017年12月13日，值得回味与思索的日子！

采访手记之二

2018年2月2日，首都中国剧院。在中央军委慰问驻京部队老干部迎新春文艺演出中，青年歌唱家泽旺多吉用浑厚硬朗的歌声，深情演唱了《王杰的枪我们扛》。

通过电视播放的节目，大家看到中共中央总书记、国家主席、中央军委主席习近平在听到这首歌时，笑容满面，如沐春风。

一个多月前，习主席在视察王杰生前所在部队时，听官兵们唱过这首歌，没有乐器伴奏，却荡气回肠。

那是无伴奏的大合唱。

全连官兵大合唱。

英雄王杰

第一章 历史的回响

1. 万物生长的季节

1965 年的盛夏，正是万物生长繁盛的季节，位于苏北平原的江苏邳县（今为邳州市）乡间，一眼望去，到处充满了生机勃勃的绿色。你看，大路两旁的树是绿的，田野里的庄稼是绿的，小河边的草地是绿的，就连水塘倒映的被风儿吹皱了的柳枝也是绿的。

在这一年 7 月 14 日的早晨，有一位身穿绿色军装的年轻士兵穿越漫长的时光，向我们走来。在他离我们越来越近的时候，恍惚中，我们觉得，作为背景，满是大片大片绿色的大地，竟是被他军装染绿的。那绿色，绿得青翠，绿得生动，绿得极富生命浓郁的气息，让人有一种积极向上的感觉，过目不忘！

这个走来的年轻士兵，名叫王杰。

王杰出生于 1942 年 10 月。1961 年 8 月，他参军入伍，成为中国人民解放军驻江苏徐州坦克二师工兵营的一名战士。由于吃苦耐劳，训练扎实，王杰很快掌握了军事技术。他曾在部队举行的某次年终考核中，作为爆破能手，获得了“五大技术”满堂红，并被评为优秀战士，荣立三等功。作为一名军事技术过硬的班长，王杰被工兵营一连派到邳县张楼公社担任地雷爆破的教员，带领民兵进行训练。

说到这里，要提及一个人，他便是时任张楼公社党委书记兼武装部部长的丁如光。早在 1942 年就参加革命，抗日战争中担任过部队连指导员的丁如光，特别重视基层的民兵建设。在他的提议下，为了响应上级号召，张楼公社党委经过研究，决定成立民兵地雷班。恰在这时，王杰所在部队坦克二师工兵营拉练，在张楼公社驻地附近进行游泳训练。丁如光闻讯，喜出望外，连忙登门拜访。他找到营长英达，请求部队派人对民兵地雷班的训练进行指导。

英达营长对丁如光书记说，你可找对了人。我们是工兵营，埋地雷，搞爆破，是我们的专业。接着，营长把训练民兵的任务交给了工兵一连的爆破能手王杰和陈学义。

丁如光清清楚楚地记得，那天是1965年7月1日，中国共产党成立44周年纪念日。在这样一个日子里，丁如光书记把王杰和陈学义接到了张楼公社。也正是从那一天起，丁如光与王杰以及王杰精神，有了一生的不解之缘。

截至1965年7月，王杰入伍已是第4个年头了，在这1 400多个日子里，他严格要求自己，练就了一身过硬的军事技术和专业本领。他不仅射击、投弹成绩优异，埋雷、爆破等专项指标名列前茅，还在平时的训练中，勇于标新立异，开拓进取，积极参与器材和教案的改革。王杰曾经成功地革新了坡度测量仪，并根据南疆边防斗争的实际需要，钻研出了一套利于实战的丛林布雷法。

如此身手不凡、技艺高超的王杰，为人却十分低调，毫不张扬。他来到张楼公社的第二天，也就是7月2日，便开始组织民兵地雷班进行训练。

训练时间为每日早晨5时至8时。

课程既有理论学习，也有实际操作。

王杰的居住处离训练地有2里多路，但每天一大早他就来了。他就像是走时精准的分针，总是提前5分钟，站在教员的位置上，把自己站成一棵挺拔的青松。

夏日多雨。有一次，雨下得很大，民兵们以为这样的天气不会训练了，可是浑身被雨水淋透了的王杰，依然按时出现在大家的面前……

王杰责任心强，教学细致认真。参加训练的民兵地雷班 12 名成员中，有的人文化程度较低，他讲课讲快了，怕对方听不懂，就放慢速度讲；有时候一个内容讲了六七遍，还有人弄不明白，他就不厌其烦地再讲，一遍一遍地讲，直到对方理解了为止。

地雷班的训练课目以教授应用地雷为主。为了教好这个课目，王杰事先备课，翻阅了许多资料，光是笔记，就记了厚厚的一大本。为了能够让民兵们听得准，记得牢，王杰还把军事术语编成顺口溜；为了使民兵们掌握多种地雷的设置方法，他反反复复地进行讲解，做示范。教学中，王杰给自己定下了一条原则，即处处从实战需要出发，未来仗怎么打，他就怎么教；教则能用，用则有效。

在民兵地雷班的成员中，吴步良的年龄最小，只有 17 岁。训练中，往往一个地雷坑，别的民兵两三分钟就能挖好，可是吴步良因为力气小，很难完成。王杰就手把手地教他。王杰一边示范挖地雷坑，一边教他怎么用锹，手握在哪个位置才能够更好地使上劲，以及挖的角度应当怎么掌握，等等。王杰还把吴步良带到土松的地方挖。王杰说，先在松土地练，等你练好了，方法得当了，再到硬土的场地挖；由易到难，就能熟能生巧。经过王杰耐心细致的指导，吴步良进步很快，埋雷技术有了明显的提高。

王杰在训练中严格要求，在生活上却处处关心他人。地雷班民兵周士忠家住新庄大队，离公社民兵的训练地有 4 里多路。一天，训练刚刚结束，天空骤降大雨，周士忠急着要回家。王杰说，别走了吧，雨这么大，走不了几步，身上就湿透了。王杰让他留下，和他住在一起。周士忠说，雨下起来不知道什么时候才能停，再说，家里有事，还是回家吧。

这时，王杰便把自己的雨衣给他披上，并脱下脚上的解放鞋，让他穿。周士忠不要。王杰不依。王杰说："你不穿，就不能走。"周士忠拗不过王杰，只好穿上了……

就这样，日子过得很快，转眼间，王杰来到民兵地雷班当教员已经两个星期了。接下来，就到了 1965 年的 7 月 14 日。这一天，对于王杰，是非常重要的一天！

午夜一点多钟，王杰提前起床。他要站两点钟的岗。

作为一名老兵，王杰每晚睡觉前，都要把第二天早晨起床时需要穿着的衣物摆放在固定位置。这是长年部队生活养成的习惯，即鞋子放在床前，以便紧急集合时，一起床，人坐在床沿，就能以最快速度把脚伸进鞋子里。衣服和裤子亦摆放有序，一一放在伸手就能够得着的地方。起床后，按顺序操作，三秒五秒，就能着装整齐。

但在这个早晨，王杰在穿袜子时，动作比往常稍稍慢了一点。他拿起袜子，目光在袜套上停留了片刻。家乡人喜欢在袜底缝上袜套，一来实用，可以保护袜子，尽可能地让袜子经久耐用；二来具有民间艺术色彩，经过手工缝制艺术加工的袜套，在视觉上就很俏丽，很有地方特色。王杰的袜套，是他的未婚妻赵英玲一针一线精心缝制的。

1965 年 6 月 14 日，王杰探亲归来，他是穿着赵英玲做的袜套一步步回到军营的。在此之前，服役期满，早已享有探亲假的王杰，先后 4 次，放弃了探亲的机会。一次，是因为训练，王杰认为先进班要起到带头作用，耽误不得；一次，听说师部组织班长集训，王杰不想错过这个机会；一次，正准备探家，六班副班长的父亲得了重病，家里来了电报，王杰把探亲假让给了他；还有一次，是王杰所在的五班接到任务，要参加军区的汇报演练，于是，王杰二话不说，主动找到排长，要求以工作为重，个人的事，先放一放。

这样就到了 1965 年 5 月下旬。连长刘德林从王杰的老乡那里得知王杰母亲心脏病复发，立即安排文书替王杰买好了火车票，并安排五班战士陈建同，硬是把王杰送上了开往家乡的火车。

说起来，王杰已经 7 年没有见到父母亲了。还是在王杰很小的时候，王杰的父亲王儒堂，把王杰过继给了他膝下无子的哥哥，也就是王杰的伯父王廉堂。在王杰 16 岁那年，因王杰的一个姐姐嫁到内蒙古阿荣旗那吉屯，父母举家迁走，留下王杰和伯父一起生活。接着，1961 年 8 月，王杰参军。入伍 4 年之后，王杰得以探家。他到内蒙古探望父母，与此同时，也探望自己的未婚妻。

未婚妻赵英玲和王杰青梅竹马，同在老家山东济宁金乡县的一所中学读书。王杰高赵英玲一届，但两个人的班级教室紧挨着，上课前后，两人经常遇到。

1959 年的某一天，老师组织同学们到村里帮助社员种水稻，王杰和赵英玲所在的班级被分派在同一个生产队。都是农村长大的孩子，大家对干农活并不陌生，但谁个干得好，谁个活儿细，却一眼就看得出来。在稻田里插秧，女生往往一手拿一捆秧苗；男生呢，劲大，一般一手提两捆。可是王杰不同于他人，一手能拿三捆，且一边拿着，一边插秧，速度很快，转眼间，就能在田里插上一大片稻秧。赵英玲看着看着，心跳加快，低头把水田当镜子照，发现自己的脸竟然红扑扑的，像是春天盛开的花朵……

心中有爱，自然两个人走得就很近。结果，你来我往，时隔不久，由家人出面，王杰和赵英玲牵手定亲。

1961 年，王杰参军之后，赵英玲为了支持王杰在部队的工作，毅然从山东老家来到了塞外大草原，与王杰的父母一同生活，主动承担起了照顾老人的重任。对此，王杰对赵英玲从心里充满了感激之情，爱得更深了。

从千里之外的江苏来到内蒙古探家，短短15天的假期里，王杰除了尽一份孝心，陪同父母，独自一人揽下了全家所有的农活，此外，就是花前月下，和赵英玲在一起，耳鬓厮磨。

那天，赵英玲拿出早已做好的袜套给王杰看。她问王杰："好看吗？"王杰说："好看。"那是一双白布帮、水红底的袜套，上面绣着花。王杰细看，是牡丹花。王杰想起牡丹有富贵之意，意思是牡丹花代表着富贵，同时也具有高洁优雅、高贵端庄的品质。于是，当赵英玲问他："喜欢吗？"王杰说："喜欢！"说着，王杰从未婚妻手里满心欢喜地接过袜套，把它紧紧地贴在胸口。

也正是在那一天晚上，王杰给赵英玲吹起了竹笛。

王杰多才多艺，爱打篮球，会唱歌，会拉二胡，会吹笛子。6月的内蒙古呼伦贝尔大草原，辽阔、宽广。阵阵晚风吹来，让人感觉非常舒适与惬意。抬头看，低垂的天空中伸手可触的是大颗大颗的星星；低头瞧，草原上盛开的是一片一片的花朵。朦朦胧胧，亦梦亦幻，这样诗意盎然的情境，很适合恋人谈情说爱。王杰用一支竹笛，抒发了内心的情感。他吹奏的是电影《柳堡的故事》中的插曲《九九艳阳天》——

九九那个艳阳天来哟
十八岁的哥哥坐在河边
东风呀吹得那个风车转哪
蚕豆花儿香呀　麦苗儿鲜

……

九九那个艳阳天来哟

十八岁的哥哥呀告诉小英莲

这一去呀翻山又过海呀

这一去三年两载呀不回还

这一去呀枪如林弹如雨呀

这一去革命胜利呀再相见

……

王杰是在用笛声告诉赵英玲什么吗？

去年夏天，准确地讲，是 1964 年的 8 月 6 日，赵英玲写信给王杰，希望他回来和她完婚。王杰想到近期要参加上级组织的军事集训，作为连队的技术骨干，他应把工作放在第一位；再说，自己还年轻，个人的婚姻问题，即使晚几年解决，也没有什么关系。于是，王杰给赵英玲回信，说了自己的想法，劝说她推迟婚期。

恋爱多年，赵英玲非常了解王杰。收到信后，赵英玲同意了。现在，王杰探家回到了她的身边，她觉得有更多的时间和王杰在一起，就很知足，很幸福。

夜色中，陪伴在王杰身边，听着飘落在大草原上悠扬的笛声，赵英玲从中感受到了一种爱的纯粹与甜蜜！

……

此时此刻，同样是晚上，探亲归队已经一个月的王杰就要执勤上岗了，他迅速把自己的思绪从千里之外的家乡收拢回来，并以极快的速度穿好袜子，穿上鞋，武装整齐地向着夜色苍茫的户外走去。

王杰从深夜 2 点钟站岗，站到 3 点，下岗后，又替东庆民站了一班岗。

替战友站岗，对王杰来说，已是家常便饭。他心里总是想着他人，想着战友训练辛苦，自己多站岗，可以让别人多睡一会儿。至于自己，王杰却顾及不多。就像眼下，站完岗，已经凌晨 4 点了，王杰心想，即使再睡，也睡不踏实了；况且，一大早他还要赶到位于古运河附近的训练场，组织民兵进行实爆训练，所以，他索性不休息了。

这样想来，王杰拎起水桶，到井台打水。为了不打扰大家，王杰事先轻手轻脚地把全排战友的脸盆从屋里拿出来，一一倒上水，然后再把倒有井水的脸盆端回屋里去。王杰一趟一趟地打水，倒水，端水，忙得不亦乐乎。

做好这一切后，王杰脸上露出了满意的笑容。随后，王杰踏着晨露，向训练场走去。

这时候的王杰，不可能知道，此一去，他就再也没有回来。他把自己 23 岁年轻的生命，定格在了这一天的早晨；他把离开宿舍前做的一件件好事，永远清晰地留在了战友们的记忆中。

2. 永远有多远

夏天，天亮得早。刚刚 5 点钟，晨光就跃出了地平线，把尚在睡梦中的大地照亮了。

牵着一缕晨曦，王杰行走在古老的大运河河畔。

据史书称，流经邳县的大运河，并非隋炀帝开凿，而是明清两朝称之为“泇河”的京杭运河的河段。但不管怎么说，邳县境内的 56.1 公里的大运河，不仅成为当地南北航运黄金水道、苏北鲁南水陆枢纽，而且还积淀了丰厚的人文底蕴。自从来到邳县张楼公社担任民兵地雷班的教员，王杰每天去训练场，都要经过大运河滋润的这片土地，他觉得自己的心里也有一条大河，在奔腾，在流淌！

说来挺有趣，张楼公社的党委书记丁如光曾经对王杰说："你知道我们为什么要成立民兵地雷班吗？"王杰说："知道啊！"丁书记笑着说："你怎么知道的？"王杰说："肯定是看了电影《地雷战》之后，有了这样的想法！"丁书记哈哈大笑。丁书记说："的确如此。当初要搞民兵训练，我们几个公社领导碰头商量怎么训练，练什么。还是练老一套的投弹、射击吗？正巧，那天晚上公社放露天电影，放的是《地雷战》。电影放完，公社的领导们异口同声地说，成立民兵地雷班吧，电影上的胶东民兵能用地雷把敌人炸得哭爹叫娘，抱头鼠窜，一旦打起仗来，我们也一定能行！"于是，丁书记就找到了工兵营的英达营长；之后，王杰就来到张楼公社的地雷班，教民兵们爆破和埋雷。

按照训练计划，这一天是王杰指导民兵地雷班训练的最后一课，课目为"绊发式防步兵应用地雷"的实爆训练。因为训练中要用炸药包代替地雷做实爆示范，王杰早早就来到训练场，进行准备。

为了训练的安全，王杰在民兵到来之前，独自捆好了两个炸药包，先后在小河边进行了试爆。

从试爆的情况看，一切进行得非常顺利，方法、步骤，井井有条；起爆、炸点，都在掌控之中。

做完了这些，王杰面带笑容地等待着民兵们的到来。

早晨 7 点半，参加训练的民兵和武装干部共 12 人来到了训练场。他们纷纷问王杰刚才听到炸药的爆炸声是怎么回事！王杰说，是他先后引爆的两个炸药包。王杰接着说："今天进行的课目是实爆，先进行一下试爆。”民兵们说：“王教员，你早说啊，早说我们就早点来了，看你怎么操作，从中好多学两手！”

同样是这一天的早晨 7 点半，距古运河附近的训练场不远的王杰所在连驻地，工兵一连全连集合，召开军人大会。指导员余济亮在连队的半年工作总结中，多次表扬了王杰，并宣布五班班长王杰被评为优秀战士。

同样是这个时间段，王杰开始组织民兵实施训练。他把 11 名民兵和一名武装干部带到一条平常训练的坚硬的土路上，先讲解了“绊发式防步兵应用地雷”的实爆要领，然后下达训练课目，接着开始做实爆示范。

王杰先用军用锹挖雷坑。土很硬，王杰每挖一锹，都溅起一些泥土。但王杰挖得很快，不一会儿就把雷坑挖好了。之后，他用水泥袋的包装纸包上炸药，一边包，一边讲解。他将炸药包好，捆绑成炸药包的形状，接着安装起爆装置，即把连接在一起的拉火管和雷管，插入炸药包中。

按照王杰的战友，1963 年 1 月入伍，后来当过王杰连连长的徐汝明的说法，王杰是经过严格考核获得资格的一级爆破能手，在全连一百多号人中，持有此级别证书者，也只有个把人。所以，王杰的专业技术过硬，是工兵专业中的佼佼者。由他动手制作的用炸药包替代的绊发式防步兵应用地雷，质量完好。

安装好“地雷”引爆装置，王杰把炸药包放在雷坑里，然后向围在他身边的 12 个人进行讲解。

王杰说：“刚才大家看到了吧，第一步，是挖雷坑，把代替地雷的炸药包捆好；第二步，连接实爆装置，即把拉火管、雷管与炸药包进行连接；第三步，也就是最后一步，拉动拉火管的拉火栓，起爆地雷……”

在场的民兵和武装干部认真地看着，听着。

这时候，初升的太阳，把柔和的光均匀地铺洒在训练场上，给人一种到处亮亮堂堂的感觉。路边的树上，有一群叫不出名字的鸟儿，叽叽喳喳地叫了几声，然后拍打着翅膀飞走了。

然而，就在这平静的早晨，一个隐匿着的巨大危险，正悄悄接近王杰他们……

危险到来的时候，王杰正在给民兵们进行炸药包实爆的讲解与演示。他发现情况不妙时，立即意识到爆炸即将发生。之前我们说过，王杰是一级爆破能手，他是工兵这个领域中的技术尖子。王杰看到了拉火装置突然失控，发生了意想不到的自燃。在这一瞬之间，连接雷管插在炸药包中的拉火管发出了“噗”的一下短促的响声，与此同时，火星喷溅，冒出了白烟！

此时，有着丰富爆破经验的王杰，身体只要向后一仰，一秒钟之内，就可以凭借雷坑里炸药包爆炸的 45 度死角，脱离危险，躲过一劫。但王杰没有这样做。王杰反而向着瞬间就会起爆的炸药包纵身跃起，猛扑过去。

被救的民兵事后说，那一刻，王杰张开双臂，像是一只张开翅膀疾速飞翔的雄鹰。他一边朝着即将起爆的炸药包扑去，一边命令围在他身边的民兵和武装干部：“快闪开！”

王杰话音未落，炸药包就起爆了！

炸药包是被王杰压在身子底下爆炸的，震耳欲聋的响声，连同炸药起爆的巨大威力，把王杰高高地掀起来，抛向空中，然后又重重地把他摔向地面……

那一瞬间明明知道扑向炸药包会死，王杰还是奋不顾身地扑了上去。王杰把生留给了他人，把死留给了自己。

是王杰一时冲动吗？

哦，绝不是！绝不是！！

看一看23岁的王杰所走过的生命之路，你就会发觉，关键时刻，用血肉之躯舍己为人，完完全全是因为王杰的思想达到了一种境界，一种崇高的、纯粹的、神圣的，汇聚了人类理想与完美精神追求的大境界！

据王杰儿时的小伙伴们回忆，王杰从小就崇拜英雄，爱看英雄画册，喜欢听刘胡兰、邱少云的故事。

1957年，家乡发大水，年仅15岁的王杰，冒着生命危险，抢救了生产队的马匹。

据王杰的战友们说，1963年8月27日，王杰随同所在部队奉命到河北抗洪救灾。一天夜里，上级命令连队到木料场去抢运木料。当时木料场被洪水围困，需要派人探路。王杰主动请缨。随后，他冒着生命危险，独自走在队伍的最前头。在寻找通往木料场的进出口时，王杰的腿上、手上被水下的铁丝网划出道道血痕……

战友们还说，哪里有困难，哪里最危险，哪里就有王杰。一次冬季训练中，王杰带头跳进结冰的水中打桩架桥；一次施工时，突然暴发的山洪卷走了物资，又是他第一个冲上前去进行抢救。更多的是，大凡施工中爬空、钻洞进行爆破，王杰总是担着风险抢先去装药、放炮；有时发生哑炮，又总是他奋勇当先地去排除。

王杰壮烈牺牲，留下了三本日记。时隔半个多世纪，我们从王杰日记的字里行间，可以清晰地看到"钢铁是怎样炼成的"，看到英雄之所以成为英雄的必然性。

王杰在日记里这样写道：

今后不论在什么工作中我一定做到:“为革命的事业忠心耿耿,为革命胜利勇于牺牲。是共产党员哪能不视死如归,做革命军人岂能管个人安危。”

革命先烈这种英雄行为,是我学习的榜样,我要经常用他们动人的事迹,对照自己,检查自己,要求自己,鞭策自己。尽管我有很多很多地方不如他们,但是我有决心学习他们,为革命事业,为人类最壮丽的事业而贡献自己宝贵的一生。

一个人生活在世界上,活要活得有意义,死要死得有价值。

我们要一不怕苦,二不怕死,做一个大无畏的人。

所以说,王杰在生死关头,经得起考验,为了掩护他人,出于本能地纵身一跃,扑向炸药包,实现了他一生的价值追求!

王杰英勇地倒在血泊中,永远地离开了我们。他以实际行动,书写了一曲感天动地的英雄赞歌!

永远有多远?

有时候,恰恰就发生在一瞬之间……

辛庆文是王杰的战友。

当初,部队来到山东金乡县招兵时,已上高中三年级的辛庆文拿不定主意,心想:“是继续考学呢,还是应征入伍?”于是,辛庆文找到他的好朋友王杰商量。

王杰比辛庆文低三届,是初中三年级的学生。一个大同学找小同学商量人生中如此重大的事情，可见辛庆文对王杰的重视，可见两个人的关系很铁，亦可见王杰是个有想法、有主见的人。

王杰听了辛庆文说的一番话，只说了一句："俺听党的话，党叫干啥就干啥。"

1961年，部队招兵，重点选拔有文化有知识的学生参军入伍。这是国防建设的需要。辛庆文听王杰这么讲，于是二话不说，当即跟在王杰后面就去报名。

随后，两人一同穿上军装，来到部队。

因为辛庆文文化程度高，是当时那批入伍的新兵中少有的高中生，以至在新兵连时就受到了重用，当了王杰所在新兵班的副班长。

许是两个人的关系好，好到冥冥之中双方竟有了一点心灵感应，随着王杰纵身扑向炸药包，一声巨雷骤响，山崩地裂之时，离民兵地雷班训练场不远，正在列席参加营党委扩大会议的辛庆文意识到不好，他向营长提出了请假。营长问为什么，辛庆文说："工兵一连五班班长王杰在组织民兵实爆训练，刚才那一声爆炸，好像感觉不大对劲……"营长让辛庆文赶紧过去看看。

辛庆文快步离开会场，为了抄近道，以最快的速度赶到民兵训练地，他竟翻越墙头，然后直奔爆炸点。

辛庆文赶到事发地，看到王杰浑身是血地在离爆炸点半米左右的地方躺着，不由快步上前，把王杰紧紧抱在怀里，失声喊道："王杰！王杰！快醒醒！快醒醒！！"幸存的人们也急切地喊着："王杰！王杰！"

这时候的王杰，多处伤口仍在流血。鲜红的血，把王杰染成了血人。他已听不到大家的喊声。他的眼睛仍然睁着，望着天空，望着天空中的太阳……

辛庆文急忙用手去捂王杰的伤口。血止不住。随后辛庆文拿起一片炸碎了的军衣，替王杰擦去了血迹。此时，王杰才轻轻地闭上了眼睛。“王杰！王杰！你醒醒，我带你回家，回连队！”辛庆文大声地喊着，泪如雨下……

和辛庆文一起失声痛哭的，还有被王杰救下的12人。

在炸药包爆炸的一瞬间，站在王杰左前方不足一米远的民兵李彦清，看到火光一闪，接着听到一声雷鸣，之后就什么都不知道了。后来，李彦清隐隐约约听到一个声音在喊：“不好了，不好了，王教员牺牲了！”他才醒了过来。当即，李彦清用手揉了揉眼睛，模模糊糊地看到倒在血泊中的王杰，忍不住哭了。

是王杰救了大家啊！

在被王杰救护的12人中，年龄最小的，是吴步良。在训练中，王杰曾亲切地称呼他为“小老弟”。当时，炸药包爆炸时，吴步良位于爆心的右侧。如果不是王杰及时救了他，起爆的炸药包就会炸中他的腹部。当时，炸药包的爆炸使吴步良受了皮外伤，后来他在乡医院住了一些天，便康复出院了。

范志华是王杰救下的另一位民兵。

范志华是民兵地雷班的主要爆破手。在实爆训练之前，他一只手里拿着22枚雷管，一只手里提着一个500克硝胺炸药捆成的模拟地雷的炸药包。就在实爆前，王杰拿过范志华手中的炸药包和雷管，说：“老范，就要实爆训练了，把炸药包和雷管给我吧，拿在手上不安全。”范志华听从教员的安排，把手上的爆炸物递给了王杰。事后，范志华说，幸亏王教员把他手上的爆炸物品妥善安置了，要不然，炸药包爆炸，连同引爆他手中的爆炸物，后果不堪设想！

当时离爆点最近的，除了王杰，就是郭文武。他站在王杰的右侧，近距离地观看实爆演示。当拉火管意外自燃，要不是王杰扑向炸药包，郭文武说，他肯定会被炸药包炸上天。

被炸伤的民兵中，有三个人伤势较重。一个是罗汉瑞，被骤然起爆的炸药包炸断了左腿，后来被鉴定为二等甲级伤残。另一个人是林义群，伤了双眼，经救治后，他的两眼视力分别是 0.1 和 0.2。还有一位名叫刘成喜，他的喉咙被炸伤了，经治疗，仍有好长一段时间说话嗓子漏气，每说一句话，都伴有气流声，呼哧呼哧，喘不过气来。

参加训练的 11 名民兵和 1 名武装干部中 6 人或重或轻地受伤，但他们都说，要不是王杰，他们早就光荣牺牲了。

此后的每年 7 月 14 日，民兵地雷班的幸存者，都会相约一同来到王杰牺牲地，或是王杰纪念馆，追思王杰，怀念英雄。

后来，他们之中有几位民兵因病去世了，其余的人仍旧在那个刻骨铭心的日子里，不顾年老体弱，相互搀扶着，结伴而来，来看望王杰，来和王杰说上一番心里话……

在辛庆文之后，较早时间赶到王杰牺牲现场的，还有韩义祥。他是王杰的战友，和王杰同年从山东金乡县一起参军入伍。

那天早晨，一声剧烈的爆炸响起之后，是谁喊："快去啊，快去啊，去民兵训练场……"韩义祥预感到不好，王杰在那边的训练场带领民兵训练呢！于是，韩义祥撒腿就往那里一路飞跑。

到了那里，韩义祥看见战友辛庆文把血肉模糊的王杰抱在怀里，四周一片民兵们的哭声，他的心都要碎了！

生命对每个人只有一次，危险时刻敢于舍弃自己，冲锋在前，用身体保护更多的人，这样的英雄，永远令人敬佩！

就在 3 个月前，原本轮到王杰探亲，连队已经给他安排好休假，这时候，韩义祥接到家里的一封电报，说是父亲病重，让他速回。其时，韩义祥心里七上八下，不知如何是好。如果他要求回家，势必王杰就走不成，因为一个排不能同时安排两个班长探亲；如果不提出回家，父亲病重怎么办？就在这天晚上，连长刘德林找到韩义祥说："王杰看到你来电报了，知你家里有事。他让你先回家看望老人。"连长又说："我们研究后决定，你先探家。"第二天，王杰特地帮助韩义祥办理探家手续，并把他送出了营区。王杰让他放心，说他们班里如果需要他做什么事，他会尽力的。

谁知，韩义祥探家归来后没多久，王杰竟壮烈牺牲了。残酷的现实，让他一时难以接受。

韩义祥心想，王杰，多好的战友啊，咱不能光是悲痛，还应当为他做一点什么，以告慰英雄的在天之灵。于是，韩义祥忍住内心巨大的悲痛，和七班班长辛养法一起，在距爆炸点二十多米的田地里，一点一点地将战友被炸飞的碎骨收殓起来，然后用布包好，集中安放在王杰的身边。

在这之后，由领导安排，韩义祥和连队副指导员赵书彦一同来到王杰家乡山东金乡县华堌村，把王杰牺牲的经过以及后事处理的情况向王杰伯父母进行了汇报。王杰的伯父母听到孩子英勇牺牲，顿时悲痛不已……

韩义祥退伍后在金乡县供电公司工作。他利用业余时间，广泛宣传王杰精神。他撰写的《王杰》一书，被纳入《100位新中国成立以来感动中国人物》丛书中。

3. 泪飞顿作倾盆雨

张楼公社书记丁如光，在解放战争中耳朵被炮火震聋，听力不大好。

有时候，跟他说了什么，他会把耳朵凑向对方跟前，“啊啊啊”地问：“你说什么？再说一遍？”

1965年7月14日上午，丁如光听说王杰为掩护民兵，在训练中壮烈牺牲时，以为是自己耳背听错了，竟然对着对方大发脾气，说：“你胡说，王杰在训练民兵埋地雷，他好好的！”等到对方再一次告诉他实情时，丁如光愣了一下，当即放下手上的工作，骑上一辆平日里走村串巷下到地头田间用的自行车，朝着古运河附近的民兵训练场飞驰而去。

到了事发现场，丁如光见到满身是血的王杰，大声责问周围的人：“你们还愣在那里干什么？快送到医院抢救啊！”

丁如光不相信王杰牺牲了。两个星期前，是他把王杰从工兵营请来，担任公社民兵地雷班教员的。23岁的王杰，一个青春焕发、生龙活虎的小伙子啊，怎么可能说没就没了呢？丁如光不甘心，他一次一次地测试王杰颈部的动脉，都感觉不到一丝跳动，丁如光才意识到王杰走了，带着崇高与光荣走了！丁如光泪流满面地说：“王教员，英雄啊！”

王杰壮烈牺牲了，王杰所在连队工兵一连把情况向营里做了汇报。按照当时部队情况上报不过夜的规定，副营长许希仁到邳县邮电局打长途电话，向位于徐州的师政治部值班室报告。接到情况报告，师长、政委立即决定召开会议，研究处理方案。

因为王杰是在组织民兵训练中牺牲的，从部队工作的角度来讲，事情是怎么发生的，需要有个了解、梳理和认定的过程。但张楼公社书记丁如光可不管这些。丁书记说：“王杰是在训练中为掩护民兵和武装干部牺牲的，关键时刻，他挺身而上，不惜生命，救了那么多的人，这是事实。在我们老百姓的眼里，王杰就是英雄，是个了不起的大英雄！”

邳县人民崇敬英雄。在当地，只要提起“英雄”这个话题，乡亲们都会告诉你，《红岩》中“小萝卜头”的原型宋振中就是邳县人，他的爸爸宋绮云、妈妈徐林侠早年参加革命，被国民党反动派抓起来，先是关在西安小雁塔胡宗南的司令部，后来囚禁在重庆“中美合作所”的白公馆，直至1949年9月6日，一家三口被凶残地杀害。中华人民共和国成立后，宋振中被追认为革命烈士，成为中国年龄最小的烈士。

他们会如数家珍地告诉你，生活在大运河流经的这片古老土地上的人们，吃水不忘挖井人，会永远记住魏云岭、焦亚超、娄梦侠、沙培琛、李超时、王树璜、解慕唐等为了中国革命事业而英勇献身的先烈们。

他们还会在清明节，纷纷来到位于市区西边18公里处碾庄镇的碾庄烈士陵园，凭吊淮海战役中牺牲的烈士们。正是因为先烈们的英勇奋战，碾庄圩战斗才得以全歼黄百韬兵团共计5个军部10个整师10余万敌军，为整个战役的全胜奠定了基础，在中国革命战争史上写下了光辉的一页！

英雄是社会永远的财富，是国家和民族的脊梁，是照亮人们前行之路的明灯！对英雄的崇拜和对真理的坚持，是一个国家和民族长久而根本的力量所在！邳县人民懂得，一个没有英雄的民族，也就没有脊梁；一个不生长英雄的民族，未来注定没有希望！

怀着对英雄的敬仰与崇拜，丁如光书记召开公社党委会，气氛肃然而沉重，党委成员作出决定：天气炎热，不便久存遗体，张楼人将按照当地风俗，以民间最为隆重的出殡方式，在英雄壮烈牺牲的地方，厚葬王杰！

楠木，是一种珍贵树种。按照早年老一辈人的说法，用楠木做成的寿材“养尸”，而用桑槐一类杂木打的棺材则会“烧尸”。当然，这多多少少是一种带有迷信色彩的说法。实际上，用楠木做的棺材，防腐性强倒是真的。楠木防腐原因有二：一是此种树木生长慢，纤维壁厚实，因而木质结构紧密；二是经测试，楠木的木质含水量大，长期埋于地下后，会因含水量的加大，木材内部的空气被挤走，以至于空气含量不足，真菌难以生存。这样一来，楠木免受菌害的特点便格外突出了。

用楠木为英雄王杰打一口上好的棺材，是当地人民群众的最大心愿。丁如光书记拍板，就这么办！

有人说，丁书记，楠木珍贵，短时间内，木料不好弄！

丁如光说，找县里木材公司，找村里的老木匠……总之，不管想什么办法，一定要把楠木弄到手！

有人说，即使弄到楠木，但是它材质坚硬，短时间内也很难打出一口棺材。

丁如光说，集中全公社最好的木匠，加班加点，挑灯夜战，24 小时轮流作业，只要下足功夫，没有完不成的任务！

果真，仅用一天的时间，一口宽大的楠木棺材破纪录地做成了。棺材被漆成黑色。丁如光吩咐漆匠，多漆几遍，让光亮不仅能照得见人影，还要照得见村庄，照得见河流，照得见树木，照得见云彩，照得见天空，照得见大地！

楠木棺材做好后，丁如光书记左看右看，总觉得少了一点什么。他思索片刻，立即吩咐身边的工作人员去供销社扯了一长幅大红绸，随后让公社毛笔字写得好的人挥毫泼墨，写下“英雄王杰千古”几个大字，然后覆盖在棺木上。

黑色厚重的楠木棺材，以及灵柩上铺盖着的鲜艳红绸，在阳光的照耀下，格外醒目，格外庄重！

葬礼是在王杰牺牲两天后举行的。

事先，张楼公社书记丁如光与王杰所在部队的营长、政委商量，说当地老百姓有个习俗，葬礼必须在上午举行。这样，1965 年 7 月 16 日上午，由公社组织当地的群众为王杰举办丧葬；下午，再由部队召开追悼会。地方与部队，把时间错开来。

营长、政委表示同意。

在举行安葬仪式时，王杰的连队还是派人参加了。他们不能不来。他们要为战友送上最后一程。

那天早晨，前来为王杰送葬的群众早早就到了。他们来得比公社事先通知要求到达的时间还要早，以至于集合地点会集了许许多多人，黑压压的一大片。即使是这样，还有更多的人，正朝这里走来，就像一条条小河，从四面八方流淌过来，最终汇聚在一起，汇成了湖，汇成了海。

被王杰救护的民兵除了在医院治疗无法下床走动的，都来了。甚至有的伤员是在家人的搀扶下，挪着步子，一步一步艰难地走来的。是王杰给了他们第二次生命。他们事先相约，一定要来，来给英雄抬棺扶灵，以表达心中无限的感激与敬意。

县里的领导也来了。出乎意料而又在情理之中，他们看到，人群中的许多人，并非来自张楼公社。他们有的从县城赶来，有的家在十多里外的某个小集镇，有的骑的自行车后座上带着人，有的赶路赶得急热得解开衣扣敞着怀……在这些人中，有男有女，有老有少。最小的一个娃娃，被母亲抱着，只有一两岁的样子。县领导问："你怎么把娃也带来了?"那位母亲说："男娃，让他感受一下，将来长大了，也要当英雄!"

这时，天空越来越阴沉，大片灰色的云朵低垂着，悬在半空一动不动。天气预报有雨，但这会儿，老天像是在酝酿情绪，雨暂时没有下下来。

这时，人越聚越多，多得悲痛的氛围越来越凝重时，既定的举行丧葬的时间也就到了。

顺从民意，王杰的后事，一切由乡亲们按当地的风俗办理。唯有这样，乡亲们才觉得心安，才觉得对得起英雄，才觉得可以充分表达内心的敬意。

在邳县，千百年来举办丧葬，都要设有供人祭奠和吊唁的灵堂。王杰灵堂的正中央，摆放着他的灵柩。棺头上置有长明灯，即用一只青花瓷的小碗，碗里放上豆油，再放一根捻子，然后把沾了油的捻子点燃。按民间老规矩，这豆油，只能倒一次，中途不能添加。

还有倒头饭，放在棺头底座上，碗里交叉插上一双筷子。

在棺头的左边，放有"老盆"，老盆是亡者的"金钱盆"，让人烧纸用的。老盆里的烧火纸，要一张一张地烧，等到出殡时，再把盆摔碎。

棺头处的丧杖棍有一定的讲究，上面绕着贴有散条状的白纸条。

原本，灵柩上应当罩有棺罩衣。现在改革了，是张楼公社党委书记丁如光的主意，在棺盖上铺上了长条宽幅的红绸。

丧葬仪式由专职的执事也就是司仪主持。

仪式开始时，先由张楼公社党委书记丁如光代表乡亲们致悼词；接着，部队代表营政委周循讲话；最后，由司仪宣布起灵。

在当地，起灵俗称"出棺"，是整个丧葬过程中的一个重要环节。于是，随着司仪一声喊，事先准备好的抬棺人走上前去，抬起棺木。

原本安排八个人抬棺，此时竟多出了许多人。他们多是被王杰救护的民兵。他们中的年轻力壮者，抢着把杠子担在肩上；受了伤，伤势不重的，用手扶棺，跟着抬棺的人一起往前走。由此一来，抬棺的人多了起来，阵势也大了。

起灵时，在场的群众纷纷哭了。他们先是几个人哭，后来是百十个人哭，随即是千余人哭。少数人哭时，你感觉到悲伤；而当在场的1 500多人集体恸哭时，那哭声就震撼人心了。其时，哭声汇成的波涛，汹涌澎湃，经久不息！

走在抬棺人之前的是丁如光书记，他在前面领路，走到拐弯处，他会喊：“拐弯了——”走到河边，他会喊：“过桥了——”走到大路上，他会喊：“英雄，一路走好啊！”

在丁如光之后，是抬棺人以及被王杰救护的民兵，连同他们的家人；继而，是手持引魂幡和抛撒纸钱的群众。

再往后，是为英雄送行的排着长长队伍的乡亲们。他们慢慢地走着，走向事先为英雄备下的墓地。

王杰的墓地选在他的牺牲处。

送棺的队伍快要到达那里时，风一吹，天空竟然落起雨来。雨不大，但密集，哗啦哗啦地下着。尽管下雨，送葬的队伍仍旧秩序井然，冒雨前行。

有人说，那是老天爷在哭。

话音未落，送葬的人们听了，哭得更厉害了。哭着哭着，竟有人哭腔里带了“拉魂腔”，惹得人更加悲伤欲绝。

邳州柳琴戏原称“拉魂腔”，形成于明末清初，是徐州地区最具影响力的本土地方戏。“拉魂腔”的唱腔源自民间音调，悲情起来，音调忽高忽低，宛宛转转，牵动人心，的确拉魂。在邳州，至今民间仍流传着“拉魂腔一来，跑掉了绣花鞋；拉魂腔一走，睡倒九十九”，以及“从南庄到北庄，村村都有拉魂腔”这些说法。可见“拉魂腔”在当地民众中的普及程度。

在送葬的队伍里出现“拉魂腔”并非刻意而为，而是内心情感的自然流露。在当地乡间，一些上了年纪的人，办丧事时会一边哭，一边诉说，已成为常态。其实，把这种诉说融入“拉魂腔”，是地方特色的一种体现。

比如，在为王杰送葬的队伍中，某个老太太是这样哭诉的：“英雄王杰啊，你是个好人。那天俺到医院看病，身上带的钱都付了医疗费，没钱坐车回家了。你听说了，把钱给了俺。俺问你叫什么名字，回家后，好把钱还给你。你说：‘大娘，我们是解放军，是人民的子弟兵。你有困难，帮助你是应该的。’后来，才知道你叫王杰……”老人哭诉着，声音里带有“拉魂腔”，音调随着感情的起伏，一会儿拔得很高，声音在高处尽情环绕；一会儿又倏地落下来，用低音在低处回旋。发自内心的悲情，格外感人！

来到墓地，送葬的队伍停了下来。

站在队伍前的司仪，抓起一大捧纸钱撒向天空，趁着白花花雪片般飞舞的纸钱还没有落下来时，一声大喊：“下葬了！”接着又喊：“英雄啊，入土为安，一路走好了啊！”

随着一声呼喊，走在队伍前面的被王杰掩护的民兵和亲属们，齐刷刷地跪下了，而站在队伍中的工兵一连的战士们，则举臂，向着下葬的棺木，致以军礼！

就在这之前，韩义祥和另一位战友，按照连队领导的安排，为王杰清洗遗体，并换上崭新的军装。韩义祥是王杰的老乡，他一遍遍地为王杰擦洗，洗净英雄身上的血迹；他一边轻轻地擦着，一边流泪。直到做完了应做的一切，才在乡亲们的帮助下，将王杰入殓。现在，王杰的棺木已进入墓坑，也就是说，告别的时刻就要来到了，一想到这，韩义祥的泪水止不住地往下流。韩义祥在心里一遍遍地说着，永别了，英雄！永别了,王杰!

就在这时,雨越下越大了。

越下越大的雨,淋在人们的脸上、身上,湿漉漉的,让人们分不清哪是雨,哪是泪!

4. 真金不怕火炼

按照事先商定的流程,7 月 16 日上午,当地群众为王杰举行葬礼;下午,部队召开追悼会。

到了这天下午,追悼会如期举行。

只是下午与上午的场面规模不好比。上午,前来为王杰送葬的乡亲们有 1 500 多人,参加的人员不仅有张楼公社的领导与社员,还有来自方圆几十里地多个乡村的群众。整个仪式采用民间方式,葬礼规格是当地最高的。

下午,营长、政委来到工兵一连,和全连干部战士一起开追悼会。事后,许多官兵不满意,纷纷议论说,这哪是追悼会,实际上就是一个情况通报会。他们说,王杰是个多么好的同志啊,平日里,他关心战友,视战友如亲兄弟。长途行军时,他脚上起了水泡,但到了宿营地,一放下背包,他就先给其他战友打水烧水,帮助炊事班生火切菜,然后才休息。他们说,许多个夜晚,轮到王杰站岗,他站完了自己的岗,常常替战友们站,目的是让其他同志多休息一会儿。他们说,王杰爱护集体财产胜过关心自己。有一天夜里,工地上突然下起了瓢泼大雨,王杰想起工地上还放着油桶、木料等施工器材,便从床上一骨碌爬起来,冒雨跑到工地,一个人,一趟又一趟地将施工器材全部转移到山坡上。他们说,王杰经常帮助群众做好事。拉练或是在外地施工期间,他帮助乡亲们挑水、扫地，驻地的群众都夸王杰好，说他对乡亲们亲。他们说，王杰多次在执行训练、施工和抗洪救灾等任务中，一不怕苦，二不怕死，体现了一个革命战士的优秀品质。他们还说，王杰年年被评为优秀战士，两次荣立三等功，并被评为“模范共青团员”和一级技术能手，就是最好的证明！可是，对于这样好的同志，对于舍身救人而英勇牺牲的战友，追悼会上，王杰的生平事迹竟被一带而过，只是到了最后，政委周循讲了几句话，对王杰做出了较好的评价。尤其是周政委用“王杰同志千古”结束他的讲话时，悲痛的情绪感染了在场所有的人，大家的眼睛禁不住湿润了。

其实，官兵们的心情，营长、政委、连长、指导员何尝不理解？他们是看着王杰成长的，对王杰可谓知根知底。训练中，王杰为救民兵和武装干部英勇牺牲，他们也悲痛，也想为王杰召开一个力所能及高规格的追悼会，以告慰英灵。但他们有他们的苦衷，其主要原因是在他们将王杰牺牲的情况向上级汇报后，遇到一个问题，即炸药包是怎么爆炸的。这是整个事件的一个重要环节，需要认定。

因为认定有一个过程，需要花一定的时间，所以，当张楼公社党委书记丁如光和工兵营领导商定了上午由当地群众为王杰送葬，下午部队召开追悼会，营长、政委虽然同意了，但召开的追悼会规格势必受到一定的限制。

营、连干部的困惑，也是师领导的困惑。

王杰牺牲的当天，接到工兵营的情况汇报，师党委就非常重视，立即派师政治部主任刘德一带了师直工科干事陈竞来到工兵营和张楼公社，找当事人了解事情发生的经过。

与此同时，邳县人武部政委徐建华赶到徐州，向坦克二师政委史世屏汇报了王杰舍己救人的事迹，反映了当地群众请求部队同意把王杰安葬在张楼的愿望。

在邳县，刘德一经过调查了解，深深地被王杰的英雄壮举所感动，决定按因公牺牲的烈士上报材料。

但是，在起草材料时，刘德一主任和起草材料的人无法绕开的一个问题是炸药包怎么突然就起爆的。是操作失误，还是有着其他原因？为此，刘德一带人再次向当时在场的民兵和武装干部了解情况。他们肯定地说，王杰操作绝对没有问题，是拉火管一瞬间发生了自燃造成了爆炸！刘德一主任觉得若是按照民兵的说法去写材料，疑问得不到解决，这个材料也没法上报啊！

还有一个背景，刘德一主任不得不加以考虑，那就是1962年9月24日北京召开的一次重要的会议，提出“千万不要忘记阶级斗争”“阶级斗争必须年年讲、月月讲、天天讲”。此后，从地方到军队，阶级斗争的弦越绷越紧。即使是刘德一主任不朝那方面想，也难以保证其他人不会不朝“有可能有坏人搞破坏”上琢磨。比如说，训练中有那么多民兵，政审都一一过关了吗？有没有人事先接触过训练器材，在炸药包上动了手脚？比如说，王杰的家庭出身是中农，他来到部队后，积极要求入党，虽然表现突出，先后立过两次三等功，但连队党支部没有在一定的时间里吸纳他，始终对他进行考验。如果，仅仅是如果，他要是有怨气，那么，情况就不一样了，就有可能发生其他意想不到的事情。

当然，这些只是种种假设，无任何证据加以证实。

然而，正是因为找不到事情发生的真正原因，才让师政治部主任刘德一大伤脑筋。

当刘德一主任再次来到王杰所在的工兵一连，打算通过连队官兵更加深入地了解王杰时，恰巧，连长刘德林、指导员余济亮也正要向刘主任进行情况汇报。

连长、指导员说，他们在整理王杰的遗物时，发现了三本日记本。

刘德一主任说："快拿来，我看看。"

日记是一个人日常的生活记录。刘德一之所以迫不及待地想要看到王杰的日记，是想从字里行间了解王杰的心路历程，了解王杰的本色，了解他是怎样一个士兵。

王杰的日记合计有10万多字。刘德一主任一页一页细细地看着，他越看越感动，看到个别章节，禁不住心潮澎湃、热泪盈眶。看完之后，作为一名在部队从事政治工作多年、经验丰富的"老政工"，刘德一激动地说，王杰是英雄，是个了不起的英雄！

王杰在他的日记中，是这样写的：

死要死得有价值，为了祖国，为了人民，就死得其所，死得光荣。（1963年4月25日）

人活着要怎样学习做人？做什么样的人？通过学习《为人民服务》，我深刻认识到：做人就是做一个雷锋式的、具有共产主义道德、全心全意为人民服务的人。（1963年8月3日）

经过学习对比，使我提高了思想觉悟，今后在工作中要做一颗"万能螺丝钉"。党把我拧在哪里，就在哪里，永不生锈，闪闪发光。（1964年5月20日）

人最幸福的是为群众服务，人最痛苦的是失去人民的信任和为人民工作的机会。后人应当继承革命前辈的那种艰苦奋斗的革命精神，而不应该躺在前辈的荣誉上吃现成饭。……能够经起生活所给予的全部考验，才称得起新型的革命者。（1964 年 5 月 25 日）

什么是理想？革命到底就是理想。什么是前途？革命事业就是前途。什么是幸福？为人民服务就是幸福。（1964 年 7 月 28 日）

我们要一不怕苦，二不怕死，做一个大无畏的人。（1965 年 5 月 1 日）

李玉和说："共产党员，怕死就不干革命！"……只要革命需要，我一定像李玉和那样视死如归，不怕牺牲，直到生命的最后一秒钟。（1965 年 6 月 28 日）

读王杰日记，便知王杰是怎样的一个人。刘德一主任认定，如此高尚、纯粹的战士，为了掩护民兵和武装干部，绝对会在炸药包即将爆炸时扑上去的。他有作为英雄的思想基础。于是，刘德一回到师里，把了解王杰牺牲情况的经过，以及自己的想法，向师党委作了汇报。刘德一说，我们要以实事求是、认真负责的态度，来处理这件事。一定要对九泉之下的王杰负责，绝不能草率了事！

说来也巧，就在刘德一主任从邳县返回徐州，准备把他所了解的王杰牺牲的情况向师党委汇报时，他在火车上遇到了一个人，这个人名叫崔毅，时为济南军区政治部青年部的副部长。

崔毅是在20多天前，沿着东陇海线铁路下部队进行基层建设工作调研，王杰牺牲后的第6天，也就是7月20日，他乘火车从江苏连云港返回山东济南。巧的是，在火车上崔毅遇到了刘德一主任。交谈中，刘德一对崔毅说起了王杰。刘德一说，据他近几天来的调查和了解，王杰是为救护民兵和武装干部英勇牺牲的，他是我们部队出的一位英雄，但问题是，炸药包是怎么爆炸的，这个问题不解决，就很难办，就有可能会把炸药包爆炸作为事故来进行处理。随后，刘德一向崔毅说了当地群众为王杰举办隆重葬礼的情况。刘德一说，群众眼里容不下沙子。群众认定王杰是好人，是个舍生忘死、一心一意为革命的人，是个危险关头能够冲锋在前勇于献身的人，是个响当当的英雄好汉，所以，大家敬重他，给他按照当地的风俗，特地打了一口楠木棺材，举办了一个规格极高的葬礼。据部分参加葬礼的连队官兵说，当时的场面，震撼人心！刘德一说："我们要尽快给王杰做出一个公正的有说服力的结论，否则，没法向王杰交代，没法向部队交代！"

崔毅认真地听着。

崔毅在刘德一讲完之后，对刘德一说了自己的三点意见。他说："第一，不能把王杰这样的事简单地认定为事故。炸药包爆炸是个难以预料的突发性事件，在爆炸的一瞬间，王杰没有后退，而是奋不顾身地扑向前去，牺牲自己，保护了在场的参加训练的人员，这很了不起，舍己救人，实属壮举！第二，建议你们好好研究一下，根据所了解的实际情况，写出报告，报送军区装甲兵和军区政治部。第三，王杰的日记很重要，一定要原封不动地保存好，并组织人员将日记中的最关键、最精彩的部分摘录出来，提供给高层领导同志看。"

见崔毅这样说，刘德一很高兴，连连说好，回去后马上向党委汇报，尽快落实。

事隔多年，我们回望当年，不得不佩服崔毅副部长极强的政治敏锐性。1965 年 7 月 20 日这一天，当崔毅与刘德一在火车上偶然相遇，听说了王杰壮烈牺牲的事情经过之后，崔毅当即决定，不回济南，中途在徐州下车，并迅速投入对王杰其人其事的深入调查与了解。

崔毅和刘德一，两个隶属于不同单位的人，却在时代的同一个节点上，携起手来，共同促进了王杰成为那个年代的重大典型。

又是事隔多年，已是中将并担任国防科工委副政委的崔毅，在他的回忆文章中说，他在徐州住了 5 天，主要是与工兵营留守的战士进行座谈。1965 年 7 月 25 日，他回到了济南，立即给军区政治部打报告，概括叙述了王杰在执行训练民兵任务的过程中，由于炸药包意外爆炸，舍己救人的经过。他在报告中明确提出，王杰是欧阳海式的英雄，是伟大的共产主义战士，提议追认他为中共党员，并尽快在收集和整理王杰详细事迹的基础上，根据情况，由军区作出向王杰学习的决定，将王杰作为重大典型，进行宣传。

7 月 30 日，军区政治部主任李耀文作出指示："同意崔毅同志的意见，准备讨论王杰的宣传问题。"

8 月 4 日，军区政治部召开会议决定：一是着手宣传王杰；二是追认王杰为中共党员；三是派工作组到王杰所属的坦克二师，对王杰牺牲前后的情况再进行调查，重点解开炸药包爆炸之谜。

采访中，我们在邳州王杰烈士纪念馆，看到了陈列的一份《来自现场的调查报告》。报告显示，专家组到民兵训练的现场进行勘察拍照后，分别找 12 名参训人员逐一调查，绘制出当时王杰与 12 人的各自位置。为了查证王杰在爆炸瞬间扑向炸点的情况，专家组还决定进行现场实爆试验。

应当说，进行现场试验最有说服力。

让我们将视线从邳州王杰烈士纪念馆陈列的那一页年代已久、纸张泛黄的调查报告上移开，移至1965年8月上旬的一天。那天，在王杰当初救人的现场，由坦克二师司令部工兵科科长田永泰组织实施实爆试验。具体执行实爆者，是爆破经验非常丰富的季家祥。他长期负责军训工作，是师工兵集训队的教员，也曾当过王杰的教官。

随着现场指挥田永泰一声令下，季家祥用拉火管连接好雷管后，根据民兵描述的王杰操作的程序，以及其时王杰教学中的姿势，尽可能地一一恢复到当时的原样，然后他拉开拉火管，身体往后一滚，雷管"噗——"地发出一声响声，再看，实爆者季家祥安然无恙。

这样的实爆试验说明了什么？说明王杰作为一级爆破能手，在发现炸药即将爆炸的危急时刻，只要身体往后一仰，避开爆炸形成的45度最大杀伤角，完全可以保全自己。但王杰却不是这样，关键时刻，他不怕牺牲，毅然决然地扑向炸点，献出了宝贵的生命！

根据专家现场测量、调查所获的数据证实：爆炸形成的冲击波把王杰抛离地面一人多高，身体抛至其作业位置的后方，头部距离炸点2.1米，脚距离炸点3.7米。这是他身体往前扑，重心对准炸点而导致的结果。还有一个重要证据，即在5名受轻伤的民兵身上，都嵌有王杰的碎骨。这一点，也有力地证明了当时的王杰，是以自己的身体盖住了炸点……

关于炸药包自爆，也有了结论。这个结论，是专家们仍用王杰使用的同类爆炸材料，进行了30多次试验得出的结果。专家们一致认为：当时王杰所用的拉火管已经过期，处于失控状态；拉火管突然自燃，采取任何补救措施都来不及，只需几秒炸药包就会爆炸。而拉火管过期，只有火药专家进行实物检测才能够发现，当时作为爆破作业者的王杰，仅凭肉眼根本无法发现。

专家通过鉴定，认定王杰是为了救护民兵和武装干部而不惜牺牲自己的英雄！

仅仅是在一地，经过一个批次的试验，也许还不具备完全的说服力，那么，就再进行试验。崔毅说，他后来在济南，特地找了军区工程兵的科技干部，又一次次做试验，最后结果和专家们在坦克二师的鉴定结论一致。这些数据充分说明了，王杰在突然事发的那个瞬间扑向炸点，是舍己救人的英雄壮举！

在认定王杰是时代英雄的情况下，济南军区装甲兵和济南军区党委作出了《关于开展向王杰同志学习活动的决定》。与此同时，1965 年 9 月 16 日，济南军区在徐州坦克二师召开王杰追悼会。当时，参加追悼会的有军委装甲兵、济南军区、济南军区装甲兵、68 军和山东省军区、江苏省军区、徐州地委、徐州军分区、王杰牺牲地邳县和王杰老家金乡县等各级领导、干部战士以及地方党政机关群众 7 000 余人。

追悼会场上，悬挂着王杰烈士的遗像，两旁挽联上写着："壮志凌云生如雷锋不愧为毛主席的好战士，英勇献身重如泰山真正是全心全意为人民。"烈士遗像周围，摆满了当地党政机关和部队敬献的花圈。中国人民解放军装甲兵司令员许光达、政治委员黄志勇敬献的挽联上写着："毫不利己一心服务人民，临危不惧人民英雄本色。"

大会开始，坦克二师政委史世屏为主祭人，师长邢同立致悼词，师党委常委沈洪毅代表师党委宣读追认王杰为中共正式党员的决定。中国人民解放军装甲兵副参谋长林彬讲话。他说："毛主席的好战士王杰同志，为了人民群众的安全，在万分紧急的情况下，临危不惧，英勇献身，表现了人民战士大无畏的英雄气概，表现了人民战士热爱人民的赤胆忠心。王杰同志为人民利益而死，比泰山还重。他用实际行动实现了自己的誓言：‘为党的事业忠心耿耿，为革命胜利勇于牺牲。是共产党员哪能不视死如归，做革命军人岂能管个人安危。’”

接下来，济南军区政治部代表崔毅、济南军区装甲兵政委罗通、王杰伯父王廉堂、邳县张楼民兵地雷班的代表李彦清分别在会上作了发言。

会上，由济南军区装甲兵政治部副主任张俊西宣读了军区装甲兵党委的《关于开展向王杰学习活动的决定》。

同年 10 月下旬，时任中国人民解放军总参谋长罗瑞卿在获悉王杰的情况后，作出“要像宣传雷锋一样宣传王杰”的指示。

同年 11 月 6 日，总政治部发出了《向王杰同志学习的通知》。

两天后，也就是 1965 年 11 月 8 日，《解放军报》以《一心为革命　一切为革命》为题，发表了学习王杰的社论。紧接着，《人民日报》、中央人民广播电台、《中国青年报》、《光明日报》等主要媒体也先后刊发向王杰学习的文章和《王杰日记》。

同样是在这一年的 11 月 27 日，国防部命名王杰生前所在班为“王杰班”，并在济南隆重举行了命名大会。会上，济南军区司令员杨得志亲自将“王杰班”的锦旗授予第一任班长侯兴家。

不久，王杰的事迹引起了党和国家领导人的关注和赞扬，周恩来、朱德、董必武和陆定一等领导同志纷纷挥毫题词，高度评价了王杰的高尚品德和革命精神。周总理的题词是：“一定要学习王杰同志一不怕苦、二不怕死的革命精神。”他还题录了王杰的诗：“座座高山耸入云，我们施工为人民，不怕工作苦和累，愿把青春献人民。”朱老总的题词是：“学习王杰同志不怕苦不怕死的革命精神。”

后来，在一次会议上，毛泽东主席说："我赞成这样的口号，叫做'一不怕苦，二不怕死'。"

自此，宣传、学习王杰的活动，在全国轰轰烈烈、蓬蓬勃勃地开展起来。

5. 竖起的大地

土地竖起来是什么？

是雄伟挺拔的山！

文学，给了我们丰富的想象力，以至于在我们的目光里，所有的英雄墓、英雄纪念碑或是英雄纪念馆，都像高山一样，属于竖立起来的大地！

同样，我们常把大地比作人民。而为人民献身的英雄，人民是不会忘记他们的。因此，大地会用最深情的方式，把他们揽在怀里，然后用墓、用碑、用纪念馆等形式，把他们高高地托举起来，举向蓝天，举向白云，举向宽广，举向辽阔！

王杰的墓地，就是一座竖起来的大地。

1965 年 7 月 14 日，王杰在训练中，为掩护民兵和武装干部，奋不顾身地扑向即将爆炸的炸药包，舍己救人，壮烈牺牲。两天后，当地政府和人民群众为他举行了隆重的葬礼，把他埋葬在他为之奋斗而献出 23 岁年轻生命的这片土地上。

当时，乡亲们是按当地风俗举行的葬礼，棺木用的是金丝楠木，而墓地则入乡随俗，垒的是一座土坟。尽管如此，那用泥土垒起的和乡间普通坟差不多的墓，却是大地的一部分，一座地地道道的竖立起来的土地！别看那坟墓不算大，也不算高，但人民群众从四面八方赶来，在王杰的坟前，向着心中的英雄跪拜与鞠躬！

两年后，也就是1967年，当地政府拿出22亩土地，开始修建王杰陵园。经修建的王杰墓较之前有了变化，原先的土坟，建成了圆形的水泥拱墓。在绿树和草地环绕的墓前，立着一座石碑，碑上写有“王杰烈士之墓”。

再往前不远处，立有石质的王杰半身雕像，而背衬王杰墓的，是一面巨大的纪念墙，上面黑底白字写着毛泽东主席那句著名的话：“我赞成这样的口号，叫做‘一不怕苦，二不怕死’。”

接下来，当地政府先后在1976年和1995年对王杰烈士陵园进行了重建与改建。现在的王杰烈士陵园，位于江苏邳州市运河街道张楼社区，占地59亩。陵园主要由烈士墓馆、王杰广场等纪念设施组成。

现在的王杰墓，则由原先水泥圆形拱墓改造而成，其造型犹如翻开的日记本，生动再现了王杰由普通战士成长为革命英雄的心路历程。

王杰烈士陵园自建成开放以来，始终将传承红色基因、弘扬爱国主义教育作为主旋律，1997年被江苏省委宣传部命名为“江苏省爱国主义教育基地”；2009年，经国务院批准，被民政部命名为第五批“全国重点烈士纪念建筑物保护单位”。50多年来，王杰烈士陵园累计接待全国各地观众近千万人次。

王杰英勇牺牲后，王杰出生地山东省济宁市金乡县委县政府，于1968年将王杰的故里华堌村命名为“王杰村”，并在村东头，建起了初具规模的王杰烈士纪念馆。在这之后，经多次扩建改造，目前的王杰烈士纪念馆占地面积66亩，馆舍主体建筑面积3 000平方米，总投入资金1 800万元。

纪念馆内，设有英雄纪念碑廊，碑廊上镌刻着老一辈党和国家领导人为王杰写下的题词。馆前，立有高达8.1米的王杰汉白玉雕像，同时建有王杰纪念亭，亭内矗立着王杰纪念碑。

展览馆展出的王杰英雄事迹，分为正厅和其他6个展区，内容十分丰富，其中有许多鲜为人知的历史资料。

展览馆的建筑，立面采用灰黑色面砖贴面，建筑整体形成了庄严、肃穆的风格，切合了英雄纪念馆的主题。

之前我们说过，王杰祖籍山东，1958年因姐姐远嫁内蒙古，王杰的父母便随同移居到那里的阿荣旗那吉屯。因此，阿荣旗成了王杰的第二故乡。王杰在牺牲前的一个月，休探亲假，还在阿荣旗度过了一段幸福而又美好的时光。

在得知王杰牺牲的消息后，阿荣旗人民为他建立了王杰广场和王杰烈士纪念馆。这个纪念馆在设计上颇有特色，比如，总建筑面积1 965平方米，与王杰牺牲的年份相契合；纪念馆前的台阶为23级，象征着王杰23岁年轻的生命。总之，这个纪念馆采用现代建筑设计风格，是博物馆、档案馆、纪念馆三馆合一的综合性场所。

写到这里，我们发现，如果把王杰墓、王杰纪念碑、王杰纪念馆作为竖起的土地来看待，那么，类似山一般竖起的这样的“土地”，在江苏邳州、山东金乡，以及内蒙古阿荣旗就有三处。而在中国地图上，我们要是把这三处一一标出，你就会发现，它从A点到B点，再到C点，其间跨度多么大啊，大概地计算一下，直线距离足有上千公里。那么，要是由此及彼地向外辐射呢，范围就更大了！

如果我们把与王杰有关的事物及内容继续融合进来，又会是一种什么样的情景呢？比如，我们看到，有王杰中学、王杰小学、王杰车站、王杰派出所、警营王杰班、王杰路、王杰超市……在王杰的牺牲地邳州，有王杰民兵应急连、王杰精神研究会、王杰干部学院；在山东金乡县，有王杰村、王杰水利节制闸、王杰教育基地、教育部命名的王杰班；在内蒙古阿荣旗，有王杰广场、王杰警务室……这些不也是崛起在大地上的带有王杰标志的识别码吗？人们通过学校、道路、村庄、某个集体等等，就会自然而然地联想到王杰；或是通过冠名，用新的眼光和新的标杆去衡量对方。

当我们再一次遥望大地，通过一座山与一群山之间的关系，会看到一大片一大片拔地而起、巍峨壮阔的群山，看到这些竖起的大地气象万千、生机勃勃，令人振奋不已！

采访手记之三

民间素有“头七”的风俗。

王杰牺牲后的第七天，王杰的父母从内蒙古阿荣旗来到了邳县大运河畔英雄的牺牲地。白发人送黑发人。当他们站在一座隆起的新坟前，被泪水浸湿的目光中，浮现出的是他们的儿子王杰的身影。

就在王杰的父母转过身来时，他们不由愣住了。在他们面前，整整齐齐地跪着王杰用生命救下的张楼公社地雷班的民兵们。

在这群民兵中，有的负了伤，住在医院里，伤未痊愈，也来了。他们不能不来。是王杰王教员在危险关头舍生忘死地从死神手里救下了他们，他们是来对老人感恩的。

领头的是民兵班的班长李彦清。他用洪亮的声音对老人说：“王杰的父亲母亲，你们有一个好儿子，现在你们失去了他，从今往后，我们就是你们的儿子！”

众民兵跟着说："我们都是你们的儿子！"

民兵们发自肺腑的声音，在王杰墓前，久久回荡。

从这之后，民兵班的成员一直和王杰的父母保持联系，逢年过节，问候老人；老人病了，给老人寄药，寄营养品……直到老人去世。

采访手记之四

王杰的未婚妻赵英玲获悉自己的恋人在训练中为救护民兵光荣牺牲时，悲痛欲绝。

赵英玲回想起她到部队探亲的经历。那次她去部队看望王杰，是想和他商量结婚的日期。后来王杰向她说了实情。王杰说，他已向领导递交了申请报告，要求参加支援越南人民的抗美战争，奔赴战场。他是革命战士。在这样的情况下，他怎么能优先考虑个人的婚姻大事呢？赵英玲了解王杰，知道他还有一句话没有讲出来，那就是，万一自己在战场上牺牲了，让她怎么办？为此，赵英玲深受感动，心想她没有爱错人，王杰是一个心中充满了爱的堂堂的男子汉！后来，她怕影响王杰的工作，提前结束探亲，准备回家。临走前，王杰带她进城，到照相馆照了一张合影。那是现存的两人唯一的一张合影。现在，王杰不在了，每当看到那张合影，她就忍不住哗哗地流泪。

王杰牺牲后，赵英玲依旧照顾着王杰的父母。在她的心中，她早已嫁给了王杰。

随着时间的推移，倒是王杰的父母过意不去了，他们劝赵英玲嫁人。后来赵英玲也发现，长年累月地守在王杰父母的身边，老人看到她时不时地就会想起王杰。于是，在老人一而再、再而三的劝说下，赵英玲终于同意嫁人，开始新的生活。

之后的很多年里，赵英玲从未向自己的孩子提及过王杰，直到某一天，一位编剧找到赵英玲，向她了解王杰的情况，她的女儿——时年35岁的王艳红，才知道母亲年轻时曾经和英雄有过一段刻骨铭心的恋情。

2015年6月19日，赵英玲在女儿王艳红的陪伴下，手捧亲手制作的23朵玫瑰，跟随电视纪录片《追梦》摄制组来到江苏邳州烈士陵园，祭奠王杰。

邳州王杰纪念馆的现任馆长李文静告诉我们，那23朵玫瑰，已经被馆里永久性珍藏。

采访手记之五

在王杰牺牲45周年之际，一块珍藏在柜子里多年的血衣残片，被王杰的战友辛庆文取出来，献给了正在搜集王杰烈士遗物的邳州王杰纪念馆。

1965年7月14日上午，王杰为了掩护民兵壮烈牺牲。获知此消息后，辛庆文第一时间赶到现场，他在与战友和民兵一同安置好王杰的遗体后，从地上捡起一块王杰留下的带有血迹的军衣残片，然后把它珍藏起来。一来，是怀念英雄；二来，也是激励自己做一个王杰式的革命战士。后来，他从战友韩义祥那里得知，纪念馆正在搜寻王杰的遗物。辛庆文觉得是时候了，他应当把珍藏的王杰的血衣残片拿出来，交给纪念馆，让更多的人了解英雄，学习英雄。

另一位转业在江苏徐州的王杰战友徐汝明，把王杰送给他的已珍藏了多年的一双袜套，捐献给了王杰纪念馆。那双袜套是王杰的未婚妻缝制的，白布袜帮，粉色套底，上面绣着几朵碎花。1965 年 6 月 14 日，王杰从内蒙古阿荣旗探家归来，他把袜套送给徐汝明，说是赵英玲绣的。赵英玲来部队探过亲，对班里的战友们留下了很好的印象，让王杰代她向大家问好。一个月后，王杰英勇牺牲，让徐汝明悲痛不已。后来，每每想到王杰，他都要拿出王杰送给他的这双袜套，睹物思人。

我们在采访徐汝明时，他告诉我们，那是王杰留下的唯一一双袜套，现已珍藏在王杰纪念馆。他还告诉我们，那一年，赵英玲来到邳州祭奠王杰，他向她提到了那双袜套，赵英玲哭了，他也哭了……

采访手记之六

当年被王杰舍身相救的张楼公社年龄最小的民兵吴步良，受伤后在医院住了 20 多天。医生从他的伤口里取出了一小块骨头，惊讶地说，这块骨头不是你的，它是哪来的？后来查了另一位名叫罗汉瑞的民兵，他的腿被炸断了。医生比对两个人的伤口后肯定地说，也不是他的。那么，这块骨头碎片，肯定是王杰王教员的了。吴步良说，当时他站在王杰一侧，危急时刻，王杰救了他，爆炸将王杰的一小块骨头嵌在了他的身上。莫非王杰是在用某种方式告诉他什么？事后吴步良心想，他要好好地活着，替王杰好好活着，用毕生的时间和精力，全心全意地为人民服务，做一个王杰式的“大写的人”！

如今，已经73岁的吴步良，有两个儿子，三个孙子，一个孙女。每当他带着儿孙路过王杰纪念馆时，都会停下来，然后指着王杰牺牲地的纪念亭和亭子里立着的碑，感慨万千地说：“孩子们，你们要牢牢记住，如果没有王杰王教员，就没有我的今天！”

采访手记之七

我们在文中多次提到训练中王杰救护了地雷班的民兵和武装干部共12人。其实，这是一种笼统的说法。实际情况是，张楼公社地雷班共有11位民兵，另一人是县人武部的参谋，他名叫侯振雷。大家都叫他侯参谋。

侯参谋早先是野战部队的一位连长。他以前喜爱唱片，是一个音乐爱好者。据说，喜欢听流行音乐的人，大多性格与心思比较细腻，也会有些浪漫。喜欢听轻音乐者，一般情况下做事一丝不苟，聚精会神；在性格上，温和、稳定，有自己的主见。而喜欢听摇滚的人，向往激情的生活，对人生理想有着执着的追求……侯参谋属于哪一种人，不得而知，因为他不多言，比较沉闷。

了解他的人都知道，他以前不是这样的。只因为在20世纪60年代的某一天，有人发现他家里收藏了一张日本唱片，他因此受到了不公正的处理，被作为内部控制人员，从野战部队调到了县人武部。

1965年7月初，张楼公社组织民兵地雷班训练，县人武部派侯参谋前来协调和协助王杰工作。事发那天，王杰扑向炸药包时，侯参谋离炸点较远，右耳被震聋，相比之下，受的是轻伤。

事后，上级派人前来调查事情的经过，侯参谋因是内控人员，势必是调查的重点对象。好在查来查去，他是清白的，不必承担责任。

但侯参谋自己心里这个坎过不去。毕竟他是军人，在野战部队当过连长，虽然爆破不是他的专业，可是他参加了训练，尤其是他人在现场。他觉得王杰的牺牲，他有责任，他没有照顾好王杰。因此，侯参谋始终心存愧疚，主动要求上级给予自己处分。

再后来，侯参谋转业回到了他的家乡。

国防部授予“王杰班”的锦旗

第二章　王杰的枪我们扛

1. 他并未走远，就在我们身边

“王杰——”

“到！”

每天晚间，王杰生前所在连队都要列队，进行点名。

每次点名，第一个呼点的是“王杰”。俗话说，铁打的营盘流水的兵。自从1965年7月14日，王杰为救护民兵及武装干部壮烈牺牲后，这个连队的连长、指导员，各个班、排的班长、排长，以及众多的战士们，换了一茬又一茬，但半个多世纪以来，永远不变且始终位列全连呼点第一名的，总是他——王杰！

王杰并未走远，他就在大家的身边。

他已经成了连队永远的排头兵。每每晚点名，当值班干部发出“立正”“向右看齐”的口令时，全连官兵迅速扭头，调整步伐，向右看齐的标杆只有一个，那就是王杰！他立正的姿势，就是全连官兵的标准立正姿势；他挺起的胸膛，就是整个连队用一个个胸膛筑起的钢铁长城！

随着呼点，回应的，是全连所有的人。一百多号人，一齐亮开嗓门高喊“到——”！

这一声喊，喊得气壮山河、荡气回肠；

这一声喊，喊得震天动地、气宇轩昂！

以至于在1965年7月之后入伍来到这个连队的战士们，第一次参加连队的晚点名，就留下了终生难忘的印象。

最先是晚点名前，司号员吹响的集合号。那号声，激越、嘹亮，让每个人的一腔热血都沸腾起来。接下来，是全连集合，一百多双脚跑起步来，整齐划一，捶得大地“咚咚”响。接下来，是列队，全连排列成一个绿色的方阵。队列中，纵看，成列；横看，成行。此时此刻，作为个体的每一个人暂时消失了，呈现出的是一个整体，一个钢铁板块状、不可分割的整体。再接下来，就是晚点名了，第一个呼点的，虽然是一个人名，但应答的，则是一个集体、一个连队的全部成员。

新兵在第一次以“王杰”的名字应答过后，就像是经过了注册，你的生命中，就流淌着“王杰”的红色血脉，就有了一个显著的标志，即王杰生前所在连队的其中一员！这是你人生的一张“名片”，今后无论你走到哪里，别人再看你，都会把你与王杰进行比对。从此，你为人的标准就高了，融入了英雄的标准！

让我们继续来说一说王杰生前所在连队的晚点名。

为什么连长或是指导员呼点“王杰”时，全连官兵异口同声地喊“到——”？这里除了发扬光大王杰精神、传承红色基因外，还有一个重要原因，是这个连队的官兵一个个都太像王杰了。

何以见得？

不信你来到这个连队晚点名的现场，看一看就明白了。是的，当你从队列前走过，只看一眼，就会发现，王杰就在他们之中，或是说，他们一个个都像王杰。

比如说，这个连队的成员，只要把手伸出来，你就会发现，他们手上有茧子，且茧子比较厚实。那厚厚的老茧，是他们的手掌在枪把子上反复摩擦留下的印记，是训练中挖地雷坑、筑掩体、排障碍、练单双杠等形成的标识。

比如说，他们身体裸露出的部位伤疤多。有的是刚刚磕碰的，带有血痕；有的已经结痂，像是某个时间的日积月累；有的成为疤痕，如同一枚徽章，彰显着一个军人的荣耀。这些伤疤，是他们整天和枪械、器材打交道的另一种形式的忠实记录。

我们曾在解放军新闻传播中心融媒体上看到过一篇报道，文章中说，记者看到一个名叫周智涵的战士，他的右手上有一块很大的破皮的印记，左手手背上有一条长长的疤。问及，他说他的右手是某次持枪匍匐时，不小心蹭到了地面，蹭掉了皮；左手是匍匐前进时，因速度快，力度大，被石头划破……这个入伍 1 年多、年仅 19 岁的战士，新伤加旧伤，身上竟有伤疤 40 多处！

是的，这就是王杰生前所在连队的兵。50 多年来，这个连队，无论是比武竞赛，还是执行大项演训任务，越是艰难，越要挑战，越要冲得上，顶得住。他们以实际行动践行“一不怕苦，二不怕死”的战斗精神，并把它作为英雄王杰留给他们的最宝贵的精神财富。

再以“王杰班”为例。

据统计，2018 年这一年，“王杰班”的野外驻训时间超过 280 天，平均每天训练超过 10 小时，弹药、油料消耗是普通班的两倍。如今，“王杰班”的所有成员，人人都能熟练掌握 11 种打击武器，真正实现了“一专多能”。为此，“王杰班”提出了一个检验战斗力的响亮口号，即战斗进行中，假如全班减员到 7 人，能继续战斗；减员至 5 人，能坚持战斗；减员至 2 人，仍然能战斗——这就是说，一人开战车，一人开炮，十八般武艺样样精通！

采访中，王杰生前所在部队的宣传干事凡春龙告诉我们，目前“王杰班”处于一种向外辐射的状态，即全旅的官兵正在向他们看齐，对标“王杰班”，以达到人人会开战车，个个会战场通信，全员会使用多种武器的目标。一旦走上战场，每一个人，都是无所不能、战无不胜的王者！

再比如，他们的脸黑红黑红的。要是把王杰生前所在连队的兵拉出去，混合在其他部队里，不用谁个指明，或是自报隶属于哪个部队，就能轻而易举地找到他们。因为他们脸庞的色泽不大一样。那是户外训练中，紫外线照射过多的结果；那是在海边或是山中，风吹雨淋层层染色的结果。他们脸上特有的黑里透红的色彩，分明就是“王杰连”的身份牌，隔着老远一看，就知道他们是谁，知道他们是在为了谁。

事实上，一个有着光荣传统的连队，有没有战斗力，他们在你面前列队一站，什么都不用说，你就全知道了。

除了全连晚点名时呼点王杰，每天晚上，“王杰班”还有一个雷打不动的程序，即为老班长王杰铺被子。

自从王杰牺牲后，“王杰班”仍保留着王杰生前的床铺。这既是怀念和敬仰英雄的一种方式，也是对王杰精神的一种传承与弘扬。

在“王杰班”，王杰的床还在，就意味着他人还在。王杰始终和全班战友们在一起。只要你用心，就会发现，在王杰的床铺和被褥上，仍留有老班长的体温；在同一间宿舍里，只要你想念老班长了，就会发现他就在你的身边。班里开班务会，他会坐在某个固定的位置上，听大家发言。你打扫卫生，抹桌子或是扫地，他会和你一起干活。他的一招一式，就是你的一举一动。有时候，他分明是你的影子；而更多的时候，你注定了是他的影子。你和他形影不离……

50 多年了，你会看到，老班长仍然那么年轻，那么充满青春气息。他让全班的战士们坚信，一个人，一旦有了理想，有了信念，有了崇高，有了纯粹，就永远不会老了！

给老班长铺床放被子和叠被子，是一种庄严的仪式，这个仪式每每是由“王杰班”的班长来完成的。从第 1 任“王杰班”的班长，到目前的第32任班长，每一个人在做这件事时，心里都充满了崇敬感与荣誉感。他或他在给王杰放被子和叠被子时，往往一边做，一边与老班长说话，比如说，“老班长，天凉了，要是感到凉，说一声，给你在被子上加盖一件大衣”。或是说，“老班长，一会儿就要吹熄灯号了，好好休息吧，晚安！”

到了早晨，班长再把老班长的被子叠起来，叠成一个标准的“豆腐块”，放在床上应当放的位置，让王杰的内务和全班战士的内务保持一致。每当做完这一程序，你再看整个宿舍的每一张床铺，王杰的和大家的一样，或者说，大家的都像王杰的，如同一个模子做出来的。

曾经有刚刚分到“王杰班”的新战士不理解，认为天天要为老班长叠放被子，有这个必要吗？往往这时候，班长和班里的老兵们不说什么，仅是送给他一本《王杰日记故事选》，然后带他到连队的荣誉室参观。过后，那个新兵就知道为什么要这样做了，甚至，他暗暗在心里对自己说，他要努力争取将来当“王杰班”的班长，每天给老班长铺床，叠放被子……

在“王杰班”，除了保留王杰生前使用过的桌子、床铺，还竖有一尊王杰的半身雕像。这尊雕像的存在，让全班的战士们，能够更加直观地从中感受到老班长的存在。

班里的战士们来自五湖四海，他们每一个人都有着不同的生活背景与教育背景，他们走到一起，来到“王杰班”时，或多或少有着不同的想法。怎么办？一个常用常新、行之有效的方式，是与王杰老班长交流，在他的雕像面前说说心里话。

比如说，新兵下连后，谁个训练成绩一度上不去，很是苦恼，他就会来到王杰的雕像前默默地站上一会儿，和老班长聊一聊。他会问老班长，当新兵那会儿是否也遇到过这样的情况，怎么解决的；都说训练中要不怕吃苦，但除了不怕吃苦，其中还有没有诀窍。

比如说，有一个战士在400米障碍的训练中脚脖子扭了，走起路来，一瘸一拐的。此后，别人训练，他只能站在一旁看。他想问老班长，都说轻伤不下火线，可是他想参加训练，班长不让，说要等他伤好了。他说，他看着大伙儿在训练场上热火朝天地训练，心里着急啊！

再比如说，某个人入伍前大手大脚地花钱花惯了，来到部队，每个月都当“月光族”。战友们说，要勤俭节约，不该花的钱，不要花。他说自己手漏，五个指头并在一起，指缝大，有钱握不住，天生一个爱花钱的料。他想问问老班长是不是这样。

就这样，不管是谁，只要和老班长聊着聊着，就觉得有收获，心里头原先受阻的某一根经脉被渐渐打通了。在“王杰班”，大家都说老班长具有强大的治愈功能。有空时，能和老班长说上一会儿话，心里头特别充实。

一天，司号员吹响了嘹亮的集合号。

号声中，王杰生前所在连队的全体官兵，跑步来到门前广场上矗立的王杰半身铜像前集合，然后面向英雄列队。

很多年来，每每参加诸如上级举行的演习、比武，或是远赴外地驻训，或是参加抗洪救灾等重大任务，出发之前，王杰生前所在连都要在王杰塑像前举行仪式。这已作为传统，被连队坚持了50多年，没有一天例外。

全连集合完毕后，照例是点名。

在点名中，照例连长第一个呼点的是“王杰”。

随着呼点，应答者，照例是全连官兵。大家齐声应答：“到！”

那应答声，照例气冲霄汉，声震八方！

然后照例是面向英雄雕像宣誓……

写到这里，也许有人会说，这些是形式。是的，我们都知道，形式是指事物的各种内在要素的结构或表现方式，而内容是指构成事物的一切内在要素的总和。因此，形式与内容之间有着相互依存的关系。任何内容都具有某种形式，离开了形式，内容也就不存在了；任何形式呢，则都是一定内容的外在表现，离开了内容，同样也就没有了形式。

王杰生前所在连队，点名时呼点"王杰"，每周安排一天作为"学习王杰日"，每月举办一次"王杰陪伴我成长"故事会，每年都在 7 月 14 日组织系列纪念活动。新兵下连，教唱的第一首歌是《王杰的枪我们扛》；老兵退伍，举行的最后一个仪式是向王杰老班长告别。此外，还包括"王杰班"每天给老班长铺床叠被，等等。这些，都被连队作为有着丰富内容的形式坚持下来，并且一坚持就是 50 多年。这种坚持，已经成为王杰精神的一种传承与弘扬。

正是这种传承与弘扬，让我们时时处处感觉到英雄从未走远，他就在我们身边。

2. 挡不住的诱惑

2015 年的一天，在安徽省滁州市交警大队工作的赵志军下班后回到家，见儿子赵宇不在，便知道他又出去玩了。

儿子赵宇 21 岁，在江西服装学院设计专业就读本科三年级，再有一年，就要毕业了。此时，正是暑假期间，理着时尚发型的赵宇性格开朗、活泼，追求新潮，穿戴时尚，热衷唱歌，酷爱跳舞，显然在家待不住，赵志军估计他又和同学去歌厅唱歌了。要是在平时，赵宇出去就出去吧，赵志军可以不管他，但今天情况不同。今天，赵志军要和他认真地谈一件对于他和自己都很重要的事情。

这件事的起因是赵志军得知他曾经服役的老部队来当地征兵。赵志军觉得，这是一个机会，他要说服儿子去当兵。说来，儿子大三了，还有一年就要毕业，这时候当兵，似乎不是最好的时机。但赵志军等不及了。一来，是他的老部队前来征兵。那是王杰生前所在的部队，一支被誉为革命大熔炉的部队，他希望儿子到这个部队里，经过锻打和锤炼，能够成为一块好钢！二来，是出于对儿子人生观价值观确定的考虑。儿子大了，赵志军觉得他和儿子之间有了"代沟"，很多东西谈不来。比方说，他给儿子讲老部队的故事，讲英雄王杰，儿子直摇头，说那都是往事了，过时了，如今再讲那些，老掉牙了……这让赵志军很是担心，觉得如今的孩子怎么啦，连光荣传统都不要了?!

于是，赵志军就想教育儿子，可是越是跟他讲，他越是反感，为此，两个人经常较劲，往往你说东，他偏偏说西。想来想去，赵志军觉得是时候了，得让他去当兵。尤其是到王杰生前所在部队当兵，这对于儿子的一生，将有重要意义。

晚上，赵宇回来了。显然，赵宇和同学玩得很开心，心情不错。赵志军趁这个机会，把自己的想法和儿子说了。

赵宇先是一愣，说："为什么要去当兵？是不是老爸你当兵没当够，想要我替你继续完成你想完成的心愿？"

赵志军说："你错了。你老爸当兵时，是一个好兵，1986 年 11 月入伍来到王杰生前所在的部队，1989 年 2 月，就当上了'王杰班'的第 14 任班长；后来当排长、连长、营长，直到后来因部队改革需要，才服从组织，转业到地方工作。"

赵志军接着说："你要是有能耐，就和你老爸比一比，到我当过兵的部队去，看看是你行，还是你老爸厉害?!"

又较上劲了!

年轻人心高气盛。赵宇说:“比就比!”

这一年的 9 月,赵宇从学校办理了保留学籍的手续,通过体检,应征入伍,来到了部队。

巧的是,在新兵连,赵宇所在的新兵七连一排二班班长李俊和副班长王超,都是“王杰班”的战士。

在王杰生前所在部队,凡是新兵入伍,第一课必是到王杰纪念馆参观学习。说来,赵宇对王杰纪念馆并不陌生。赵宇 1994 年出生,那时候他的父亲正在部队工作,也就是说,他是在这个部队大院长大的。直到赵宇 11 岁那年,他父亲转业,他才离开这里。作为这个部队军人的孩子,你可以不知道军长、政委家在哪里,但你绝对知道王杰纪念馆的具体位置,那是所有在这个大院里生活着的人们心中的一个重要标识!

在参观王杰纪念馆的过程中,赵宇的心灵受到了强烈的震撼。在这之前,他的父亲赵志军一遍遍地跟他讲过的王杰的故事,一次次地由模糊变得清晰起来。他忽然发现,原先认为那些陈年旧事过时了,跟不上形势了,而眼下却通过纪念馆的一件件陈列,穿越了时间和空间,向他扑面而来,让他从中感受到了真实。他竟觉得,个子并不是很高的英雄王杰,在他的面前瞬间高大起来。他需要怀着崇敬的心情,对他进行仰视。

与此同时,赵宇还发现了许是自己丢失了的英雄情结,又在王杰纪念馆里捡了回来。大凡男孩子从小都有英雄梦,何况像他这样在军营里长大的孩子呢?他的成长曾经伴随着军号声、军人的出操跑步声、训练场上的操枪练炮声……可是后来,不知什么时候起,英雄之梦渐渐在他的意识里变浅了,变淡了。

当他意识到时，他已经作为一名新战士，置身于前来王杰纪念馆参观的队伍之中了。好在赵宇把一度弄丢的英雄梦给拾了回来。好在他捡回英雄梦时，已身在王杰生前所在的部队。

在参观的过程中，还让赵宇心动不已的是，他在展厅见到了父亲赵志军的照片。父亲是“王杰班”的第 14 任班长，曾带领全班战友出色地完成任务，荣立三等功 1 次，全班荣立集体二等功 1 次。站在父亲的照片前，赵宇想起入伍前和父亲较劲，要和父亲比一比的情景，心头一热，心想：“那咱们就比吧，虎父无犬子，我一定要努力做到青出于蓝而胜于蓝！”

新兵连的战友们得知赵宇的父亲是“王杰班”第 14 任班长赵志军时，纷纷用期许的目光看着他。赵宇知道，这是战友们对他的鼓励。于是，赵宇暗地里给自己加油、鼓劲，心想，一定不会让大家失望！

可是，光有美好的愿望是不够的，新兵连的训练开始后，赵宇就发现了自己和战友们的差距。比如说，单杠第一练习，别人上杠后，拉臂，做引体向上，一口气可以做好多个，可是他做 5 个已经大喘气，做到第 6 个时，动作不到位，勉勉强强通过，连自己都觉得不好意思。再比如，每天早晨跑 3 公里，跑着跑着，赵宇就跟不上趟了。他想自己给自己鼓气，可是腿不帮忙，像灌了铅，沉重得抬不起来。究其原因，一是自己平时缺乏锻炼；二是体重超标，一米七三的个头，竟重达 180 斤！

赵宇给家里打电话时，把自己训练中和战友们的差距告诉了父亲。

赵志军鼓励他说，不要紧，当初他当新兵时也是这样，只要不气馁，不放弃，加强锻炼，就会有收获的。

赵志军让赵宇练体能，每天别人做 100 个俯卧撑和 100 个仰卧起坐，赵宇就各做 200 个；别人跑 3 公里，他就利用业余时间多跑一趟。

只要功夫深，铁杵都能磨成针。

赵宇问："那你当年俯卧撑和仰卧起坐能做多少？"

赵志军说："那时候，我每晚要做 1 000 个俯卧撑和 500 个仰卧起坐，此外，还要提起两个小板凳做扩胸运动，用背包带把腿吊起来拉韧带……"

赵宇不再问了，放下电话，立即投入到训练中去。

赵宇对自己特别狠，就拿跑步来说吧，他每天都要给自己"开小灶"，利用业余时间练长跑。赵宇计算过，别人跑步，跑一步，是一步，可是他不行，他是负重跑步。负的什么重？当然是自身体重超出正常指标的重量啦！也就是说，同样是跑步，他比别人多扛着自己超出的 30 到 40 斤的肉在跑。这样一来，当然跑不快了。所以，第一步，赵宇是要甩掉身上多出的肉！

众所周知，通过运动减肥，其过程是痛苦的。赵宇也不例外，但他乐意。在他参军入伍临离开家的一天晚上，父亲赵志军从箱子里拿出 3 本书交给赵宇。父亲说，这些书是他参加纪念王杰同志牺牲 50 周年活动时，"弘扬'两不怕'精神模范连"党支部赠送给他的。父亲说，带着这些书到部队去吧，遇到困难了，就好好读一读。书里，老班长王杰会帮助你。后来，赵宇发现自己训练中的困难后，一遍遍地读父亲送他的 3 本书，一遍遍地给自己鼓劲。那 3 本书分别是《伟大的共产主义战士王杰》《"弘扬'两不怕'精神模范连"故事精选集》《王杰日记手迹版》。赵宇每读一遍，就在自己的心里注入了一股巨大的力量。

当然，光有精神上的鼓励还不够，毕竟赵宇是大学本科生，他知道知识的力量。因此，赵宇在训练中还注重方式方法。比如说，进行 3 公里越野，不能光凭满脑子热情，一味地使用蛮劲。它是有科学理论和技巧的。首先，要保持节奏。一开始，可以慢一些，使自己适应奔跑；到了中段，要步伐均匀，不能忽快忽慢，要适当地保存体力；进入最后阶段，要竭尽全力，加速冲刺。再比如，有的人无需经过训练就能跑，且善于跑。如果细细分析，这种人先天具有奔跑的能力与优势。或许，他身材不高、体重较轻，但相对来说，肺活量与体重比指数天生高，适合于奔跑，跑起来负担小，消耗也少。或许，他的胸围指数大，这就意味着他位于胸腔中的心脏和肺脏很有可能比较发达。据资料载，普通成年男子的肺活量为3 000—4 000毫升，而这类人的肺活量有可能在5 000毫升，甚至6 000毫升！或许，他有强健的肠胃和肝脏。3公里越野消耗大，及时补充能量，需要有很好的消化食物的机能……

这样分析之后，赵宇就开始对症下药，他每每跑完3公里后，不顾疲劳，接着再跑一个3公里！奔跑的过程，是体能积累的过程，也是技术提高的过程。

结果，半个月跑下来，他的肺活量明显增大，气喘吁吁的现象基本没有了；腿部肌肉也结实了，用手一按，硬邦邦的，如同铁疙瘩。再跑，就感觉轻松了一些。

就在赵宇针对自己训练中的不足进行恶补时，他收到了一个小包裹。是父亲寄来的。

赵宇打开包裹，映入眼帘的是一个小红盒，盒盖上印有金色麦穗环绕的“八一”军徽，下方有一行小字“三等功奖章”。

赵宇太熟悉它了。这是父亲的军功章。小时候，赵宇不止一次地看过它。他知道，那是父亲最珍贵的东西，平时一直锁在箱子里，只有到了八一建军节或是其他的一些重大纪念日，父亲才把它拿出来。现在，父亲竟把这枚他视若珍宝的三等功奖章寄给了他，赵宇立即明白了父亲的用意。

是的，这枚军功章，是父亲赵志军军旅生活出类拔萃的一个见证。金光闪闪的军功章，是信念、追求，也是汗水浇铸成的。赵宇仿佛从这枚军功章上看见了当年父亲的身影。父亲说过，当年他来到部队，多项训练成绩也是上不去。怎么办？一个字：练！

父亲还说过，别小看一个"练"字，那是一场战争，一场一个人的战争。在这场战争中，你是你自己的敌人。你跟你自己打，有时打得激烈，有时打得平缓；有时旗开得胜，有时丢盔弃甲……但作为一个战士，一个王杰生前所在部队的战士，这样的战争就没有停止过。人生就是一个不断战胜自己的过程。你想获得人生的精彩，你想发掘自身的潜能，你想完善自我，你想充满自信，你就要打赢一个人的战争，从不自觉，走向自觉，直至战胜退却，战胜懒散，战胜自卑，战胜懦弱，战胜恐惧，战胜艰难，战胜你需要战胜的一切！

想到父亲的话，赵宇觉得眼下他也在进行一个人的战争，他要战胜自己。比方练单杠，就要练出个名堂，别人上杠能拉 10 个 15 个，他绝不应当比别人差；别人跑 3 公里能跑在前面，他也能。赵宇心想，既然生活中注定了要发生一个人的战争，那么，他希望自己能够像王杰那样，一不怕苦，二不怕死，生命不息，战斗不止，永远战胜自己，做个合格的战士！

父亲在包裹里还附了一封简短的信。父亲在信中说，这是他的军功章，他把它寄给赵宇，目的是让赵宇将来通过自己的努力，也获得军功章。到那时，赵宇把这枚军功章还给他，他一定会感到很欣慰……

赵宇的眼角湿润了。

赵宇知道，这就是一种接力与传承。幸运的是，他和父亲时隔多年，能在同一个部队，甚至同一个班服役，并且，父与子都在王杰生前所在的部队。就像歌中唱的那样“王杰的枪我们扛，王杰的歌我们唱”。赵宇有责任，也有信心，通过自己的不懈努力，让红色基因在两代人的身上，永远延续下去。

从此，赵宇训练更加刻苦了，他铆足了劲，以王杰为榜样，一次一次地以冲锋的姿势向着设定的目标发起冲刺。

经过高强度的体能训练，赵宇短时间内瘦身30斤，无论是3公里越野，还是单杠、双杠，都取得了显著的成绩！

对于赵宇的进步，大家都看在眼里。

副班长王超说，新兵赵宇虽然入伍时间不长，但思想表现积极稳定，体能训练很能吃苦，被子叠得像豆腐块。尤其是班里有个新战友吃苦精神较弱，训练成绩跟不上，赵宇主动和他结成“互助对子”。在赵宇的帮助下，这名新战友后来取得了很大的进步。

班长李俊说，赵宇这个兵不错，他知道自己需要什么，应当做什么。他不仅会熟练地唱《王杰的枪我们扛》，能背诵《王杰日记》，还会为其他战友讲王杰的故事。部队需要这样的王杰精神传承人。

指导员张威说，每次组织队列和体能训练，赵宇总是虎气十足，浑身有着使不完的劲。通过他的努力，他的单杠成绩很快达到了优秀，俯卧撑能做100多个，他在新兵连被评为“学习王杰先进个人”，并且连续两次登上连队的“龙虎榜”。

2015年9月15日，由于赵宇表现突出，新兵连训练结束后，他如愿以偿地被分配到王杰生前所在连队的“王杰班”。

25年前，赵宇的父亲赵志军担任了“王杰班”的第14任班长；25年后，他的儿子赵宇，成为“王杰班”的一名新成员。

莫非这是历史的巧合？

不，这是接力与传承王杰“两不怕”精神的一种必然，也是时代的发展足以让进取者圆梦的一种必然！

与赵志军、赵宇父子同在王杰生前所在部队薪火传递的故事相仿，有一对名叫邓国荣、邓国亮的孪生兄弟，参军入伍，一同来到“弘扬‘两不怕’精神模范连”，通过传承王杰精神，实现了他们的人生梦想。

“王杰连”对于他们是一种挡不住的诱惑，于是，一个人来，不过瘾，要来就来双份的，两个人一起来！

邓国荣、邓国亮家住福建三明市沙县高桥镇新桥村。2013 年，兄弟俩参加高考，以同样的分数 384 分被闽南理工学院土木工程系录取。如果他们不参军，上完大学之后，这个祖祖辈辈都是农民的家庭，很可能会诞生一对土木工程师，但是他们在拿到大学录取通知书后，即遇上了一年一度的夏季征兵。男孩子总是怀揣着一个金戈铁马的英雄梦，何况是从小一起长大，曾经拿着玩具手枪“打仗”的小哥俩呢？于是，当得知部队在他们学校征兵，邓国荣、邓国亮经商量，决定放弃上大学的机会，报名去参军。

当邓国荣、邓国亮两兄弟把自己的想法跟父母说了之后，父亲没有立即表态，只是说：“你们可要想好了。当兵是为了打仗，为了保卫祖国。你们从小到大，没离开过家，在舒适的环境里生活惯了，到了部队，要练枪练炮，要吃一些苦的，你们做好思想准备了吗？”

邓国荣说：“有思想准备。孟子说过，‘天将降大任于是人也，必先苦其心志，劳其筋骨，饿其体肤，空乏其身，行拂乱其所为’。我们是新一代年轻人，肩负重任，心怀远大目标，即使吃点苦，又算个什么？”

邓国亮说：“古人都知道‘生于忧患，死于安乐’，何况我们呢？用年轻人时尚的话讲，不经风雨，怎么见彩虹！”

见两兄弟这么讲，父亲对孩子的母亲说："你看呢？"

邓国荣、邓国亮的母亲范桂英，许是名字中带有"桂英"两个字，与穆桂英同款，说起话办起事来，也像穆桂英那样风风火火、干脆利索。她说，男孩子去部队锻炼是件好事，她完全赞同。她还说，部队也是一所大学。先上部队的大学，等以后有条件了，或是有机会了，再上地方的大学，也是挺好的选择嘛！

在父亲母亲的积极支持下，邓国荣、邓国亮光荣入伍，穿上军装，来到了部队。

大凡双胞胎都有个特点，即相互之间心灵感应强。比如邓国荣、邓国亮入伍后，在新兵连练完队列休息时，邓国荣独自走向一边，想再练一练，不必招呼，邓国亮马上就知道了。邓国亮便跟着他一起练习。

邓国荣、邓国亮还有一个特点，是相互较劲。在训练中，哪方面一方强了，另一方就要想方设法赶上去，甚至超过对方。而一方一旦看着另一方赶上来了，就更使劲了。这样一来，你追我赶，大有并驾齐驱的劲道，这促使他们两个人在训练中，都有了好成绩。

了解邓国荣、邓国亮的人都知道，他们在学校读书的时候，就是相互较劲的一对。从小学到高中，两人不仅同校，而且同班。那时候，邓国荣当了班级的学习委员，邓国亮不服气。他便对邓国荣说，学习委员算什么，要当就当班长。结果，经努力，邓国亮不久就当上了班长。

在学习上也是如此。邓国荣要是数学考了 99 分，邓国亮一定要得 100 分。当双双得了 100 分，两人才满意，觉得旗鼓相当，打了个平手！

参军后，邓国荣、邓国亮把兄弟俩相互较劲的特点带到了部队的生活中。他们并没有觉得有什么特别之处，可是在新兵连，情况就不一样了。班长时常会在训练中让大家看，邓国荣是怎样做的。然后等邓国亮做完某个动作，班长又对大家说，看到了吧，一个模子刻出来的，不走样。下面，大家做这个动作时，都要这么做！

由于在新兵连考核成绩突出，邓国荣、邓国亮双双被分配到王杰生前所在的连队。

就在邓国荣、邓国亮来到连队的第二年，他们从6月开始，历时3个月，随同部队转战三省多地，行程1000多公里，赴内蒙古荒漠草原参加了跨区对抗演习。

在这次演习中，主攻方向有一段纵深200多米、障碍密集的“坦克死亡地带”，连长、指导员当即在连队组成突击队，进行破障。邓国荣、邓国亮两兄弟积极要求参加，获得批准。

要知道，这次军演与以往有较大的不同，组织的实战化演习场次密集，规模空前。就拿邓国荣、邓国亮兄弟随同部队参加的这次演习来说吧，总参就组织了南京、广州、济南、沈阳、成都、兰州6个军区和1支陆军合成旅，轮番与我军的第一支专业化的蓝军——北京军区某机步旅展开对抗。

既是实战化的训练，就要动真格的。邓国荣、邓国亮所在部队面对的对手来自各大军区，一律训练有素，绝不是吃素的，他们要想方设法置你于“死地”。而布下的障碍密集的200多米“坦克死亡地带”，就是他们下的一着“高棋”。其目的在于，给你的通过制造难题。对手知道你能通过，但关键是你需要用多少时间通过。假如你的动作慢了，超过了对手设计的时间，那么，你就输定了。“坦克死亡地带”只是对方为你设计的一个环节，也可以说是连环套，当你这个环节输了，对不起，你就环环必输！

连长、指导员当然知道突破面前的这道纵深200多米障碍的重要性，所以他们派出了精兵强将，邓国荣、邓国亮就是其中两员。如今这一对孪生兄弟，经过一年多的摔打，已成为连队军事技术的骨干。这不，接受任务后，邓国荣、邓国亮毫不畏惧地走向雷场。

高手与高手的较量，既是技术的对弈，也是智力的比拼。就好比眼下这200多米雷场障碍的设置，绝不是挖坑，埋若干雷，封锁通道就了事，而是“放平雷，引信装，先副后主不能忘；设置确定再伪装，按原地行不走样”。也就是说，对手布雷时，把挖出的土备好，等埋上雷，再把原土覆盖上。这样一来，经过伪装，埋设后的地雷进入待爆状态并与地面环境相符，以至于你来到雷场，很难察觉到雷埋在哪里！

俗话说，魔高一尺，道高一丈。王杰生前所在连队的突击队进入雷场后，迅速排雷，连续破障。但就在他们快要打通雷场，抵近对方防坦克壕时，由于持续高强度作业，他们使用的破障工程机械竟全部“战损”！

怎么办？

战场瞬息万变，时间不等人。紧急关头，最能检验王杰传人的血性虎气，只见邓国荣、邓国亮和突击队的战友们迅速拿起工兵锹展开人工作业。

土层坚硬，他们拼命地挖；锹柄挖断，他们就用手刨……

最终，他们提前10分钟完成任务。

演习复盘时，连队受到了导演组的点名表扬。邓国荣、邓国亮也被连队双双表彰为军事训练的先进个人！

3. 血性男儿

只要你是一个军人，一个中国军人，你就要有血性。

血性是军人必须具有的要素之一。可以说，它是军人与生俱来的，否则，还叫什么军人！

是的，军人自从来到这个世界上的第一天起，就与血性相伴。它是流淌在军人血脉中的血液，是基因传承的密码，是战斗意志的原始支撑，更是克敌制胜的法宝利器。纵观中国浩如烟海的诗词，“壮志饥餐胡虏肉，笑谈渴饮匈奴血”“黄沙百战穿金甲，不破楼兰终不还”以及“为有牺牲多壮志，敢教日月换新天”，多么霸气，多么豪气，多么富有激情，读来多么让人热血沸腾！军人生来就是要打仗的。要打仗就要勇往直前，敢打必胜。而血性就是必胜的战斗精神，就是走向胜利的通道。作为军人，有了血性，肩头就有了山一般沉重的责任，胸中就有了火一般燃烧的激情；有了血性，就能够虎虎生威，勇于亮剑，哪怕是面对刀山火海、枪林弹雨，也会冲锋在前，驰骋疆场。

董存瑞就是有血性的战士！

黄继光就是有血性的男儿！

王杰就是有血性的英雄！

军人的血性，是由信仰、意志、品格和能力等融为一体的一种精神力量。正是这种力量的存在，让我军攻无不克，战无不胜。

长征途中，国民党军布下重兵，企图将红军消灭于大渡河以南。当时，红军面对敌军的围追堵截，冒雨一天一夜急行军 140 里，然后派出十八勇士强渡大渡河，最终突破天险，取得了胜利。

抗美援朝期间，美军一个军拥有坦克 430 辆，志愿军 6 个军，没有一辆坦克，而志愿军却打赢了一场“绝对不可能赢”的战争。制胜因素除了正义，除了战略战术，还有军人的血性。

有着牺牲与奉献的血性，总是敢于刺刀见红。“一不怕苦，二不怕死”的王杰精神，就是一种体现。

有趣的是，据资料显示，2011 年，俄军经过讨论，继续保留刺刀；2013 年，美军考虑恢复单兵刺杀训练。

而我军历来具有敢于刺刀见红的光荣传统。不惧艰险，不怕牺牲，就会有“能执干戈以卫社稷”的战斗血性，同样，也就会有令任何对手闻风丧胆的勇士！

在王杰生前所在部队采访，我们见证了什么叫作兵味十足的血性男儿！

1991 年 7 月 11 日，23 岁的周丽平，从解放军装甲兵指挥学院毕业，来到部队报到。

让周丽平高兴的是，这是一支光荣的部队。1965 年 7 月 14 日，王杰在训练中为掩护民兵扑向炸药包而壮烈牺牲，此后全国掀起了向王杰学习的热潮。周丽平生于 1968 年，也就是王杰牺牲后的第三年，他才出生，但他从小就知道英雄王杰，知道王杰的许许多多的故事。现在，当他来到王杰生前所在部队报到时，其兴奋度可想而知。

就在他来到连队报到的当天，周丽平得知连队即将出发，开赴安徽颍上县执行抗洪抢险任务。

连长祝继侠说，这一年的 5 月中旬至 7 月上旬，安徽全省连降大暴雨，以至于 72 个县市竟有 60 个降雨量接近或超过正常年份的全年降雨总量。由此，长江大堤全线超警戒水位，多地受灾严重，纷纷告急。

连长说，面对灾情，党和国家高度重视，1991 年 6 月 9 日至 16 日，国务院总理来到安徽抗洪一线视察；7 月 7 日至 8 日，中共中央总书记亲临灾区，冒着大雨，指挥抢险救灾。

连长接着说，上级命令，部队火速赶往灾区。

恰恰在部队即将出发之际，周丽平前来报到。周丽平积极要求参战。他说，汛情就是军情，赴灾区就是上战场。是军人，集结号声响起，就应以战斗的姿态奋勇出击！

连长说："你刚刚报到，行李还在托运途中，这次就不要去了吧，在营房留守。"

但经不住周丽平死缠硬磨，再三请求。

最终，连长答应了他。

谁知，此一去，周丽平再也没有回来。周丽平为了抗洪抢险，献出了年仅 23 岁的生命！

那是 7 月 19 日的下午，颍上县境内的沙家洼的河面上，一艘装运救灾物资的百吨民船触滩搁浅，面临断裂和倾翻的巨大危险。面对险情，已经连续奋战了 8 个昼夜的周丽平在体力严重透支的情况下，依然跳入水中，游向货船。

水深，浪急。

周丽平被迎面扑来的汹涌波涛一次次打回来，又一次次奋力游向前。这是与风浪的角逐，周丽平毫不退让。大风大浪企图阻止周丽平接近货船，但设下的重重障碍都被周丽平一一突破了。周丽平以最快的速度向前，向前，再向前！

然而，就在周丽平快要游到船边时，突然，一个巨浪在风的助力下，狠狠地推搡过来，把周丽平推向了激流中的漩涡。此时，风太大，浪太猛，转眼间，周丽平不幸被无情的滔滔洪水吞没……

周丽平，浙江丽水市莲都区莲房村人。1968 年 7 月出生，1986 年 11 月入伍。1987 年被评为国防勇士。1989 年入装甲兵指挥学院学习。1991 年 6 月加入中国共产党。先后 3 次受到部队的嘉奖。牺牲时，他刚刚 23 岁，与王杰生命的长度相仿。他用来到这支英雄部队短暂的 8 天时间，以英雄为榜样，一不怕苦，二不怕死，大大拓宽了人生的宽度!

周丽平牺牲后,中央军委授予他“抗洪救灾模范”荣誉称号。

7 月 14 日,是王杰为救护民兵牺牲的日子。

同样是这个月的这一天,王杰所在部队某破障营三连指导员罗昊为保护战友而献出了自己年轻的生命。

同月同日,其间却相隔了 48 年!

是一种巧合,但我们更愿意从中看到的是“一不怕苦,二不怕死”的王杰精神的传承与赓续。

事情要从 2013 年 7 月 14 日说起。

这一天,罗昊所在连队来到黄海某海域进行海上作战重难点课题攻关任务。连长刘延辉准备第一个带着官兵乘船出海,被罗昊拦住了。刘连长说:“今天风浪大,我是舟桥专业毕业的,还是我第一个下海……”罗昊说:“还是我来吧。我带连队的骨干技术攻关,绘制了百十份图表,革新了十多件器材,掌握了大量的第一手资料。我来,也好对课题攻关进行最直接的检验。”

实际上,团政委朱良坤不打算让罗昊参加这次海训。因为在这之前,罗昊的妻子在驻地医院的孕检中查出胎位不正,政委特地安排他在家留守照顾妻子。可是罗昊执意要来,谁拦都拦不住。结果,他来了;结果,他不仅来了,还要第一个带人出海。

然而,就在罗昊带着诸如“如何缩短冲锋舟海滩换乘时间”“怎样避免水中爆破起爆线被螺旋桨打断”“如何增加夜间通路标识清晰度”等课目,在海上进行重难点试验攻关时,海上突发险情。当冲锋舟即将侧翻的一刹那,危险关头,罗昊奋不顾身地把身边的战友推开,壮烈牺牲!

连队官兵太了解他们的指导员了,大家都说,罗昊救人已不是第一次了——

2011 年 6 月，连队在淮河组织水上驾驶训练，眼看着一艘破障船方向杆出故障，而迎面正有一艘采砂船改道驶来，为了避免相撞，罗昊驾着一艘汽艇，驶向采砂船，然后飞身跳上那艘船……罗昊阻止了一场重大事故的发生。

2013 年 5 月，连队组织爆破分洪训练，正当罗昊和电起爆接线员徐航路接好线路回撤至离爆炸点不到 10 米处时，炸药突然起爆。说时迟，那时快，指导员罗昊一个箭步冲过去，把徐航路扑倒在身下……

同年 7 月 13 日，也就是罗昊牺牲的前一天，连队海训场有一艘载有 11 名游客的游艇失去动力被困海上。罗昊驾着冲锋舟及时赶到，抢在台风袭来之前，把游客全部转移上岸。

罗昊牺牲后，战友们在他的日记里看到了这样一段话："我怎样对待战士，战士就会怎样对待我；对待士兵，要有危急关头替他们挡子弹的手足真情！"

王杰生前所在部队英雄多。

连队官兵们都说，指导员罗昊就是"王杰式的英雄"！

2003 年 5 月的一天，"王杰连"在徐州贾汪区的大洞山进行实爆训练。课目要求点燃炸药包的导火索后，全员迅速撤离，撤至安全区。可是，在一次实际操作中，一班有一个名叫刘川的战士没有点燃导火索。更为糟糕的是，当其他人员纷纷撤离时，他竟然愣在那里，一动不动！

刘川是新战士，从新兵连下到连队才两个月。平时，刘川训练刻苦，专业技能提高很快。刘川常说，他之所以取得进步，那都是班长的功劳。他的班长是梁文宽，广西南宁市武鸣区太平镇凤阳村人，1998 年 12 月入伍，是连队出了名的能文能武的"兵教头"。若是论文，梁班长知识面广，上知天文，下知地理；若是论武，他组织训练教学，堪称行家里手，就连连长都忍不住时常夸他，在训练场上叫他给大家做示范。

按理说，梁文宽带出来的兵，不该犯这样的低级错误，这是实爆训练，你刘川怎么能在该拉导火索时硬是站在那里愣着不动呢？！但实际情况刘川是新兵，第一次进行实爆训练，他太紧张了，紧张得脑袋竟然发木，一瞬间失去了意识。于是，刘川在现场众多的导火索被战友点燃，炸药就要引爆时，站在原地，不知所措，大脑一片空白！

危险时刻，只听班长梁文宽大喊一声："刘川，快撤！"

刘川闻声醒悟过来，于是，他急忙转身，撒腿就跑。

导火索燃烧的速度快，显然刘川的奔跑慢于炸药的起爆，就在这万分危急的关头，班长梁文宽扑了过来。梁文宽张开双臂，就像当年老班长王杰救护民兵那样，扑了过来。当他把刘川扑倒在身下时，炸药爆炸了。"轰隆轰隆"的炸药爆炸声，此起彼伏，震耳欲聋。泥土和石块被炸药抛向天空，随后雨点般地纷纷落下。土石砸在班长梁文宽的身上，而在他身下的刘川却毫发无损！

事后，有人问梁文宽是怎么想的。他说："哪里还顾得上多想，担心刘川有危险，就扑了过去。"大家夸他勇敢。梁文宽说："老班长王杰为掩护他人不惜牺牲自己的生命，自己这么做，根本算不了什么。"

采访中，我们联系上已经退伍还乡多年的梁文宽，当他听说我们想了解当年他救战友的情况时，连忙说："这点小事，在我们'王杰连'多了去了，不值得一提。"

那是一片晨光熹微的南疆高地，一支全副武装的尖刀班，拨开浓密的枝叶，弯着腰往前走着。曲广兴突然停住，他举起握成拳头的右手，示意尖刀班的战士们别动。此时，丛林里很静，静得能听见露珠从树叶上轻轻滑落，坠向地面的声音。

乍一看，好像一切正常，但经验丰富的曲广兴从一根树枝的断面发现了危险的存在。是动物经过折断了树枝？不像。那么，就是敌人了。敌人来过这里。他们来这里干什么？当然是执行任务。

1979 年，曲广兴参战前，隶属王杰生前所在部队。那时候他的老连队是工兵连。他是该连“王杰班”的副班长。由于训练中整天和地雷打交道，曲广兴对地雷有着特殊的敏感，眼下即使是在带领尖刀班向敌纵深穿插，为大部队进攻开辟道路的途中，他也能在遍布热带植物的丛林里闻到地雷的特有“气息”。尽管那“气息”淡淡的，若隐若现，但还是引起了曲广兴的警觉。于是，曲广兴用手势告诉身后的战友们，有雷，且不止一个。

接下来，曲广兴开始排雷。

作为尖刀班的班长，此次任务是曲广兴争取来的。当他得知连队要组建尖刀班，曲广兴立即向连长、指导员请战，理由一是他来自工兵连，排雷破障，打通道路，搜索前进，是他的专业老本行；二是他来自“王杰班”，老班长“一不怕苦，二不怕死”的精神已经融入血液，注入灵魂。他有信心，当好尖刀班的班长，圆满完成这次纵深穿插，为大部队开辟道路的任务！

事实上，曲广兴是一名称职的尖刀班班长。他带领全班逢山翻山，遇河越水，以最快的速度，把悬崖、峡谷甩在了身后。最艰难的一次，是与小股敌人突然遭遇，其时，他带领全班出其不意地向对方发起攻击，很快消灭了敌人。但他不幸负伤，被敌人的子弹打中了臀部……尽管如此，曲广兴仍以老班长王杰为榜样，轻伤不下火线，依然领头，带着战友在丛林中穿行。

地雷挡住了他们前进的道路。敌人埋设了多种雷，其中有诡雷、绊雷，以及杀伤力很大的美军 M18A1 型反步兵定向地雷——这种地雷是当年美军留下来的，美军士兵称其为“阔剑”或是“阔刀”，它的战术价值强于一般的反步兵地雷。但好在 1966 年我军工部门仿制过，曲广兴在老连队接触过它，并通过训练掌握了扎实的排雷技术。所以，面对敌人设置的多种地雷，曲广兴非常沉着、冷静，他一一进行排除，以至于无论是绊发、拉发还是压发等击发方式的雷，经他的手，全都成了哑雷。

迅速排清了地雷之后，曲广兴带领尖刀班继续前进，为大部队的胜利出击，扫清了障碍！

战斗结束，曲广兴火线提干，并荣立二等功。

因为在王杰生前所在部队官兵们都很硬核，都很优秀，所以，一般不会有哪个直接去夸人。不过，要是谁真的被大家夸奖了，那么，这个人肯定特别值得夸。

杨国军就是被很多人竖起大拇指夸奖的人！

杨国军是侦察营营部的四级军士长。作为一名侦察兵，在上级组织的一次红蓝军双方实兵对抗演习中，杨国军奉命深入“敌阵”核心部位进行潜伏侦察。

藏是侦察兵的一种技能。如何把自己藏好，让对方发现不了，这就要看你的本领了。杨国军很能藏。在草丛中，他会把自己“藏”成一丛青青的草；在山坡上，他会成为一块不起眼的“石头”，卧在那里，静静的，像是大地的一个组成部分。即使是小鸟飞来，落在他的头上，他也不动；即使是一条蛇从他身边路过，他也不眨一下眼睛。潜伏中的杨国军，竟连呼吸都那么轻微，就好像他在这个世界上基本消失了，他的存在，就是在需要时的根本“不存在”。

对手最害怕自己的阵地附近有执行特殊任务者存在。于是，对手一次次地组织大规模的搜山。他们像篦子一样把面前的山篦了一遍又一遍，过后，还是不放心。仅仅是搜山，他们就先后搜了 7 遍。最多时，每隔 5 分钟，就来 4 拨人，分头搜。可是搜来搜去，也没有搜出杨国军。

有一次，搜寻的人的脚都快要踩到杨国军头上了，他们也没有发现有什么异常。这不能怪他们没有尽力，而是杨国军藏得太好了，杨国军把自己藏到了对手搜寻的能力之外！

长时间的潜伏，使杨国军身体内的水分被当顶的太阳一点一点地蒸发掉，久而久之，杨国军口渴了，他忍着；实在忍不了时，就嚼青草，用草汁湿润一下自己干渴的嘴唇。那么饿了呢，也同样不能弄出动静来。一旦有蛇虫从身边经过，杨国军就抓住它们，用来充饥……

如果说要潜伏一天，那还行，咬咬牙，能够坚持。可是要潜伏两天、三天，或是更长的时间，你能受得了吗？

杨国军能行。

杨国军竟然潜伏了 92 个小时！

这是一个什么概念？也就是说，近 4 天的时间，杨国军就这么卧着，像是一根钉子，把自己钉在大地上。说实话，其间，杨国军也有过动摇，有过犹豫，但他挺住了。他想，要是老班长王杰潜伏在这里，他会怎么样呢？这样一想，杨国军就觉得精神气特足，什么苦啊累啊，都没有了。

同样是在这期间，杨国军潜心侦察，先后为部队发回情报信息 360 多条，并为部队标定了“敌人”的指挥所、炮兵阵地、通信枢纽等重要目标！

演习结束，杨国军的故事就在红蓝军中传开了。大家都说，血性强，打胜仗。对于军人，未来战争不管哪种样式，不管强度高低，不管对手是谁，“两不怕”的精神，将永远是克敌制胜的法宝。

采访中，我们在王杰生前所在部队，了解到许许多多王杰传人的故事。他们传承红色基因，发扬“两不怕”精神，始终以昂扬的姿势奔走在时代的前列，为英雄的部队书写下新的篇章。

——班长贾金辉为了提高埋雷速度，给全班战士带好头，他给自己定下“魔鬼”训练计划，专拣坦克道、砂石地进行强化训练。一个多月时间里，他的双手、双肘磨破、结痂，再磨破、再结痂……正是靠着“皮肉掉了可以长，血性不能丢”的精神气，他在上级举办的专业技术大比武中，以1分52秒的成绩刷新了集团军“防坦克地雷埋设”课目纪录。

——某次迎接外宾来部队参观的现场，担负仪仗队欢迎任务的战士何建军操枪时用力过猛，右手大拇指指甲盖竟被揭起，鲜血流淌，但他仍旧昂首挺立，持枪，端枪，行礼……外宾见了，通过翻译惊叹地问何建军：“你为什么不申请换人？”何建军说：“当兵就要‘一不怕苦，二不怕死’，换作其他人也会这样！”外宾听了，称赞中国军人血性十足！

——副班长李明轩，在高强度训练中左脚面磨破，伤口直径近4厘米。他拒绝连队安排他留守，仍然坚持带领全班参加50公里战斗体能考核。其间，李明轩伤口崩裂，血流不止。但他没有止步，仅是用纱布缠脚，继续奔袭……12小时后，考核结束，鲜血浸透了他的鞋袜。

——列兵陈传景，新兵下连后第一次参加5公里考核，就拖了班里后腿。他不甘心，自制了一副沙背心、沙绑腿练越野。再跑5公里，别人轻装，他负重；别人跑2次，他跑3次，战友们都说他是“拼命三郎”。一次，在野外驻训中，陈传景碰伤了脚踝，仍参加了5公里武装越野考核。他靠着拼劲和顽强毅力，跑出了20分36秒的好成绩。返回营区后，在医院检查，主治医生大吃一惊：脚踝中度骨折，软组织严重挫伤。

过后，医生连连赞叹：“真是个铁人！”

——某次连队组织战术基础动作考核，副班长汪雷以13.27秒的成绩获得第二名——仅仅比夺得第一的三班班长慢了0.2秒。汪雷不服输，犟劲上来，向三班班长提出挑战。有战友问汪雷：“你的成绩已远远超过了优秀标准，为什么还要这样较劲？”汪雷答：“在‘王杰班’，我们往往不记得优秀的标准，只记得班里的纪录和超越的责任。”

——刚刚上任的第26任“王杰班”班长申庆稳，代表全连备战集团军专业比武。在规定比武项目中，他“集团装药”较弱。在这个课目中，拉绳打结是关键。为了最大限度提高自己的速度，申庆稳细心揣摩，认真研究，摸索出了“抽拉结合捆包法”。此法可行性高，效果十分明显，只是对手指的伤害特别大。只要是打起仗来用得着，10个指头磨破又何妨？申庆稳成千上万次地练习，直至手指上结痂，生茧。最终，功夫不负有心人，在集团军大比武中，申庆稳以比分超出第二名一大截的优异成绩，一举夺冠。

克劳塞维茨说：“物质的原因和结果不过是刀柄，精神的原因和结果才是真正锐利的刀刃。”

习近平主席明确指出，军人要有血性，血性就是战斗精神。他还指出要“培养有灵魂、有本事、有血性、有品德的新一代革命军人”。

血性，兵之魂魄也。

4. 拿得起，放得下

王杰生前所在部队，每有新兵入伍，都要参观王杰纪念馆，都要学习王杰日记，都要学会唱《王杰的枪我们扛》这支歌。也就是说，这支部队的所有官兵，都很熟悉王杰的故事，都在以英雄王杰为榜样，争当王杰传人。

1961 年 8 月，王杰参军来到部队，苦练本领，掌握军事技能，很快获得了工兵五大专业技术的“满堂红”，连续 3 年被评为“五好战士”，2 次荣立三等功，并荣获了“模范共青团员”和“一级技术能手”的称号。为了早日加入党组织，他先后 14 次递交入党申请书。然而，在那个年代，因为他出身是中农，要接受组织更多的考验。对此，王杰是如何对待的呢？

在王杰为掩护民兵壮烈牺牲后，人们从他的日记中看到了这样的话：“入党这是我的要求，也是我努力的方向。别人能入党这说明别人条件已经具备，自己还不具备，还有工作没做到家，自己没入党，不埋怨别人，不埋怨党，是我做得不够，今后加强学习，争取做个党员。”

对此，王杰还在日记中写道：“在荣誉上不伸手，在待遇上不伸手，在物质上不伸手。”

在王杰用他短暂的一生构筑的精神高地上，他的“三不伸手”体现着自我约束的人格力量，如今已成为他生前所在部队官兵们淡泊名利的标杆和修身力行的座右铭。

2014 年 11 月初，立冬刚过，寒风凛冽。而在皖东某训练基地，中国、新加坡陆军联合训练实兵实弹演习正在紧张进行。

“左、右翼攻击队，加速接敌，按时占领冲击出发阵地。”中新两军战斗单元的电台里，不时传出联合步兵连指挥观察所下达的作战命令。

电台另一头，是联合步兵连指挥长、中方连长何林民。在这场以“步兵连山地联合作战行动”为课题的演习中，何林民指挥的中、新两方各 70 名官兵，所要夺取的目标阵地是指挥所前方 3 公里处的“135.1 高地”。

何林民的命令下达后，副指挥长、新加坡方的连长林奇坤即用英语向新方战斗员进行传达。

于是，一波新的攻势发起。战斗越打越激烈，也越打越精彩！

此时，枪声、炮声、爆炸声、战车马达的轰鸣声，以及官兵冲锋的厮杀呐喊声，以排山倒海之势，在天地之间久久回荡！

这次演习，使用野战靶标系统模拟敌火力点和散兵，导演组临机导调敌情。这对连长何林民的临机处置能力和部队的快速反应能力，都是一次极大的考验。

在接受这次演习任务前，何林民所在旅准备提升他当副营长，这时有好心人劝他："调职已是板上钉钉，没有必要参加这种两国两军联合训练的演习了。干得好，成绩归下任；反之，出了差错，反倒得不偿失。"

实际上，何林民有过自己的考虑。他觉得越是在这样的情况下，越是要拿得起，放得下。所谓拿得起，是要心里装着大事。对于他来说，眼前的大事就是即将举行的中新陆军联合训练实兵实弹演习。军人为打仗而生。要打仗，就要打得好，打得赢。演习是检验作战能力的磨刀石。大战在即，岂有躲避之理！那么，放得下呢，就是要像老班长王杰那样，"三不伸手"，视名利淡如水。国家事大，个人事小。孰重孰轻，其实无须掂量就该懂得。于是，何林民毅然决然地接受了任务，全身心地投入到演习中来。

演习获得了巨大的成功。在何林民连长的指挥下，中新参演部队经过 50 多分钟的协同作战，一举摧毁了"敌方"的指挥所，成功占领了"135.1 高地"！

"注意听口令。"

"正步——走——"

"分解动作：一、二、一……"

烈日下，三级军士长李小龙听到指挥员下达的口令后，左腿向正前方踢出 75 厘米，此时他的腿绷得笔直，脚尖下压，脚掌与地面平行，离地面约 25 厘米。而上体正直，微向前倾，手指轻轻握拢，拇指贴于食指的第二节；向前甩臂时，肘部弯曲，小臂略成水平，手心向内稍向下，手腕下沿摆到高于最下方衣扣约 10 厘米处……

李小龙做的每一个动作，都非常标准到位，负责训练的教官用尺量过，手摆到哪里，脚掌离地多少厘米，是多少厘米就是多少厘米，分毫不差！

2014 年，李小龙经他所在的王杰生前所在部队推选，参加来年的国庆大阅兵。在严格的训练中，李小龙不怕苦，不怕累，仅走正步鞋子就踢烂了 13 双。应当说，他下了很大的功夫，但最后大阅兵时，他却作为“全能替补”队员，未能上场。

又过了 5 年，时值 2019 年，还是国庆大阅兵，李小龙还是被部队选中，推荐去参加。其时，李小龙已经 31 岁。

是去，还是不去？

有人说，别去了吧，当年坐了“冷板凳”，再去，最终能上场有多大的概率？

有人说，岁数也大了点，就别去当陪练了。

有人说，去好去，如果去了再次上不了场，多丢人啊！

李小龙决定去。

在李小龙看来，阅兵展现的是国威军威，能上场就做红花，不上场就当绿叶！至于个人得失，不必考虑那么多。当得者得，当失者失。李小龙很欣赏这样一句话：“你以为你失去了很多，实际上你拥有了整个世界。”他希望自己的得与失，不仅仅停留在生活的表象，而是更多地属于精神的层面。

李小龙来到大阅兵集训队后，苦练加巧练，成绩非常突出，很快就晋级，成为方阵的排头兵，并且，他还被阅兵指挥部评为“优秀教练员”，荣立了一等功。

2013 年，对于王杰生前所在部队某修理连的雷达技师顾田飞来说，是他人生选择上的一个重要节点。

这一年，顾田飞面临退伍，他凭着精湛的技术专长与“革新能手”称号，被地方的一家公司作为人才，高薪聘请，公司希望他早日办好手续，前去上班。

面对优厚的工作待遇，以及相对稳定的生活，顾田飞的妻子心中充满了美好的期待。她甚至都在想象，如何安排好孩子上学，如何上下班，如何把家里布置得舒舒服服、漂漂亮亮；甚至，在阳台上种几盆花，要种花期长的，最好从春天开到秋天，开得红红火火、蓬蓬勃勃……

可是顾田飞却顾不上这样想。

顾田飞满脑子想的，却是他正在进行的工作，即由他主导的某型火控系统快速调零仪的研制。

这项工作正处于关键时刻，他不能分心。

妻子见了，劝顾田飞：“你已经在部队工作了 16 年，其间，大多数时间都在研制与攻关。你就不能停下来，为自己考虑一下吗？”

妻子还说：“现在机会多好，地方上已经给你安排了满意的工作，就等你一句话，咱们说走就走，去过一种新的生活了。你千万别犹豫啊！”

实际上，顾田飞根本就谈不上犹豫，他甚至连想都没工夫去想。他把心思都放在研制和攻关上了，几乎天天挑灯奋战，琢磨着如何拿下火控系统快速调零仪，如何提升部队的战斗力！

后来，那家公司的总经理感到奇怪，顾田飞迟迟不办手续前来公司报到。了解情况之后，总经理不由感叹道，不愧是王杰生前所在部队的兵，好兵啊！

后来，顾田飞主导研制的某型火控系统快速调零仪获得成功，并被评为科技进步二等奖。

他本人转为高级士官，继续留在了部队。

与顾田飞情况大致相同，战士周圣凯也面临着一个选择。

2014 年 6 月的一天，正当周圣凯要参加军校考试时，连队接到命令，即将奔赴内蒙古参加跨区对抗演习。

上军校，是周圣凯的一个梦想，他是怀揣着这样的梦想参军来到部队的。火热的军营生活，让周圣凯渴望扎根在部队的这方热土中，汲取更多的营养，让自己长成一棵参天大树。而要实现这一愿望，较好的途径，就是报考军校。一旦考上军校，就能够实现由战士到军官身份的转变，同时，这也是他追求自身价值的最好体现。所以，军校成了周圣凯的向往，他希望通过自己的努力，获得这一可以展示才能，并有助于今后长足发展的宽广平台。

把报考军校当作人生目标，周圣凯做了充分的准备。其实，入伍前，周圣凯在学校学习就不错，虽然称不上“学霸”，但成绩名列前茅。加上他自学能力强，来到部队后，即使平时训练再紧，只要挤出一些时间来看书学习，给自己“充电”，就能够事半功倍。按照周圣凯的预选成绩，只要他在考试时发挥正常，考上军校，可以说是十拿九稳的事。

然而，就在这节骨眼上，连队要远赴内蒙古参加军演，这就意味着，周圣凯必须在短时间内做出自己的抉择。

连长、指导员考虑到周圣凯因为工作需要，已经错过了一次次考试，眼下随着年龄增大，这一回已是他最后一次考学机会，因此，连队打算安排他留下来参加考试。

然而，周圣凯心里清楚，对于个人来说，考军校是一件大事，但相比之下，涉及强国强军的事，则更大。作为“弘扬‘两不怕’精神模范连”的训练骨干，在演习这个节骨眼上，连队正需要他。因此，在这重要时刻，一个战士，绝不能缺席！

当集结号吹响时，周圣凯全副武装地站在全连奔赴内蒙古跨区对抗演习的行列中……

在“王杰连”，既有周圣凯这样拿得起、放得下的兵，也有类似的干部。第20任“王杰连”连长王光照就是其中的一个。

2014年的10月24日，连长王光照接到电话，在家待产的妻子羊水意外破裂，被紧急送往医院。于是，他请好假，准备回家。可是恰恰这时，集团军工兵专业考核的通知到了。

一边是待产的妻子盼望着他回家，一边是上级的考核召唤着他出征，何去何从，等待着王光照选择。

这无疑是一种艰难的选择。要知道，一旦你成为一名共和国的军人，就意味着你要远离家人，做出常人鲜有的牺牲。你在尽保家卫国的职责；而你的妻子，则替不能守在家人身边的你，照顾好你的父母、你的儿女。于是，你欠了妻子的债，那都是感情债。从此，你对父母、妻儿感情上的债务，只有加倍偿还的份儿，永远没有终结的日期。

这无疑又是一种从容的选择。之所以说从容，是因为一个热爱自己家人的人，绝对是一个称职的军人。那样，他会更加具有家国情怀，懂得只有热爱国家这个大家，才能热爱好自己的小家。大河满了，小河才会满。这个道理，他懂的！所以，他会从容不迫而又毅然决然地做出自己的决定。

于是，什么也别说了，连长王光照给妻子打了个电话，他告诉妻子，他有任务了。上级的考核，是对连队打仗能力的检验。他说，指导员临时有事不在，作为军事主官，这个时候他不能走。

直到考核结束，王光照才请假，匆匆赶回家。幸运的是，孩子降生，母子平安。

5．“王杰班”的班长们（一）

★ **第 10 任班长：朱永勤**

任期： 1981.12—1983.09

朱永勤担任“王杰班”班长时，正是 20 世纪 80 年代初，那时候，一方面改革开放的洪流席卷神州大地，一方面陈旧观念顽固地扯着思想解放的后腿。比如，社会上有些人批判“一不怕苦，二不怕死”是“蛮干”。朱永勤对此有着明确的看法。在他看来，王杰的“两不怕”精神，在我们这个时代不可缺失，是国家进步，社会发展，战胜困难险阻的一大法宝。若是结合实际，就拿工兵来说吧，施工、架桥、劈山、开路……哪一项工作离得开艰苦奋斗？走上战场，冲锋杀敌，又怎么能离开奉献与牺牲?!

都说工兵是“坐在火药桶上的专业”，这话有一定的道理。据资料显示，第二次世界大战中，工兵伤亡率居所有兵种之首。所以说，长年累月跟地雷、炸药打交道，好比左脚踩着艰苦，右脚踏着危险，等同于与死神共舞。但有一条，心中装着“两不怕”，遇到啥险都不怕。朱永勤就是这样的人。他在当班长期间，发扬王杰精神，每每遇到险情，总是挺身而出，冲在战友的前面，抢着排除哑弹哑炮。为此，他曾先后 4 次荣立三等功。

军中还有一种说法，说工兵中的“工”字的那一竖，往上是“土”，往下就是“干”。朱永勤的理解，要想当好工兵，就一个字，那就是“干”。只有经历地狱般的刻苦训练，才能获得不一般的力量积淀。所以，身材并不高，长着一副娃娃脸的朱永勤，带领全班训练起来，有一股特别的狠劲。

朱永勤在当班长前就考上了一级技术能手，但他仍不满足，他是“王杰班”的班长，他要对各项军事技术格外地精益求精。

挖雷坑，是工兵训练中的基础课目。朱永勤专挑土硬的地方挖。一锹下去，地面只留下一道浅浅的锹的印痕，他再挖。手磨破了，流出血，继续挖。练到后来，朱永勤能在 8 分钟内，一口气连续埋设 20 个防坦克地雷！在他的带领下，仅仅几天时间，“王杰班”就把连队附近的几亩荒地挖得遍布了雷坑。

朱永勤当班长两年，全班人人都考上专业技术能手，个个都成了军事技术标兵。

连长、指导员夸朱永勤，带出了一班“嗷嗷叫”的“小老虎”。

朱永勤说，特别能吃苦，特别能忍耐，特别能战斗，特别能奉献，体现的就是老班长王杰的精神。作为“王杰班”班长，他要带头学好王杰，做好王杰精神的传人！

1982 年，朱永勤光荣地出席了共青团第十一次全国代表大会，受到了邓小平、李先念等党和国家领导人的接见。会议期间，叶剑英元帅还特地邀请朱永勤到他家做客。叶帅抚摸着朱永勤结满老茧的一双手，勉励他，希望“王杰班”的战士都锻炼成钢铁战士，成长为军中栋梁！

★ **第 11 任班长：郭镇**

任期： 1983.09—1984.09

一个人的一生，会遇到多次选择，而每一次选择，既是一次机会，也是对人生的一次考量。

“王杰班”的第 11 任班长郭镇，就遇到过这样的一次选择。

1984 年 9 月，郭镇赴京参加全国“双拥”大会归来，刚到部队，就接到了“父去世速归”的加急电报。郭镇匆匆赶到家，遗憾的是，父亲临终前未能与他见上一面。

母亲悲痛地说：“你父亲最心疼你了，病重期间，老想你，盼着你能回来。可是，还是晚了一步……”

母亲抹了一把泪，又说：“你父亲走了，你又在外地当兵，我今后的日子怎么过啊！”

郭镇的舅舅接过话茬说：“眼下最重要的是顶工。你爸爸单位的领导说了，如果你现在回来，就可以顶工。顶上了工，你就有了正式的工作，有了铁饭碗。你妈妈今后的生活也有了依靠，不至于一个人下地劳动，干农活了。”

郭镇何尝不知道顶工的好处？在农村，因为他的父亲有稳定的工作，属于吃国家饭的人，所以，整个村子里，就数他家的经济条件好。家里虽然有地，但可以不完全靠庄稼的收成而生活。地里的收成，仅仅是他们家日常所需生活来源的一种补充。其实，他父亲的工资就可以养活全家人。可是，现在父亲走了，家里塌了半边天，母亲不能不考虑今后的日子如何过。

郭镇是独生子，现在已长大成人。赡养老人，是他肩头不可推卸的重任，这一点是肯定的。问题是，以什么方式安排好母亲今后的生活，这让郭镇十分纠结。

是脱下军装，回到家乡接过父亲端过的“铁饭碗”？

还是舍小家，从国家的利益考虑，继续留在部队？

郭镇思考再三，选择了后者。他跟母亲说，儿子是“王杰班”的班长，自从入伍来到部队，他就以英雄为榜样，立志做一个像王杰那样的人。现在，家里需要他，部队也需要他。他选择来选择去，觉得还是要顾全大局，以国家、军队的利益为重。他是军人，就要有军人的考虑，希望母亲能够理解。

听了儿子的一番话，母亲渐渐想通了。母亲说：“孩子，你说得对。家事和国事比，毕竟是小事。即使有困难，也不是不可以克服。再说，妈的年纪也不老，完全能够自食其力。你就放心，安心地在部队干好工作。”

三天后，郭镇带着母亲的嘱托，回到了连队。

在生活中，我们每一个人都会不可避免地遇到这样或那样的事，都会或多或少地发生个人利益与集体利益，甚至个人利益与国家利益相碰撞的事，这是一种现实的存在。怎么对待，以及用什么方式进行处理，“王杰班”的班长郭镇，向时代交出了自己的答卷。

★ 第12任班长：赵君

任期： 1984.09—1987.08

赵君是一个有故事的人。

在连队，绝大多数官兵入伍前的身份都是学生，即前脚离开学校，后脚进了军营。赵君也来自学校，却是老师，一所中学的老师。更稀罕的是，那一年他才19岁，竟毅然决然地告别讲坛放下教鞭，来到部队扛起了枪。

几年兵当下来，赵君得以回家探亲。当年的同事见了他说，现在老师的福利待遇好了，趁现在学校还缺人，快从部队回来吧。赵君就笑，他说："我在部队也很好。我们部队是王杰生前所在部队，一支腿上绑大锣，是无论走到哪里，都响当当的部队！"

赵君性格开朗、活泼，爱唱歌。以前他当老师时，会唱很多当年的流行歌曲，比如朱逢博演唱的《雁南飞》、费玉清演唱的《梦驼铃》、崔健演唱的《花房姑娘》、苏小明演唱的《军港之夜》等。可是来到部队，凡是连队开晚会，他上台唱的总是《王杰的枪我们扛》。赵君说他特喜欢这首歌，唱起来，提劲，浑身充满了力量。后来赵君当了"王杰班"的班长，更是把这首歌当成了他的"保留节目"，他说每当唱起这首歌，就会想起老班长王杰，就会有接过王杰的枪做王杰传人的强烈冲动。

了解赵君的人都知道，赵君是个"一根筋"的人。

比如，在新兵连训练结束时，因为赵君学习和训练成绩突出，领导给了他两个选择，一是去运输营当驾驶员握方向盘；一是去"王杰班"摆弄工兵锹埋地雷。许多一同入伍的老乡都觉得那还用说，当然是首选开汽车！赵君偏不，他选择了"王杰班"。他说到"王杰班"好，王杰是英雄，他也要当英雄！

比如，入伍的第二年，机会来了，领导看他当过老师，学习好，给他一个名额，让他报考军校。这可是天大的好事啊，多少人想要都要不到，可是赵君却不是那样想，他在利益面前不伸手，执意把上学的机会让给了班里的另一个优秀的战士。时过一年，组织上把当时唯一的一个保送军校的名额给了赵君，可是为时已晚，他的年龄恰恰又超过了杠杠……

然而，赵君的"一根筋"，却使他在平时训练中取得的效果十分显著。班里的战友记得，有一次在佟村训练场，天黑，下着雨，赵君还在训练。那里是丘陵地带，山坡上乱石嶙峋，荆棘丛生，只见赵君时而匍匐，时而跃起，一遍又一遍地练习着“开辟雷场坦克路”。后来，人掉进了沟里，胳膊受伤，摔出了血，他仍想着雷场坦克路是否开通……

在“王杰班”历届班长中，像赵君这样，入伍两年就当上这个班的班长的人很少，少得犹如凤毛麟角。

这说明了什么？

说明赵君能力强。那时候正是20世纪80年代中期，部队学习的气氛很浓。作为“王杰班”的班长，赵君就想怎么才能把王杰的“两不怕”精神和现代化的科学技术结合起来。这样想着想着，赵君就着手组织全班把学习延伸向一个全新的领域，即学习计算机技术。他自费买来了《微型计算机入门与使用》《BASIC语言》《爆破原理》和《工程技术教材》等书籍，不但自己学，还带领大家一起学。遇到不懂的地方，赵君就在书上做出记号，然后利用休息时间到驻地附近的中国矿业学院（今中国矿业大学）等单位，向老师和专家们请教。

久而久之，赵君和全班的战友们一起，用科技的潜能为“王杰班”插上了腾飞的翅膀。

掌握了一定的理论知识之后，再进行训练，赵君便不大满足于现状了。他提出了对训练器材进行革新。比如，制作模拟地雷，让训练更接近于实战。可是从想法到想法的实现，毕竟有一个过程。赵君带领班里的战士力争缩短这个过程。于是，大伙儿甩开膀子，干得浑身是劲，热火朝天。有一次，赵君在研制模拟地雷中，不慎被黑火药引爆腾起的石灰灼伤了眼睛。住院期间，赵君仍惦记着器材革新，三番五次地找医生，要求出院。后来回到连队，连长、指导员让他休息几天，他也不肯……

就这样，经过两年的努力，赵君带领全班先后革新出模拟58式防步兵地雷、模拟69式防步兵跳雷和电子显示探雷器等多种训练器材，其中有的项目荣获了总参装甲兵部和南京军区颁发的器材革新成果奖。赵君个人，还获得“全军优秀班长”的荣誉称号，并被破格保送到南昌陆军学院学习。

我们说过，赵君是个有故事的人。

写到这里，我们忽然发现，赵君的故事，与老班长王杰的故事在某些情节或细节上，十分相似。

★ **第25任班长：王志**

任期： 2005.12—2007.07

王志说，他刚来到“王杰班”时，被高强度的训练吓住了。那时候，别的班训练4小时，而“王杰班”响鼓不用重槌敲，自加压力，加班加点地训练5小时，甚至6个小时。王志心里有情绪，新兵下连的新鲜劲和精神头一下子没了。

班长看在眼里，就跟他讲老班长王杰的故事，并在训练场上给王志做示范。后来，班长请来“王杰民兵班”的班长李彦清，给他讲王杰是怎么在炸药包意外发生爆炸时舍生忘死救了他和其他民兵；他又是怎么以王杰为榜样，为了掩护战友，排除哑雷，身负重伤，双目失明……班长的良苦用心，让王志深为感动。他渐渐明白了，作为一名军人，战争年代素质过硬，靠的是拼杀；和平时期素质过硬，靠的是拼搏。只有发扬“两不怕”的精神，才能在训练中百炼成钢，成为一个好兵！后来，经过刻苦训练，半年之后，王志不仅考上了技术能手，还练就了连续埋设20

个防坦克雷只需8分钟的硬功夫！

有一年夏天，部队在某海域进行实装演练。根据实战计算，担负炸点设置和障碍物爆破任务的“王杰班”，要在宽40米、纵深60米的高温海滩上作业，其时每人需携带20公斤TNT炸药包、20公斤直列炸药块，还要携带冲锋枪、工兵锹等武器和作业工具，总负重达60多公斤。尽管王志累得气喘吁吁，汗流浃背，但他总是迎难而上，冲锋在前。后来，就连前来观摩的机关干部看了，都不忍心，让“王杰班”“减减压”，让王志休息一会儿再练。王志说：“那可不行，演练就是打仗。该怎么练，就怎么练！”

王志当上“王杰班”班长，正赶上部队换装备，火箭扫雷车下连。

有了新装备，大家高兴得不得了。这款车载火箭扫雷系统具有机动性强、威力大等特点。1984年，我军在收复老山作战中，曾使用过这种火箭扫雷系统装备。当时，扫雷车发射火箭弹后，只用了几分钟的时间，就在雷场开辟出了一条宽约30米、纵深约40米的通道，为我步兵某团九连攻占172高地打开了胜利通道！

尽管装备好，可是在“王杰班”的训练中，车体水平调衡却成了难题，每次占领阵地后，水平调衡要花两分多钟。显然，这个问题不及时解决，打起仗来，是要吃亏的。

于是，王志把这个问题向连长白玉峰进行了汇报。连长通过实际操作和研究，发觉问题确实存在，便问王志：“你打算怎么解决？”王志说：“革新系统，简化过程，把现在的三次水平调衡归为一次。”连长说：“这个想法好，可以提高快速反应能力，全力支持！”

接下来，王志组织班里的战士们对“火箭扫雷车水平调衡系统”的改革进行攻关。

装备列装部队，经过了多少专家的研制和多少道关卡的检测，属于定型的产品。你说要改革就改革，那得需要多大的勇气啊！首先是要解放思想，敢于打破常规；其次是要有胆量；再次是要有信心。而王志三者都具备了，于是，他带领战友们甩开膀子热火朝天地干了起来。

为了革新水平调衡系统，王志刻苦地学习新的科技知识。他多次制作多媒体课件，结合攻关，以图文并茂的方式，通过通俗易懂的语言，给班里的战士们讲解复杂的理论。

面对一次次失败，王志不气馁，继续努力，终于取得了成果，把原先水平调衡的时间，从两分多钟缩短到30秒之内，并且实现了夜间作业，大大提高了火箭扫雷车在作战中的快速反应能力！

趁着部队在苏北某山区外训，王志带领“王杰班”测试了他们革新的火箭扫雷车。那天，天上下着雨，在他们面前的山坡上，事先埋设了10多枚各种各样的地雷，只见王志熟练地操作扫雷车，很快就扫清障碍，打通了出击通道！

军中，最小的成建制的作战单位是班。班长，也就顺理成章地成了军中最小的“官”。但不可小看的是，正是这一个个班，组合起来，一旦成为一个整体，就会是一支战斗力强、一往无前、所向披靡的铁军！

我们说这个部队很棒，其实是说这个部队编制内的每个单元都很棒。这里讲的单元，可以具体到班。

只有班强，整个部队才强。

班，是一支部队的基础。

班长，是部队之所以强大的组织结构与支撑。

每有新兵入伍，他们军中的启蒙老师，就是各自的班长。从某种意义上讲，班长不仅会影响到一个士兵的整个军旅生涯，甚至还会影响其一生。

训练时，常挂在班长嘴边的是“跟我做”；冲锋时，班长会说“跟我上”；勇夺红旗时，班长会说“跟我扛”；遇到危险时，班长会像王杰那样说“快闪开”。班长就是排头兵，就是新兵的引路人。班长的样子，就是一个新兵今后成长中的样子！

对于王杰生前所在部队来说，你想看到他们的风姿，看到他们的风采，看到他们的豪情，看到他们的雄壮，不妨就来看看“王杰班”的班长们吧，他们就是一颗颗星，闪亮和璀璨了整个部队的银河！

在这里，由于篇幅的原因，我们仅是介绍了“王杰班”的几任班长。在下面的章节中，我们还将逐步展示他们的雄姿与风采。

采访手记之八

1979 年 2 月，对越边境自卫反击作战打响。根据上级部署，王杰生前所在部队抽调了部分兵力支援前线，仅“王杰班”就有 6 名战士踏上征程，参加了作战。

当时，第 6 任班长曲宝成，第一个向连队党支部递交请战的血书。上前线后，曲宝成在临战训练中表现突出，火线提干。副班长曲广兴作战勇敢，在担任尖刀班执行穿插任务时，带领全班圆满地完成了任务，荣立三等功。战士李德洪，在战斗中负伤住院，但为了多杀敌人，没等伤好就提前出院参加了战斗……

以至于前方的首长连连夸赞说，“王杰班”的战士，就是不一样，个个都是好样的！

采访手记之九

有一次，“王杰连”接受任务，协助八一电影制片厂拍摄电影《淮海战役》。在拍摄现场，导演按照剧本要求，起先让“王杰连”的官兵装扮敌军。可是拍摄中，导演怎么看，这伙“敌军”都不像。导演急了，拿起话筒亲自指导，说应当如何扮演等等。然而，接下来一演，“敌军”还是不像“敌军”，官兵一个个挺胸昂首，身板笔直，精神气十足！

导演一打听，原来他们是“王杰连”的，难怪气场不一样。于是，导演也就不难为他们了，让他们“改行”吧。

后来，导演让“王杰连”承担剧组的道具保障工作。结果，“王杰连”官兵把这一新任务完成得非常出色。

采访手记之十

刚下了一场雨，接着就出了太阳。

在安徽东部某山地演习训练场，我们把采访的地点移至帐篷外，为的是多呼吸一些清新的空气。

被采访者是“王杰班”的战士。他们都说来到部队学会的第一支歌是《王杰的枪我们扛》。他们特别喜爱唱这首歌，唱起来浑身是劲。

陪同我们采访的这个部队的宣传干事凡春龙说，《王杰的枪我们扛》这首歌，不仅仅是“王杰班”的班歌，也是“王杰连”的连歌，还是王杰生前所在部队的营歌、旅歌和集团军的军歌。这首歌，从他们集团军军长、政委，到各个班的战士，人人都会唱。

凡干事还说，不仅如此，他们部队的家属也个个都会唱。就拿他上幼儿园的儿子来说吧，最爱唱，且唱得最好的歌，就是《王杰的枪我们扛》!

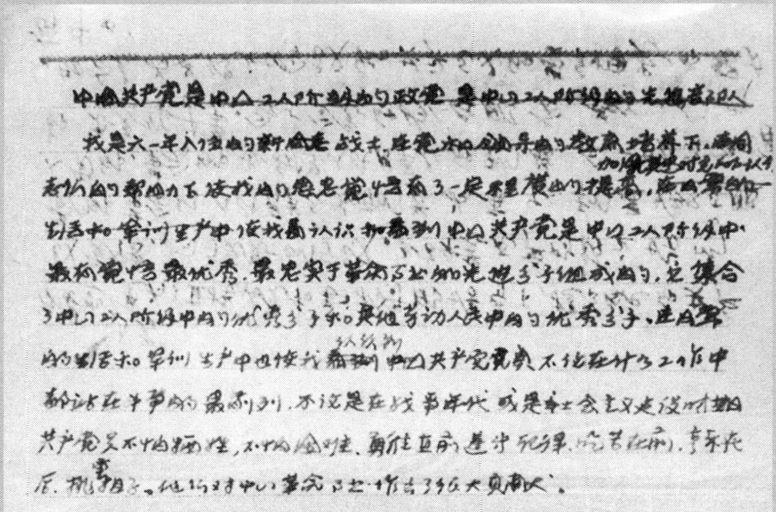

王杰的入党志愿书

第三章　电闪雷鸣之后

1. 心里有朵沉重的云

1965 年 7 月 14 日，英雄王杰为掩护训练中的民兵及武装干部，在炸药包发生意外爆炸时，舍生忘死，用年轻的生命，谱写了一曲感天动地的时代壮歌！

王杰牺牲之后，邳县张楼公社党委面临一个问题，即民兵地雷班还要不要继续训练。民兵中有 6 人负伤，住进了当地的医院，经治疗，大部分伤员已康复。那么，他们是否仍旧留在民兵地雷班？还有，民兵地雷班要不要补充人员？

公社书记丁如光认为，不能因为炸药包的意外爆炸，就吓破了胆。他坚决主张民兵地雷班继续训练，只有这样，才能告慰王杰的在天之灵，才能继承和发扬王杰的精神，彰显“一不怕苦，二不怕死”的英雄本色。他说：“王杰牺牲后，全国掀起了学习王杰的热潮，邳县县委特地下发文件，号召各级党政机关及人民群众学习英雄，争做英雄，我们要把学习和贯彻上级的指示精神落实到行动上。”

丁如光书记找来民兵地雷班的班长李彦清，向他了解民兵的思想情况。当丁如光得知部分民兵在王杰牺牲后产生恐惧心理，心里有阴影，以至于不想继续参加训练时，他当即委派李彦清上门，做民兵的思想工作。

经历过革命战争，踏过烽火硝烟，穿过枪林弹雨的公社书记丁如光深深懂得，恐惧感是今后训练的大敌。还没训练呢，就怕这怕那的，那怎么能行?!

在民兵地雷班重新开始训练之前，丁如光觉得，当务之急是要做好民兵的思想工作，清除他们的心理障碍。

民兵地雷班班长李彦清在民兵班里是老大哥，他平时就很关心人，训练中时不时叮嘱这个要注意安全，提醒那个动作要做到位。班里的人都对他好，听他的。1965年7月14日那天早晨，炸药包意外爆炸时，李彦清胳膊受伤，伤不重，在医院住了几天，就治愈出院了。

身为班长，李彦清理所当然地要考虑到以后还要不要训练，怎么训练。这时，公社丁如光书记找到他，正合他的心意。原先丁书记打算和他一起家访，挨个找民兵做思想工作，但李彦清觉得公社书记亲自上门，动静太大，会给民兵带来心理压力，就说这事由他来办。他是民兵班班长，做民兵的思想工作是他应尽的职责。这样，李彦清就开始挨家挨户地串门，在看望民兵战友的同时，逐个了解情况，说服动员他们继续参加民兵训练。

李彦清来到吴步良家。

在民兵地雷班，吴步良年龄最小，是大家的小老弟。李彦清在见到吴步良时，吴步良平日里的活泼劲没了，见到他，只是面部毫无表情地说："来啦？"就没话了。看得出，吴步良心里头装着想法，沉沉的。李彦清问："怎么啦？不就是被炸药包爆炸时的火药灼破了一点皮吗，就怕啦？"吴步良不好意思地笑了笑，低下头来，不说话。

吴步良不说，李彦清就替他说。李彦清说："是不是从来没遇到过炸药包在离自己这么近的地方爆炸啊？那声音真大，震得耳朵嗡嗡响。再就是看见王杰王教员关键时刻扑上去了，他牺牲得很壮烈。炸药把他胸口炸了一个洞，鲜血呼呼地朝外冒……你被吓着了，对不对？"

吴步良点了点头。

李彦清说："王教员是英雄，他不惜用自己的生命，保护了大家。你想啊，要是王教员在天有灵，他是希望被他救下的民兵就此刀枪入库呢，还是发扬‘一不怕苦，二不怕死’的精神，继续训练？”

吴步良说：“当然是后者。”

李彦清说：“我们民兵班要继续训练，否则，对不起牺牲了的王杰王教员！”

吴步良从小没了父亲，是母亲把他带大的。他母亲在一旁听李彦清这么说，就说：“步良岁数小，被吓着啦！那天，他从医院回来，就闷着头待在家里，不怎么说话，也不出门。”

李彦清说：“大婶，炸药包爆炸只是个意外，以后训练中只要注意，就会安全的。总不至于走路跌了一跤，以后就不敢走路了吧！”

李彦清离开吴步良家，又去看望民兵庄海忠。

在张楼公社民兵地雷班的所有成员中，庄海忠和庄海芝是唯一的一对同胞兄弟。李彦清知道，只要做好两兄弟中其中一个人的思想工作，另一个也就没啥问题了。

庄海忠见李彦清来，不等对方说明来意，便对他说：“你可来了。这两天待在家里没出门，也不想和家人说话，可憋坏了。”接着，庄海忠自言自语地说：“王教员是个多么好的人啊，他就在我眼前晃啊晃的，一会儿远，一会儿近。我和他说说话，他也不回答。脸上总是笑眯眯的，朝我望，望得我都心碎了……”

李彦清知道庄海忠在想王教员了。他也想。白天想，晚上想，甚至梦里头还在想……是王杰王教员救了大家啊，要不是王教员关键时刻扑上前，也就没有他们的今天了。

于是，李彦清就和庄海忠说了一些想念王教员的话，接下来，话题顺势一转，就转到民兵继续训练上来。这时，庄海忠就不说话了。庄海忠有心理障碍。

这很正常。庄海忠在农场当水电工，平时生活中风平浪静，从没面对过死神。那天，死神突然凶神恶煞般地向大家扑来，要不是王杰，后果简直不可想象！因此，别说是庄海忠了，就是李彦清自己也被震惊了。

但害怕有用吗？生活要继续，工作还要干。于是，李彦清做庄海忠的思想工作，说大家都要向英雄学习，把王杰未竟的事业进行到底！

在李彦清做思想动员时，最爽快的是刘成喜。那天，他是民兵中伤势较重的一个。他伤到了脖子，导致喉管受到严重损害。虽然经过治疗，他能说话了，但不自如，说起话来，就像是喉管漏风，呼啦呼啦响……说话久了，会累，喘不过气来。

刘成喜见到李彦清，就知道他为什么而来了。

刘成喜说："是来做工作的吧？"不等李彦清回答，刘成喜又说："没问题。王教员救了我们，我们的命从此就不再属于自己的了。什么时间训练，你们通知一声，王教员以前怎么训练的，现在仍旧怎么训练，而且要比以前训练得更好！"

刘成喜是条汉子。他说到做到。在当时的民兵地雷班中，他成为王杰牺牲后参加训练时间最长的民兵，并且，他虽然受伤，话不是很多，但他会做，会示范。他的努力见了成效，为民兵班带出了一批又一批技术骨干！

毕竟李彦清是民兵地雷班的班长，又是大家的老大哥，他心很细，一方面千方百计地做民兵的思想工作，一方面想方设法地为大家解决生活中的一些实际问题。

民兵地雷班的民兵，来自公社的各个具体单位和部门，有的是地地道道种田的农民，有的是修农具的木工，有的在农场育种，有的赶马车……不管做什么工作，有一点，李彦清始终挂在心上，那就是尽可能地帮助那些非正式工，通过上级领导和相关部门，给他们安排上正式的工作。

在公社范围内，有国有农场工人，有村里生产队的农民。在他们中，正式工和非正式工是有区别的，说到底，就是待遇不同。正式工，收入有保障，福利待遇好。等到老了，干不了活了，还能拿到退休金，而农民，纯属务农，地里种什么，就收什么，收入不稳定。

在民兵地雷班中，有一些人的身份是农民，他们参加训练，一是组织安排，二是自愿。而李彦清认为，他们参加民兵地雷班，不光训练中付出汗水和时间，还会遇到各种各样的危险。如果条件允许，他希望能把非正式工的农民，尽可能地转为正式工，这样，对他们参加民兵训练，也算是一种激励和补偿。

萌生这样的想法，源自民兵刘成喜和林义群。他们都在那天炸药包意外爆炸时负伤。刚才我们说了，刘成喜被炸伤了喉管，而林义群的伤势也较重，伤了眼睛，造成双眼视力下降，一只为0.1，一只为0.2。难能可贵的是，当他们被评为二等伤残后，二人以学习王杰“三不伸手”为由，没有要补助。

明明知道评上伤残，每个月有补助，却不要，这是什么精神？王杰的精神！为此，李彦清大受感动。他找到公社书记，又去找农场的场长，经多方协调，后来分别将林义群、周士忠、刘成喜等人的隶属关系由生产队队员，转为国有农场的正式工。在李彦清看来，生活和工作稳定了，民兵训练的干劲也就更大了。

这是王杰牺牲后张楼公社民兵地雷班重新开训的第一天。

这一天，丁如光书记亲自到场，为民兵班鼓劲。他希望民兵班的民兵们以王杰为榜样,“一不怕苦,二不怕死”,继承和发扬王杰精神,当好英雄的传人。

这一天,全体民兵地雷班的民兵们来到王杰墓前,面对英雄进行宣誓。他们告诉王杰说:“我们来了,又来到你带我们训练的练兵场上。我们仍要按照你的要求,保持正确的姿势,在坚硬的道路上挖地雷坑。我们还要进行实爆训练,实爆‘绊发式防步兵应用地雷’。王教员,你就放心吧,我们一定能够圆满完成任务,当一名优秀的民兵!”

这一天,民兵地雷班列队,高举红旗,走向训练场。班长李彦清走在队伍的最前面。他一边走,一边喊口号“一、二、一……”大家整齐地走着,脚步踏得大地“咚咚”响。

这一天,在张楼公社民兵地雷班的历史上,是值得书写的一天,他们战胜了自己,战胜了内心一度的恐惧与懦弱,变得格外坚强起来。为此,我们可以肯定地说,有了这一天,他们将会在王杰精神的指引下,拥有扑面而来的更多、更加美好的日子!

2. 被救者与救人者

张楼公社民兵地雷班的训练持之以恒,风雨无阻。

每每遇到困难的时候,只要想到王杰王教员,他们心中便充满了勇往直前、战胜一切的信心与力量;每每在训练中取得一些成绩的时候,他们也会想到王杰,于是他们便会三三两两地结伴来到王杰墓前,向王教员汇报,与英雄共同分享成功的喜悦。

时光荏苒。

不知不觉,日子就到了1973年的春天。这一年的5月,江苏省军区决定在苏北召开民兵现场会。为了迎接这个现场会,徐州军分区选派张楼公社民兵地雷班的班长、技术骨干李彦清，前往戴庄公社李圩地雷班指导训练。

说起来，经过 8 年持续不间断的民兵训练，李彦清的军事技术已经炉火纯青。他不仅熟悉各种各样的地雷，还研制过地雷。所以，他熟悉工兵业务，不亚于熟悉自己的掌纹。

在前往戴庄公社指导民兵训练之前，李彦清来到王杰的墓前。8 年来，每每有新的任务，李彦清都要来到这里，向王教员诉说。他告诉王杰，他就要走了，接受新的任务，到那里去训练民兵。他让王教员放心，他会像王教员那样，认真讲学，认真示范，保证圆满完成上级交给他的任务！

李彦清如期来到戴庄公社李圩。但是他并不知道，在这期间发生的一件事，将会影响到他的一生。

1973 年 5 月 21 日这一天，仍像以往那样，李彦清带领戴庄公社李圩民兵地雷班的民兵们，高声唱着《王杰的枪我们扛》的歌，走向训练场。事后，经民兵们回忆，那天大家的歌声特别嘹亮，歌声竟在禹王山上久久地飘荡着，不肯散去。

近日来，经过大家的反复训练，民兵地雷班按训练计划，进入地雷实爆的程序。

实爆之前，李彦清先做了示范，然后他告诉大家，操作时，要沉着、冷静，不要慌。既要胆大，也要心细。他说，平时大家怎么训练的，进行实爆时就怎么做。

为了安全，李彦清除了紧紧跟随在地雷实爆的操作者身边外，还让其他人后撤，一律撤到安全区。

实爆开始了！

“轰——轰——轰……”一个个地雷被引爆，爆炸声此起彼伏，震耳欲聋。随着一声声巨响，训练场上，硝烟弥漫，尘土飞扬。

当11位爆破手按先后顺利进行了实爆后，轮到第12名爆破手上场时，李彦清下意识地心收缩了一下。李彦清看到上场的爆破手是17岁的胡秀玲。她是一位新民兵，加入地雷班的时间不长，平时训练刻苦，成绩也不错。让李彦清有些担心的是，胡秀玲前两天“打摆子”，也就是发疟疾。她吃了药，淌了一些汗，说是病好了，就来继续训练。但看得出，她的身子仍是虚弱。尤其是此时，李彦清看不出她泛白的面色是因为实爆地雷心情紧张，还是病刚好，体力尚未恢复的缘故，因此，李彦清只能紧紧跟在她的身后，为她保驾护航。

的确，胡秀玲一上场，精神就有些紧张。她的手控制不住地发抖，想止住，却做不到，甚至她越想控制，手却抖得越厉害。

站在胡秀玲身边的李彦清见了，小声提醒她，不要慌，按动作要领操作。

胡秀玲“嗯嗯”地答应了两声，手才不抖了。

接下来，胡秀玲埋地雷。

再接下来，胡秀玲埋好地雷，显得很是慌张地往后撤离。

等到胡秀玲撤到安全区，等待地雷起爆时，地雷却一点动静都没有。这时候，训练场上一片寂静，寂静得就像时间停止了，以至于在场的民兵们瞬间恍惚，大脑里都一片空白！

按照常规，地雷应该爆炸的，可是没有。

于是，大家继续等待。

一分钟过去了，两分钟过去了……

直到10分钟过去了，地雷仍未起爆！

显然，出现了哑雷……

李彦清是教员。

李彦清心里清楚，是胡秀玲由于过于紧张，在埋雷的过程中，操作有误，致使地雷变成了哑雷。

李彦清之所以没有及时排雷，是因为他需要等待，以便对地雷成为哑雷进行确认。

但是在现场有一个人等不及了，她就是胡秀玲。

胡秀玲意识到可能是因为她的操作不当，致使地雷与雷管及拉火管的连接处连接得不好。那么，既然是她的过错导致的，就应当由她来解决。

于是，胡秀玲带着懊悔，带着自责，未经教员李彦清发话，径自从隐蔽的掩体里站起来，准备前去排雷。

李彦清见了，连忙拉住胡秀玲说："危险，快隐蔽！"

接着，李彦清又说："让我来！"

李彦清在说这话时，他的脑海里不禁闪现出8年前王杰舍身救护民兵的情景。那时候，王杰说了一声"快闪开！"就张开双臂扑向了炸点。虽然时隔这么多年，但那一刻的画面如同烙印一般深深地嵌在了李彦清的脑海里。多年来，每当想到王杰，他就会想到王杰舍生忘死、英勇救人的那个瞬间。

当年，李彦清就是被王杰救下的其中一个民兵。王杰英勇牺牲了，他却仍旧活着。是英雄王杰给了他第二次生命。现在，危险时刻到来了，他也要像王杰王教员那样，挺身而出！

说时迟，那时快，李彦清冲上去了。他把胡秀玲甩在身后，以极快的速度奔向埋有地雷的雷坑。那里埋有地雷，埋有一个随时都可能爆炸的地雷。可是李彦清顾不了那么多了，他只有一个念头：排雷！排除危险，给大家一个安全的环境！

来到埋雷点，李彦清迅速卧倒，然后屏住呼吸，用手轻轻地拨开土层。他每做一个动作，都牵动着身后12个人的心。

与当年王杰救护民兵情形相同的是，现场也是12个人。不同的是，8年前，12个民兵还来不及细看，炸药包就瞬间起爆；而8年后的这一刻，大家是看着李彦清一步一步接近危险的。李彦清每做一个动作，他们都在看着，目光扯得一颗颗紧张的心，跳得“咚咚咚”响。

在李彦清身后的12名民兵中，就数胡秀玲最紧张了。是她埋的雷，是李彦清在帮她排雷。从李彦清跃出掩体扑向雷坑的那一刻，胡秀玲的目光就没有离开过李彦清。她在心里默默地为李彦清祈祷，希望他能排雷成功。

此时，四周静悄悄，静得只能听到大家的呼吸声。

此时，不光12名民兵在看着李彦清排雷，就连位于戴庄的禹王山，也仿佛瞪大眼睛，看着他排雷。

禹王山不高，却是一座英雄的山。至此往前推移35年，也就是1938年，4万滇军曾在台儿庄大战第二阶段的战役中，在此阻击过日军的猖狂进攻。据当年的《云南日报》报道：“4月28日晨，184师在禹王山上与日军发生猛烈激战，肉搏20余次，歼敌千余。”

而此时，李彦清进行的是一个人的战争。他的对手是地雷，以及他自己。他已经战胜了自己，早已把生死置之度外，剩下的对手，就是地雷了。说起来，民兵训练是为了什么？为了保家卫国，为了在侵略者入侵时，像当年的抗日英雄们那样，给敌人以致命的打击。所以，从这个意义上讲，民兵训练意义重大，李彦清排雷亦意义重大。

现在，李彦清正在排雷。

当李彦清拨开土层，见到埋设的地雷时，意外发生了，哑雷竟然在一瞬间变成了速爆雷！他看见一缕青烟往外冒，就知道情况不好，但已经来不及了。与此同时，只见火光一闪，一声巨大的爆炸声，响彻禹王山的上空！

8 年前，李彦清作为被救者，被英雄王杰在危险关头施救，获得了第二次生命；8 年后，李彦清以王杰为榜样，在戴庄李圩村地雷实爆训练中，为救护身后的一位女民兵，排除哑雷，而身负重伤，双目失明！

历史有着惊人的相似，同样是在训练场，同样是救护民兵，王杰和李彦清有着同样的英雄壮举，这难道是偶然吗？

不，绝非偶然！

我们在他们两个人身上，看到了一个战士应有的血性，看到了“一不怕苦，二不怕死”的高贵品质和崇高精神的发扬光大，看到了共产党人红色血脉的赓续与传承！

李彦清，被人们称为“活着的王杰”。他先后 90 多次出席各种表彰会、代表会；所在的地雷班，数十次获得各级“文明先进单位”“科技先进单位”等荣誉。

3. 光明的使者

经过全力抢救，昏迷了三天的李彦清终于脱离了生命危险。

李彦清醒来，眼前一片漆黑。他问：“这是哪里？训练结束了吗？”

武装部派来的护理人员黄继华告诉他：“这是医院，你排雷时负伤了。”

李彦清问：“其他的同志伤了没有？”

黄继华说：“没有。是你救了大家。”

李彦清嘴角露出了一丝笑容。

接着，李彦清又问："我的眼睛怎么啦？怎么看不见了？"

黄继华紧紧地握着李彦清的手，说不出话来。

李彦清似乎意识到了什么，他便不再问了。

是的，李彦清在排雷中，舍己救人，从此失去了双眼。

一个人来到这个世界，生活了三十多年，也看了三十多年，突然间，就什么都看不到了。那是一种什么样的感觉？

会沮丧、懊恼、痛苦，甚至绝望！

当李彦清发现自己双目失明，再也看不见时，他禁不住哭了！他不是一般地哭，而是大哭，撕心裂肺地哭，哭得很伤心，很难过。他一边哭，一边喊："没有眼睛，今后怎么办？我怎么去带民兵训练？……王杰生前告诉过我，要把地雷造出来，把备战进行到底。我努力去做了，但还没有做好啊，如今看不见了，我还怎么去把这个愿望实现？！"

李彦清继续哭道："老天啊，你要是成全我，就给我一双明亮的眼睛吧，我要加倍努力地工作，当一个更加尽心尽职的、更好的民兵地雷班的班长，不辱使命，带领大家搞好训练！"

听到李彦清哭，在场的武装部的领导、医务人员，连同李彦清的妻子吴增英，无不动容。

为了让李彦清接受现实，心情渐渐恢复平静，大家做了很多的努力。在这期间，徐州军分区、徐州市、邳县的领导分别来医院看望李彦清，对他进行慰问，希望他早日康复。武装部派来的陪护人员黄继华特地给李彦清带来了《钢铁是怎样炼成的》，每天读一段给他听，让英雄保尔走进李彦清的心灵。

李彦清的爱人吴增英，更是对他百般体贴，照顾得十分周到。她为他做好吃的，并常常拉着他的手，安慰他说："失去一双眼睛不要紧，作为一个堂堂男子汉，你救了许多的人，值得。人生在世，为的是什么？就是要为国家为人民多做贡献。你做到了，并做得很好。你是我心中的英雄！"

其实，还有一个人，对李彦清心理治愈起到了重要的作用，他便是王杰。虽然王杰在 8 年前牺牲了，但在李彦清心中，他的王教员始终活着，就生活在他的身边。

当李彦清负伤住在医院，为失去眼睛而百般痛苦难以抑制时，王杰时常来到他身边，和他聊天。

王杰会和他说："李彦清班长，你做得对，危险的时刻冲在前，是一个革命战士的本色。我们曾经聊过，我们都很崇尚英雄。董存瑞、黄继光、雷锋等英雄人物就是我们的榜样，我们要向他们学习。"

王杰会和他说："一个人来到世界上，活要活得有意义，死要死得有价值。活在世界上不能碌碌无为，虚度年华。我们要把自己的一切甚至是生命，献给人民最壮丽的事业——共产主义。即使是死，也要死得有价值，为了祖国，为了人民，就死得其所，死得光荣！"

王杰还会和他说："什么是理想？革命到底就是理想。什么是前途？革命事业就是前途。什么是幸福？为人民服务就是幸福。"

王杰的话，让李彦清想了很多，也想了很久。在这之前，李彦清一再在心里对自己说，要向王杰学习，而且自己真正向王杰学了，为了保护民兵战友，生死关头冲向前……可是过后，却为自己负伤双眼失明而痛不欲生，顾虑重重。这怎么能行呢？要是换一个人，换成王杰，他会这样吗？为救他人，王杰连生命都可以抛弃，而自己，只不过失去了眼睛，竟觉得自己失去了太多太多，若是比起王杰，你拍着胸膛想一想，还有什么话可说？！

这样想来，李彦清内心渐渐平静了下来。他知道，在他的面前，将有一道道障碍等着他越过；在他的生活中，会有一个个从未经历过的困难在等着他去克服。眼睛瞎了，自己的世界陷入了一片黑暗，但心灵不能没有光，没有亮。身体伤残，只是生活的一个新的开始，他必须学会刚毅，学会坚强！

经过一段时间的治疗，李彦清从医院回到了家。此时，他什么都看不见，以往熟悉的家，现在陌生起来，不知哪里是门，哪里是桌子，哪里是床。他能做的，是坐在那里不动；只要挪步，就需要妻子帮助。一开始，李彦清很是着急，心想，这可怎么办啊，总不能自己没了眼睛，把妻子吴增英给拴住，寸步不离，当他的眼睛，那样，他不成了累赘了吗？

后来，李彦清试着熟悉环境。他在妻子吴增英的搀扶下，从床边走到饭桌边，记住走多少步，然后自己试着慢慢走回来。接下来，又从饭桌旁走到厨房，再从厨房走到洗手间……这样一次一次地试，一次一次地摸索，没用多少日子，他就可以自己在家里走动了。实际上，因为他是后天失明的，行走时，他头脑里就会出现屋子里的画面，这样就好比开了一双天眼，走动起来方便了许多。

李彦清能够独自在屋子里走动之后，妻子吴增英就解放了。吴增英每天都可以抽出一定的时间下地干活。虽说李彦清近几年经组织上安排当了专职的武装干部，有了固定的工资收入，但原本他是农民，家里有地；有地，就要种庄稼。所以，自从李彦清负伤后，吴增英独自包揽了地里所有的活儿。

吴增英下地干活，李彦清吃了几天现成饭，就不自在了。他开始学着做饭。估计到了该做饭的时间，李彦清就摸索着来到厨房，淘米，洗菜……

有一天，李彦清在厨房忙碌，他点燃了炉灶的火之后，光忙着切菜，却忘记了向锅里添水。结果，铁锅烧红了，接着燃着了木制的锅盖。当李彦清闻到气味不对时，灶台上已经起火了，那火苗一蹿多高，竟点燃了茅草搭成的厨房……等到大火向住房蔓延时，幸好被邻居发现了。邻居及时扑灭了大火，救出了被烟燎黑了脸、呛得直咳嗽的李彦清！

妻子吴增英回来后，对李彦清说，以后还是她来做饭吧。李彦清不肯。李彦清说，哪能一朝被蛇咬，十年怕井绳。有了这次教训，他下一次格外小心，注意一些就是了。

果然，后来仍是李彦清做饭，再也没有发生火情。

然而，毕竟李彦清的眼睛失明了，这给他生活带来了许多不方便。

有一天，李彦清的儿子在玩耍时摔断了胳膊，他妻子急急忙忙把儿子送进了医院。孩子小，住院需要陪护。妻子吴增英对李彦清说，这两天她不在家，小女儿就交给他了。

李彦清说，放心吧。

吴增英就去了医院。

要是在正常的情况下，李彦清做饭、带孩子没有问题，但恰恰在这期间，他不满周岁的小女儿患了麻疹。一开始，李彦清不知道，以为孩子贪玩，出汗，受了冷。其实不然。小女儿发烧，一烧起来就是高烧，且没有退烧的意思。李彦清看不见，听见小女儿没动静了，以为睡着了，就没在意。后来等到他发现情况不对时，用手摸了摸孩子，他的小女儿身体发凉，已经没气了……

因为看不见造成的失误，让李彦清失去了女儿，他在心里不能原谅自己。于是，李彦清不吃不喝，抱着断气的女儿不放，竟然抱了两天两夜，无论谁劝，都不松手。他把眼泪都哭干了。他一边哭，一边喊："闺女啊，要怨就怨我吧，是我害了你，让你小小年龄，来到这个世界上还没有好好过，就走了……你让我怎么说好呢！要是能用我的命换你的命，我就把老命给你了啊！”

那天下着大雨。当邻居大娘把孩子的尸体从李彦清的怀里夺下来时，他踉踉跄跄地跟着追，一直追到屋外，然后跪倒在门前的雨地里，张开双臂，仰着头，朝着天空喊道：“老天啊！要惩罚，就朝着我来好了，干吗要糟蹋孩子……”

小女儿的死，对李彦清打击太大了。李彦清几乎承受不了了。他把小女儿的死，归罪于他的失明。他想，要是他眼睛看得见就好了，就不会出现这样的悲剧；想得多了，李彦清就陷入了绝望，他觉得自己成了废人，连孩子都看护不好，还能干什么？活着还有什么用呢？活着，就是麻烦，就是负担！

内心受到创伤与打击，一度让李彦清想到了死。但就在他想死的念头越来越强烈时，他再次想到了王杰。李彦清觉得，即使是去死，也要和王杰王教员说一声吧。于是，李彦清在一个夜晚，和王杰说起了心里话。他告诉王杰，他不想活了。他活着，只能是一个累赘，一个负担。他死了，也就解脱了。

王杰说：“李彦清，你别犯糊涂。一个人，要想死，不容易；要想好好地活着，活得有意义、有价值，更不容易。尤其是在这个时候，你不要当逃兵，而要当勇士，要战胜自我，好好地活着，活出人生的精彩来！”

在王杰的劝导和启发下，李彦清想通了。之后，他特地在妻子吴增英的陪同下，来到王杰墓前，对王杰说：“王教员，今后就看我的吧。我不能让你白救了。我一定要向你学习，做一个高尚的人，一个纯粹的人，一个有利于人民的人。”

在这之后，李彦清的生活发生了很大的变化。他开始记日记了。

说来，双目失明的人记日记是很困难的。李彦清亦是如此。但他一旦决定了要做的事，就克服重重困难去做。起先，他在日记本上试了试。因为眼睛看不见，他写的字，一个个重叠起来，既不分行，也不分段。他看不见，别人也看不清，没人知道他写的是什么。

后来李彦清想了个办法，用一根钢锯条当尺，垫在日记本上，每写一行字，就将钢锯条的尺子朝下移动一下。

可是这样又带来了一个难题，即钢锯磨人，李彦清写不了多久，手就被磨破了。妻子吴增英替他想了个办法，用木尺，并在木尺上刻上若干格的记号。这样一来，他再写字，不仅不磨手，还方便了许多，写出的字，不再打架混作一团了。

后来，李彦清把写的日记给妻子吴增英看，吴增英就读给他听。李彦清听着听着，不禁泪流满面，他觉得这是世界上最动听的朗读！

能够记录日常生活，表达自己的思想，这给李彦清的生活注入了极大的动力。他坚持写日记，每天都写，日子久了，他竟然写了一本又一本的日记。

多年之后，李彦清出版了他的日记。现在，让我们来读一读他的日记吧——

1973 年 7 月 1 日

自负伤入院到现在已有一个多月了。在治伤过程中，在王杰生前部队和地、县与公社各级领导的亲切关怀下，在医院医护人员大力抢救下，我由死复生，转危为安，感到极大的幸福和温暖，是党付出了很大的代价给了我第二次生命。

1973 年 8 月 1 日

苦命道路多崎岖，流血牺牲不足奇，多少先烈洒热血，我失双目何所惧！

1976 年 8 月 1 日

我要像罗盛教那样具有国际主义精神；像邱少云那样严守组织纪律；像黄继光那样坚决完成任务；像焦裕禄那样为人民“鞠躬尽瘁，死而后已”；像王进喜那样既有顽强的毅力，又有冲天的干劲；像王杰那样“一不怕苦，二不怕死”。

总之，要学英雄的事迹，走英雄的道路，为祖国为人民奋斗终身。

1979 年 11 月 15 日

在生活中有两种人，一种是终生充满创造激情，不畏艰难，永攀高峰的人，这种人是永葆青春、永驻红颜的；另一种人则是满足现状，得过且过，终生不学无术的无知庸人。

作为一名共产党员，应该是前一种人，永攀高峰；不是后一种人，满足于现状。

……

李彦清的日记产生了很大的影响，被整理成图书《英雄永在我心中》出版，国防部原部长张爱萍上将特地为他题词：“一个真正的人，永为世人楷模。”中央军委原副主席迟浩田上将题词：“走英雄道路，创英雄业绩。”许多读者称赞他是“活着的王杰”。

自从李彦清开始写日记以来，他觉得自己可以思考，可以写作，可以为党做一些力所能及的工作了。在这之后，李彦清经常写通讯报道和随笔文章投稿。他的文章曾先后被《徐州日报》《新华日报》《农民日报》《人民日报》等报刊采用，曾在《农民日报》“亚农杯”全国农民读书征文活动中荣获大奖。

除此之外，李彦清还积极撰写调查报告为上级提供参考。比如，1980 年 1 月期间，李彦清写的《努力提高生产队管理水平》的万余字的调查报告，被县委办公室作为 1980 年 11 号文件下发到各部、委、办、局，各公社党委，各生产大队。

李彦清因救人致残，失去了双眼，他的白天和夜晚一样，眼前一片黑暗，但他却通过自身的努力，成为光明的使者，在现实生活中坚定不移地向前行走着。

他把自己燃烧成一支火把，照亮了自己，也照亮了眼前的世界！

在这里，我们要说一说李彦清的妻子吴增英。

自从李彦清为救护民兵受伤失明之后，吴增英对李彦清排除心理障碍，战胜自我，建立重新生活的信心，给予了很大的支持与帮助。

1973 年 5 月 21 日这一天，李彦清负伤被送进了医院，吴增英于第一时间赶到病床前。她握住他的手说：“我就是你的眼睛。我服侍你一辈子。”

6 岁丧母、10 岁丧父的李彦清，听了吴增英的话，一股暖流涌进了他的心间。有爱在，还有什么困难不可战胜？在接下来的日子里，吴增英始终守在他的床前，生活上给予他极大的照顾，直到他出院。

回到家后，吴增英细心地照顾他。在李彦清需要熟悉环境，走出困境时，是吴增英陪伴在他身边，当他的眼睛，当他的拐杖；当李彦清提出想要学习做家务，尽可能地做到生活独立时，又是吴增英拉着他的手，教他如何淘米、洗菜，如何炒菜、做饭。当他们的小女儿因病去世，李彦清走不出悲伤时，是吴增英开导他，要他不要自责，要想得开。当李彦清提出要写日记，还是吴增英支持他，给他找来本子，找来笔。在他写下第一篇日记时，吴增英是他的第一个读者，读给他听，给他巨大的鼓励！

其实，吴增英很累。李彦清受伤了，需要照顾；孩子小，需要照顾；加上地里还有许多的农活要她去做，她往往是从早上一起来就忙，一直忙到晚上熄灯。可是再苦再累，她都不说一句苦，不叫一声累。后来，孩子大了，问她："你天天没日没夜地干活，累不累啊？"她总是说："不累，不累！"吴增英用一个女子柔弱的肩膀，担起了如山的重担。她非常了不起！

值得一提的是，在李彦清失明后仍旧宣传王杰事迹的40多年中，吴增英总是积极支持。在这期间，作为当年被王杰救下的民兵，作为被人们誉为"活着的王杰"的民兵，李彦清经常到工厂、机关、学校去宣传王杰，宣传"一不怕苦，二不怕死"的革命精神。这么多年来，他的足迹踏遍了山山水水，仅是宣传王杰，就宣讲了3 100多场。而这一切活动，都与他的妻子吴增英的支持与帮助分不开。只要外出，吴增英总是寸步不离地陪同在他身边。

由于吴增英"贤内助"当得好，多年来，她被评为市"十佳母亲"、徐州市劳动模范、省三八红旗手。他们的家庭，被评为"五好家庭"，还去北京出席了表彰大会。

4. 习武精武群英谱

运输个体户刘景齐，把大卡车开到车场，然后跳下车，围着车转了一圈，每到车轮前，就停下来，抬起脚，照着轮胎踢一脚。其实踢不踢都一样，都能判断出车胎的气足不足，但他还是要踢，这是习惯。踢车胎时，他的脚被车胎弹了回来，这种感觉，对跑车运货的刘景齐来说是一种说不清道不明的享受。

检查完车辆，刘景齐正准备到车场的便利店买一瓶矿泉水，就听另一辆停在那里的汽车跟前有人说，“王杰民兵班”在招民兵。那年头，当民兵的人可不太多。

说者无心，听者有意。刘景齐听到这个信息，连忙过去问：“哪来的消息，可靠吗？”那人说：“绝对可靠。”那人又问：“怎么，你想报名当民兵？”刘景齐说：“是啊。‘王杰民兵班’挺有名的。”接着，刘景齐又说：“怎么，看我这样子，像是在说着玩儿？”那人笑着说：“大哥，你也是跑车的吧？这年头，什么赚钱玩什么。不错，当民兵训练有补助，但那点补助太少了，还不够咱多踩一脚油门，跑里把路赚的钱多！”刘景齐说：“是啊，当民兵不是为了赚钱，是为了体验，人生的体验！”那人见刘景齐这么说，就不吭声了，转而继续和另一个人聊天。

刘景齐早就想报名“王杰民兵班”当一名民兵了。刘景齐承认自己有英雄情结，从小就有。他特别喜欢看打仗的电影、电视剧和小说。在他看来，人类不能没有英雄。英雄，能够给人一种昂扬向上、充满力量的感觉，可以激发人的自我认同，具有召唤性与榜样性。刘景齐认为，一个时代有一个时代的英雄。时代缺失英雄，将是时代的悲哀。他还认为，人要有英雄情结。一个民族，只有崇敬英雄，才能产生英雄；一个国家，只有敬仰英雄，才会英雄辈出。

所以，“醉里挑灯看剑，梦回吹角连营。八百里分麾下炙，五十弦翻塞外声”自然而然地成了刘景齐最爱的诗句，他希望没能成为军人的自己，将来有机会能过一过军旅生活，从而圆自己的一个梦。于是，当刘景齐听说“王杰民兵班”招收民兵，他觉得他的机会来了。

刘景齐从事个体运输已经多年。幸运的是，他起步较早，那时候，我国经济增长速度快，物流业发展迅速，社会需求量大，无论是运输公司，还是运输个体户的数量都有限。所以，到处是急需要拉货的老板，到处都需要跑车的司机。

也就是说，早年干运输个体的，大都赚到了钱。即使是后来，随着经济进入新常态，物流的增速下滑，但只要运输个体户有关系很好的客户，有相对固定的货源，尽管市场竞争激烈，仍能有较好的收入。在这种情况下，刘景齐若报名当民兵，参加训练，得耗去较多的时间。而对他干运输来说，时间就是金钱。因此，他在经济上肯定是要吃亏的，可是他乐意。在他看来，钱重要，但不是最重要的。他已经有了较长久的把家安在车轮上生活的经历，现在特别需要的是精神上的需求。这个精神上的需求，就是进入“王杰民兵班”，成为其中的一员。

在打听到报名地点后，刘景齐如愿以偿地成了“王杰民兵班”的一名民兵！

训练是艰苦的。

刘景齐参加训练的第一项课目就是挖地雷坑。要学会埋地雷，首先要学会挖雷坑，这是基础练习。一开始，刘景齐觉得挖雷坑还用练吗，只要会用铁锹，会挖地，就会挖雷坑。

其实不然。

训练的第一天，刘景齐被班长带到河边的一条土路上，进行作业。那条路是经常有机动车行驶的路。刘景齐搞运输，对乡间的这种路太熟悉了。这种路属于黏土路，一下雨，全是泥泞，让你寸步难行；天晴了，太阳晒上一两天，泥土板结，硬得不得了。再加上车来车往，反复碾压，路面非常结实。刘景齐一看就知道，在这样的路上挖雷坑，难度非常大。

班长讲了动作要领，并做了示范之后，大家开始挖雷坑。果然，不出所料，刘景齐使劲用铁锹在路面铲了几下，铁锹就被坚实的土路弹了回来。再挖，使劲地挖，结果，刘景齐看见土路上只留下几道浅浅的印痕。刘景齐不服气，蛮劲上来了，他心想：班长做示范短时间能挖出雷坑，我为什么不能？接着，又挖。土路仍然硬邦邦的，刘景齐越是使劲，他越是感到铁锹把震得他虎口疼。连续挖了几下，那种疼痛感越来越厉害，以至于他不得不暂时停了下来。

班长说："怎么停啦？"

刘景齐说："挖不动！"

刘景齐又说："土太结实了！"

刘景齐说的是实话。这些年来，他吃过不少苦，但那些苦与挖雷坑相比，几乎都不叫苦了。比如跑长途拉货，一天跑下来，腰板都直了，等到货拉到目的地，下车时，他不得不扶着车门，先挪屁股，后伸腿，一点一点地往下移动，最后好不容易才能从驾驶室里钻出来，站到地面上。再比如，下雪天，某段高速公路封道，他只好停车在那里等，有时候一等就是十多个小时。没办法，为了把货及时送到，他不能离开，只有等，等到高速公路通了，才继续往前赶路。其间，他是又冷又饿，甚至吃喝都成问题……可是挖雷坑就不同了，有劲使不上。你使劲使过了，手掌便会被锹把磨破，磨出血。再挖时，手一触锹把，就会钻心地痛！

我们说过，刘景齐是个有着英雄情结的人，他崇拜英雄，自然要以英雄为榜样来克服困难。尤其是来到"王杰民兵班"，刘景齐早已把王杰当成了自己的楷模。此时，挖雷坑挖不下去，刘景齐就会想："要是王杰遇到这样的情况会怎么样呢？"

自从成为"王杰民兵班"的一员，刘景齐便反复学习了王杰的事迹，他了解到，王杰参军不久便随同连队到海岛施工，在一次连队举办的国庆联欢会上，王杰自编自演了小快板："小钎子，硬又尖，每天随我去开山，不管岩石有多硬，都能把它来凿穿"；王杰训练中也在坚硬的路面挖过雷坑，后因成绩突出，考上二级爆破能手，被评为优秀战士，荣立了三等功。刘景齐觉得与王杰相比，自己做得不够。训练中遇到一点点困难就想松劲，这怎么能行呢？于是，刘景齐发扬王杰的"一不怕苦，二不怕死"精神，更加热情地投入到训练中去。

为了提高挖雷坑的速度，每次训练过后，刘景齐要给自己开"小灶"，另加两小时的训练。时间一长，训练的效果就显现了，只见刘景齐挖雷坑越挖越好，练到后来，在坚硬的土路上，他竟能 8 分钟埋设 20 个防坦克地雷！

俗话说，功夫不负有心人。在一次军分区组织的工兵专业考核中，刘景齐以 4 个课目 100 分和一个课目 98 分的成绩获得第一名。

刘景齐，真是好样的！

曹海峰是"王杰民兵班"的能人。

曹海峰之所以被大家称为能人，是因为他酷爱钻研，在器材革新中一马当先，带领班里的革新小组，经过数百次的反复试验，研制的专打伞兵的空爆地雷，从原先腾跃 100 多米，提高到 2 000 多米，大大提高了杀伤力。

同样是民兵地雷班，到了曹海峰参加的那会儿，因时代不同了，大家对地雷的认知也与时俱进，有了较大的变化。进入新世纪的民兵地雷班和之前的民兵地雷班，人员结构不一样了，民兵们无论是知识面，还是眼界，都和以前有所不同。尤其是 20 世纪 80 年代，国际军事发生重大变革，引起了"王杰民兵班"的民兵们极大的关注与思考。

那是一场什么样的军事变革呢？

1982年，世界上发生了两场战争，即马岛战争和贝卡谷地战争，这两场战争在时间上一前一后，紧挨着，像是一本打开的教科书，引起了世人的瞩目。

一是这一年的4月2日，马岛战争爆发。这是英国和阿根廷为争夺马尔维纳斯群岛（简称马岛）而进行的战争。其时，马岛原本属于阿根廷，离英国本土1.3万英里，而且阿根廷占领这个群岛后已在岛上部署了防空设施，并驻有包括海军航空兵在内的1万多人的重兵。面对如此遥远而且是难度极高的岛屿登陆战，英国为了保住自己的殖民领地，出动了由数十艘舰船、数十架各式战机和4 000名海军陆战队组成的特混舰队，浩浩荡荡地向马岛进发。5月2日，当进入马岛外200海里禁区之外的36海里处时，英军“征服者号”核潜艇发现阿根廷海军的旗舰“贝尔格拉诺将军”号巡洋舰，于是先发制人，发射三枚鱼雷，将其击沉。

当然，英军也有损失。阿根廷空军发动奇袭，仅仅使用价值20万美元的精确制导“飞鱼”空对舰导弹，在25英里外发射，就击沉了当时号称具有“世界第一流的火力系统和电子战系统”的造价高达亿万美元的英国“谢菲尔德”号导弹驱逐舰……

但阿根廷的局部胜利，无法改变整个战争态势，这场战争最终以英国占领马岛而结束！

二是6月6日，以色列军队向黎巴嫩境内的巴勒斯坦解放组织定居点推进，很快兵临杰津城下。由于杰津处于贝卡谷地，隶属叙利亚萨姆防空导弹旅的防空范围内。于是，以色列发动“昆虫19”行动：无人机率先进场，接着F－15、F－16、F－4战斗机和E－2C预警机以及电子干扰机紧随其后。以色列采用空战能力强的F－15和F－16，用于确保制空权，拦截叙利亚米格战机；F－4携带有“百舌鸟”反辐射导弹、“小牛”

空对地导弹及精确制导炸弹；E－2C 预警机全程提供通信、信息支援；而无人机的作用是引诱叙利亚萨姆防空导弹开机。结果，叙利亚军频频中招，先是制导雷达遭到打击，接下来整个阵地火光四起，苦心经营多年的防空系统毁于一旦。更糟糕的是，叙利亚战机升空拦截，当即被击落 82 架战机，26 个萨姆－6 防空导弹装置接连受到重创。以色列空军毫发无损，仅仅用了 6 分钟的攻击时间，一举创造了贝卡谷地的神话！

这两场不同以往的现代化立体战争，成了现代战争史上的分水岭，标志着战争已进入高科技时代。而新技术在战争中的应用，实际上已在武器系统、军队结构、战争方法、指挥手段以及战争样式等方面，引发了革命性的变化。

由此，这两场战争给了“王杰民兵班”的民兵们一个重要启示，即战争进入高科技时代后，假如战争来临，我们现有的作战技能是否能够适应打仗的需要?!

这就关系到训练中的地雷埋设。显然，电影《地雷战》中的战法，已经不适应现代战争的需要了。现代战争中，地雷战法很多，科技含量越来越高，如果“王杰民兵班”仍沿用老的训练法和战法，势必遭到淘汰。

怎么办？研制新的地雷，探索新的打法！

于是，组织攻关小组，研制专打伞兵的空爆地雷，从此进入“王杰民兵班”的工作程序。

说起来容易，但真正要想用地雷打伞兵，无疑是异想天开！为什么这样判断？因为地雷，是地上的“雷”，你要让它长着翅膀飞起来，飞到空中，打空中的伞兵，用传统的思维方式来看，不是癞蛤蟆想吃天鹅肉，就是井中捞月！

但曹海峰和他们的攻关小组认定，这是可能的。在这个世界上，凡是可能，都是一种尚未实现的现实；而现实，则是已经实现了的可能。那么，曹海峰们，就是要通过努力，把一种可能变成现实。

说到研制打伞兵的地雷，首先要了解世界上有没有这样的地雷。如果有，你埋着头研制，不看路，费了很大的劲，即使研制出来，其价值也不大。曹海峰他们便通过部队院校和图书馆查寻资料。经查，他们发现有一种地雷，是用来打直升机的。

比如，某国一家公司开发的一款反直升机地雷，被称为直升机的“克星”。这种地雷布设后，有声传感器开始探测有效的噪声信号，而后将地雷战斗部朝向并瞄准目标，同时开启与战斗部同轴的红外传感器。一旦红外传感器捕获有效目标后，地雷随即起爆。爆炸成形的穿甲弹丸，具有足够的能量对直升机造成巨大的破坏。但这种地雷的威力有限，仅可以对付 400 米以内，高度 250 米以下的直升机。

后来，他们又发现另一国在军演时，使用过代号“雷电”的反直升机地雷，它能够对付高度在 500 米以内的直升机，其性能比其他同类产品要高。

这就给曹海峰他们一个启示，即地雷是可以长翅膀飞起来的，地雷是可以打击空中目标的。于是，他们对研制打击伞兵的地雷有了坚定的信心。

怎么研制，从哪里打开突破口？曹海峰提出先要设计一个类似的抛射筒。你想啊，地雷怎么能飞起来呢？首先得有翅膀。这个翅膀，就是抛射筒。地雷将通过抛射筒的抛射，从地面腾空飞起来，然后才能空中引爆，对伞兵进行杀伤。

比利时有一种 NR442 跳雷，它由三个主要部件组成，即抛射筒、地雷本体和发射装置。筒体也做雷壳用，其上部卷合于雷体上，以达到全密封。有一根盘好的绳连在雷体底部，另一端连在筒内。压力发火器有4根触杆，彼此成90度布置。当有压力作用在任一根触杆时，会引起其产生小的转动或移动，以将一小块黑火药推入该组件的底部。地雷在有压力作用于触发装置或目标碰上导线至黑火药点燃，经1秒延时，雷体由抛射筒垂直向上抛射出来。雷体向上跳起高度为750毫米，定高绳拉掉点火销，雷体在离地1—1.2米高处爆炸。雷体内壁有两层预制切槽的钢丝盘绕，内装TNT炸药560克，爆炸后杀伤半径可达25米。

这对曹海峰颇有启发。于是，他确定了方向，通过研制，设法让地雷抛起来。

接下来，他带领研制小组进行攻关。

其实，研制是有难度的，而对于曹海峰来说，另一个困难是他需要时间。曹海峰的本职工作是农业技术员，平时工作非常忙。在那个忙碌的夏天，他冒着酷暑，要参加全市2000多人的竞聘上岗。正在这时，他接到通知，要参加上级组织的军事比武。这样，他的时间就被一点一点地割开了。他没有整块的时间，这对研制打伞兵的地雷势必有着一定的影响。好在他在科研上有一股韧劲，只要一钻研进去，就如同着了迷，想要他停止都做不到。

靠着挤出来的时间，曹海峰和攻关小组的民兵们不懈努力，用“两不怕”精神攀登科技高峰，争做知识型的打赢精兵，经过连续34次试验，终于研制出能升腾到高空，且能把4枚手榴弹带到空中引爆的地雷。这一长了翅膀的专打伞兵的利器，为传统的地雷家族里增添了新的成员！

除此之外，“王杰民兵班”还有30余项训练小发明、小革新，在训练中得到运用，并被上级认可。

写到这里，我们不妨来看《中国国防报》2019 年 4 月 15 日的一篇题为《联训共建，为了英烈的名字更响亮》的报道。

中国国防报讯：4 月初的一天，驻江苏徐州某合成旅礼堂掌声雷动，邳州市“王杰民兵应急连”军事训练动员大会正在举行。首长动员、教练发言、民兵宣誓……现场气氛热烈，民兵情绪高涨。这是“王杰民兵应急连”与弘扬“两不怕”精神英雄模范连开展联教联训联育的又一重要举措。

弘扬“两不怕”精神英雄模范连是王杰烈士生前所在连队，也被广大官兵称为“王杰连”。多年来，“王杰民兵应急连”与“王杰连”持续开展结对共建，致力传承“一不怕苦，二不怕死”的革命精神。

此次训练，人武部与该旅签订协议，明确教学、训练、育人等事项，借助部队丰厚的训练资源助力提升民兵训练质效。

为满足“王杰民兵应急连”训练需求，教学上，“王杰连”选派 4 名优秀士官和 20 名战士，分别担任专业训练随队教练和帮带训练教员。他们与人武部干部一起组成教练班子，研究民兵训练大纲，吃透训练标准要求，把握民兵训练规律，按照“先摸底测试，再分类编组”的思路，针对每个民兵的素质现状，制定个性化训练方案，采取嵌入化编组、差异化教学、精细化补弱等方法组织训练。他们还在射击场、投弹场、战术训练场划出民兵训练专区，组织民兵与部队官兵同场竞赛，体悟王杰精神，感受实战气氛，培养胜战斗志。

除此以外，旅里还为参训民兵腾出 18 间宿舍，调剂 1 个军械室、4 个枪柜，并专门为民兵连开设食堂，选派 3 辆运输车、1

辆救护车、2名医护人员，在民兵实弹射击和体能训练时实施伴随保障。

“来到部队，真正体会到了王杰精神境界有多高，革命意志有多硬！”“王杰民兵应急连”连长彭新建说，他们组织民兵参观王杰事迹陈列馆，讲述王杰故事，撰写心得体会，感悟王杰精神。“苦难面前不皱眉，比拼面前夺第一，生死面前豁得出。”在“两不怕”精神感召下，“王杰民兵应急连”全体人员踊跃参与小比武、小竞赛、小创新活动，训练热情空前高涨。

“这次与王杰部队联教联训联育，迈开了民兵队伍与现役部队全面共建的第一步。”邳州市人武部部长陶霖说，下一步，他们将不断深化双方协作，全面推进队伍共建、资源共享、设施共用、理念共融，锻造胜战能力，建设过硬队伍。

这是“王杰民兵连”顺应形势的需要，改名为“王杰民兵应急连”之后的一个大动作。

也许有人会问，“王杰民兵应急连”的军事素质已经很棒了，为什么还要耗这么大的精力，花这么长的时间，动用双方已有的资源进行联训？

的确，经过多年来的严格训练，“王杰民兵应急连”早已今非昔比，无论是从组织建设、思想教育，还是军事训练上，都不可与当年同日而语。

一次，江苏省军区考核组在未事先通知的情况下，来到邳州，对“王杰民兵应急连”进行考核。按考核组的要求，发出通知两小时后，全连在某个地点集合。

要知道，邳州于1992年由邳县改为邳州市，面积2 088平方公里。

全市辖 4 个街道、21 个镇，人口 100 多万。以位于邳州西部的八义集镇为例，距离市区 35 公里。假设“王杰民兵应急连”有一个民兵是八义集镇人，他在接到集结的通知后，即刻从那里起程，即使是骑摩托车往集合地点紧赶慢赶，也要一个多小时，还是在路况好的情况下，要是堵车，或绕行，则无法保证其两小时之内抵达目的地了。所以说，这个看似严苛的考核，是对“王杰民兵应急连”是否能够机动、应急的一次严格考验。

通知下发后，考核组成员手握秒表进行测试，最后“王杰民兵应急连”人员在规定时间内集中了 105 人。这 105 人分别来自 90 多个不同的单位，分布在全市的东西南北。他们一接到通知，便放下手中的一切事务，马不停蹄地朝集合地点跑。经考核组考核，他们人员集中的合格率高度达标，成绩优秀！

还有一次，在 2018 年江苏省军区组织的全省 13 个地市 260 名民兵应急分队骨干同台竞技的大比武中，“王杰民兵应急连”派出的参赛队员，人人血气方刚，个个豪情万丈。他们无论是在武装奔袭、戴防毒面具通过防毒地带、扛圆木奔跑 1 000 米，还是穿越铁丝网后进行投弹、射击中，都取得了骄人的战绩！在参赛队员中，按年龄规定，王志德 28 岁，已经超龄，但他积极要求参加，经过两次严格的选拔和考核，终于入选。陈磊不负众望，在大比武中，跑出了 3 公里轻跑 10 分 18 秒的好成绩。按要求，一个士兵 3 公里轻跑及格分为 13 分 20 秒，12 分以内为优秀。陈磊超越优秀，把时间提前了足足 1 分 42 秒！

然而，即使是这样的一支队伍，“王杰民兵应急连”也仍响鼓要用重槌敲，把自己打造成精兵，经与王杰生前所在部队联系，双方一拍即合，于是就有了上述长达 7 个月的联训。

我们分别采访了参加联训的“王杰民兵应急连”的几位民兵，他们的故事，给我们留下了深刻的印象。

陈磊是“王杰民兵应急连”的指导员，1981 年出生，1998 年 12 月入伍，在新疆部队服役。他说联训期间，他时常想到电影、电视剧上特种部队的“魔鬼式训练”。这种训练具有高难度、超极限、实战化的特点，即使是在新疆部队，他也没有这样的经历。早晨起来，先是跑 3 公里，不久增至 5 公里，甚至 10 公里。练体能，练耐力，练刚毅。好在他平时跑马拉松，长跑是他的强项，所以远距离越野不成问题。即使是这样，教官还是安排大家拉轮胎负重奔跑。这样训练的结果是一旦解除了拉动的轮胎，感觉就像插上翅膀，奔跑像腾飞一般！

王志德与陈磊认识，源于跑马拉松。他们有着共同的爱好，近几年，北京、上海等地的马拉松比赛，都先后参加过。王志德半程马拉松的成绩是 1 小时 17 分，是邳州市多年来这个项目的纪录保持者。按照网上划分的等级标准，他属于第五级——业余大神级，业余跑者中的高手！

王志德有过 5 年的军旅生涯，在部队立过两次三等功。2012 年退役后，加入“王杰民兵应急连”。参军前，王志德曾是徐州经贸高等职业学校的学生，学的是数控专业。许是这个原因，来到“王杰民兵应急连”后，人武部部长特地从南京请来一位陈教官，教他学习操作无人机。

应当说，人武部部长很有远见。对于“王杰民兵应急连”，应急是重中之重。无人机在这个领域的作用广泛，比如灾区救援、应急通信、电力守护，等等。即使是未来作战，实用价值也很高。

来到部队训练，无人机就暂时搁置在一边了。作为“王杰民兵应急连”参训连的副连长，王志德在训练中发扬王杰“一不怕苦，二不怕死”的精神，时时处处起到带头作用。

在诸多课目中，射击是常规项目。王志德自认为射击还可以，但要做到精确射击，就要下一番功夫了。王志德分析了情况后，决定增强臂力。臂力强，操枪就稳。于是，每天他利用早上或晚上的时间做俯卧撑。先一次做 20 个，逐步增加，直到 50 个、100 个。力量训练很累，每次都要出一身大汗。王志德却乐此不疲。臂力增强，再操枪，感觉就不一样了，人与枪瞬间合一，射击的精确度大大提高。

与王志德相同，管宜蒙在“王杰民兵应急连”的专业也是操作无人机，并且是无人机操作班的班长。

管宜蒙也当过兵。来到部队参加联训，让他感到最耗力气的项目是 400 米障碍。管宜蒙深知 400 米障碍最接近实战。或者说，它就是根据实战需要设计的。它在 400 米的距离上，先后设置了 14 个不同的障碍物。每一个障碍物，就是一个“阻力”，要把你阻挡在前进的道路上。你想要快速越过去，就必须拿出实力来，把每一道障碍当成一个强大的对手，战胜它，把它远远地甩在身后！

于是，训练中，管宜蒙就和 400 米障碍较上了劲。

在这 400 米障碍中，让管宜蒙心里发怵的，一个是过“矮墙”，再一个是过“高墙”。

“矮墙”之前是“深坑”。过“深坑”时，要讲究技术要领，步频掌握得不好，即使越过“深坑”，到了“矮墙”跟前，步子就乱了。一乱，就会影响速度。

再就是过“高墙”。“高墙”平地拔起，高达两米。首先是不要怕，接近目标后，身体重心要平稳前移，且步频节奏明显加快。等到奔跑到位，离“高墙”大约一米时，开始起跳。然后，需要在空中完成一个动作，即用一只脚蹬住墙体，然后借助身体的腾起，两手以极快的速度扒着墙沿，用力上拉。这一拉，人就趁势骑在了墙上；几乎是与此同时，一只手按着墙的背面，然后轻轻一推，人越墙跳下。记住，在完成这一套动作的过程中，一环连一环，环环相扣，联成整体，务必一气呵成。

管宜蒙在一次又一次过“矮墙”和过“高墙”的过程中，细细体会，摸索出规律。他吃了许多的苦，付出了许多的汗水，最终战胜了自己，也战胜了障碍。

1987 年出生的张健，是“王杰民兵应急连”的副连长。他在 400 米障碍的训练中，与管宜蒙略有不同，他爬“低网”的速度慢，老是过不了关。

受训民兵通用的术语，把“低网”称为“狗洞”。在电影或电视上我们看过的“狗洞”，上方大都设置了铁丝网。但在联训中的“低网”，是用绳子拉成的。虽然绳网不能让人受伤，却能让前进的速度变慢，而速度一慢，就易落败。

张健过“低网”慢，慢就慢在进网上。张健注意看了教官李继磊做的示范。教官进网，是用鱼跃的方式俯冲进“洞”的，即在离“低网”一定距离的时候，飞身跃起，准确地把自己快速送进“洞”内。

张健便开始琢磨着怎么提速进“洞”。于是，他反反复复练习。有困难吗？不怕，就两个字：“死磕！”磕过去，就为王！后来，张健熟练地掌握了技巧，再进“洞”时，他可以快速跃入“洞”内，等惯性滑行了一段后，再低姿匍匐，迅速向前爬行……

5. 盛开在天上的“花朵”

载有 66 名“王杰民兵班”民兵的车辆，离开邳州，向东南方向的射阳疾驰而去。

这一天是 2014 年 5 月 22 日。江苏省军区在位于海边的射阳高炮射击场举行全省防空兵民兵的实弹演习。参加这次演习的“王杰民兵班”在抵达集结地之前，采取的是人炮分离方式，即他们操作的双37高炮由邳州市交通运输局负责运输。

交通局为圆满完成这次运输任务，特地从市交通驾校选派了6名驾驶技术娴熟、运输经验丰富的B2教练员参加运送，并由一名副校长带队，负责运输工作对接和出行安全保障。

早晨6点30分，运输高炮的车辆准时出发。与此同时，参加演习的民兵乘坐的车辆也驶离了邳州。

从邳州到射阳，250多公里。车辆离开市区后，很快上了通往日照及灌云方向的徐连高速，再往前走，转沿海高速，不久就能抵达射阳。

“王杰民兵班”第14任班长陈传贵，曾服役于武警宁夏总队直属支队特警队，后调入中央某特勤局。他军事素质好，身手不凡，但操作双37高炮打靶，对他来说，还是第一次。

车在向着前方疾速行驶。

陈传贵朝车窗外看去，看得很出神。

在一般人的眼里，窗外的道路、村庄、河流、农田是具象的，但在曾经受过严格训练的特警人员的目光中，却可以是一张军用地图。那上面有一条条曲线，或是标有色差的等高线。

通过这张“图”，陈传贵从地形地物的变化中，可以看到他想看的更多的东西。于是，陈传贵自然而然地就想到了这次高炮打靶。省军区组织的实弹射击，不只他们一个单位参加。那么，说是演习，实际上就是比武。比什么？比谁高炮操作得好，打靶打得准！“王杰民兵班”缺乏的就是对手。现在，对手正从各地纷纷向目的地集中，到时候，就看“王杰民兵班”的了。

这样想着，陈传贵就希望车开得快一点，早一点抵达集结地。

“王杰民兵班”使用的是65式双37高炮。这种高炮曾在很长的一段时间里，被作为我军的防空武器装备。它的特点是身管长，初速在每秒800米左右，射速最高能够达到每分钟360发，最大射程达8500米，有效射高3000米。当然，它主要是用来对付中低空飞行目标。需要时，也可以对水平目标进行射击。

但随着时代的发展，科学的进步，双37高炮存在明显的不足，即在战场上很容易出现“低空打不快，高空打不着”的尴尬局面，对战场防空极为不利。尤其是现如今的军用飞机飞行高度均达万米之上，这样一来，补缺高炮的，只能是导弹了。因此，我军65式双37高炮陆续退役，移交给了民兵和预备役部队，用作中低空的防务。

江苏邳州的“王杰民兵班”使用双37高炮是在2000年之后，那时候，民兵班不再以地雷作为训练的主要内容。他们与时俱进，更新了手中的武器装备。2005年，他们曾参加过江苏省军区组织的高炮打靶。这次规模较大的双37高炮实弹演习，是对他们军事素质的一次全新的检验。

随着离集结地越来越近，空气也越来越湿润，越来越清新。陈传贵知道，那是离海边越来越近的缘故。高炮射击场设在海边。虽然还没到目的地，但陈传贵已经闻到了海的气味。那是什么气味呢？说不清楚，总之，有着淡淡的咸腥的鱼虾气味，有着退潮时裸露在礁石上的海草气味……说不上好闻，只是感到新鲜，感到海边就要到了。那里是高炮靶场。他们将在那里施展本领，让一发发炮弹准确地命中目标！

一想到这，陈传贵的心里就充满了激情，有一种迫不及待地投入战斗的强烈愿望。

在“王杰民兵班”抵达射击场的时候，运输高炮的车辆也到了。于是，民兵们开始卸炮，然后将高炮送入省军区实弹演习指挥部指定的射击阵地。

有一个细节，“王杰民兵班”做得非常到位，这便是高炮进入阵地后，炮手卸炮衣和叠炮衣。

炮衣，顾名思义是高炮的衣服，平时罩在高炮的身上，起到防护的作用。由于日晒雨淋，炮衣大多很旧，皱巴巴的，质地变硬，折叠起来，不易平整。

“王杰民兵班”的民兵们，视炮为自己的生命。卸下炮衣后，即把所有的炮衣都叠得整整齐齐。这个细节是有讲究的，从中可以看出民兵们平时训练的认真程度。

当初，在训练双 37 高炮时，军分区来的教官不止一次地对“王杰民兵班”的民兵们说，高炮所有的部件或配件，都是有生命的。为什么要强调任何人不得把身子随随便便地倚在炮上？因为高炮神圣，不容侵犯。你得尊重它们，你必须尊重它们。你平时怎么对待它，战时它就会怎么对待你。

就拿炮衣来说吧，人要穿衣服，炮也要穿衣服。人脱下的衣服能乱扔乱撂吗？不能！炮也一样。衣服的作用，除了遮体，还有其他诸多功能。每个人都希望自己过上体面的生活，炮也有炮的尊严。教官让大家务必牢记，作为一名高炮兵，你不是单一的个体，你要和高炮结合在一起，才具有实际的价值和意义……

所以，“王杰民兵班”在高炮进入阵地之后，迅速卸下炮衣，并把炮衣叠得规规矩矩、整整齐齐。

可见，“王杰民兵班”，无论用什么方式比，都不会差的。一个注重细节的团队，是有着较高素质的团队！

这时候，省军区高炮演习指挥部的两个工作人员，正站在离“王杰民兵班”高炮阵地不远的地方，把目光投向他们，准确地说，是把目光投向叠得整整齐齐的炮衣。

也许，在这个时候，这两位演习指挥部的工作人员已经在心里悄悄认定，从细节决定胜败这个观点上来看，“王杰民兵班”在这次高炮实弹射击中力挫群雄，一举夺冠，是大概率的事。

我们在前面说过，这次实弹演习，是江苏省军区组织的一次较大规模的演习。所以，参加的民兵部队数量较多，他们来自省内各地，一到集结地，就开始营造氛围，其目的在于激发情绪，鼓舞士气，调动积极性，为下一步打靶打出好成绩进行铺垫。

而营造氛围最快捷、最有效的一项活动就是唱歌。于是，在演习部队的驻地，先是一个单位在唱歌，接着，一个个单位都唱起了歌。好像这个时候谁不唱歌，谁就在实弹演习中打不好靶似的。这样一来，在训练间隙，驻地成了歌声的海洋。

这既是一项集体的文化活动，也是一种暗地里的比试。要知道，各地来的民兵连队，都是冲着演习中拿第一来的。在打靶前，士气绝对不可泄！那么，士气是否高昂，看什么？唱歌就是一个重要的内容。所以，大家都在唱，谁也不示弱。

在这种情况下，“王杰民兵班”当然也要唱歌了。好在“王杰民兵班”不乏唱歌的人才。刘海林就是其中一个。刘海林是市人武部的干部，我们采访时，他是政工科科长，接受采访的人员，都是通过他召集的。

刘海林有备而来。为什么这样说？因为“王杰民兵班”从邳州出发时，刘海林就在车上装了一块大黑板。到了演习驻地，黑板有两个作用：一是出黑板报，调节气氛，鼓舞士气；二是用来抄歌谱，教唱歌。现在，刘海林就用得着黑板了，他在黑板上写上《中国民兵之歌》的歌词和曲谱，组织“王杰民兵班”的民兵们进行学唱。

血火里诞生风雨中长成
战歌中走来中国民兵
支前的车轮胜利的枪声
歌唱着我们光辉的历程
保卫祖国我们是战斗队
建设祖国我们是排头兵
……
祖国的繁荣社会的安宁
我们肩负着神圣的使命

刘海林唱一句，大家跟着唱一句。不多一会儿，大家就会唱了。

一旦会唱了，大家唱起来就浑身是劲。于是，歌声飞扬，激情也飞扬，“王杰民兵班”的民兵们鼓足了全身的劲，越唱歌声越嘹亮，就等着在实弹演习中创造出令大家满意的优异成绩！

双 37 高炮打靶开始了！

“王杰民兵班”6 门高炮按照顺序在阵地上一一就位。炮管威风凛凛，挺胸昂首，直指蓝天。

随着各炮炮长一声口令：“炮后集合！”各炮手迅速跑步就位。其时，九炮手正对牵引杆为基准，其余炮手分别站在他的两侧。九炮手的左侧是六、八、四、二炮手，右侧是五、七、三、一炮手。班长站在一炮手一侧。各炮手就位后，自动向九炮手看齐，并按顺序报："到！"然后由各个班长向指挥长报："×班好！"

高炮的每个炮手职责不同。一、二炮手为方向和高低瞄准手；三炮手是距离装定手，四炮手是航路、速度装定手；五、六炮手是压弹手；七、八、九炮手是弹药手。

刘哲宇是瞄准手。这时候他按照规定在射击限制器上装好禁射角，便两手紧转转轮，将炮转到基本射向后，开始通过瞄准镜向天空进行目标搜索。好在这一天海空能见度好，目标一出现，他就捕捉到了，然后通过瞄准镜把它拉到眼前。他与目标很近很近，近得似乎一眨眼，眼睫毛就会触碰着那张白色的拖靶。接下来，随着目标移动，随着瞄准镜对运动目标的跟踪，炮身也在移动着。

很快，航模拖着航空靶在离海面较远的上空朝"王杰民兵班"所在高炮阵地飞来。飞机发出的"嗡嗡"声响，像是拉响了战斗警报，瞬间，高炮阵地上的所有民兵心里都绷紧了一根弦。

射击诸元的测定，是打靶能否打得准的关键环节。好在测定是通过高炮指挥仪来完成的。高炮指挥仪具有自动测出射击诸元的功能，于是，射击诸元确定后，刘哲宇迅速进行装定。

这一个步骤很重要，装定的内容包括标尺分划、俯仰分划、方向分划。如果一不小心，在装定分划时多装定了一个密位，或少了一个密位，炮弹射出去，差距就大了！所以，刘哲宇在装定好射击诸元后，细细检查了一遍，才大声报："好！"

五炮手陈传贵开始装填炮弹。当他把炮弹装入后，炮闩迅速关闭，发出了"噔——"的一声脆响，让陈传贵的精神格外振奋。

此时，航模机离"王杰民兵班"高炮阵地越来越近。只听测距的炮手在报："5 000 米、4 500 米、3 800 米……"高炮迅速移动着炮管，捕捉到目标后紧盯不放。

随后，在最好的时机、最好的靶机位置出现时，指挥长扣动电击发枪扳机，下令："长点射放！"阵地上，"王杰民兵班"的6门高炮同时怒吼，出膛的炮弹，带着火，带着光，带着雷，发出了惊天动地、山呼海啸般的剧烈响声！

瞬间，航模机的拖靶被炮弹击中，在空中开出了硕大的"花朵"！

"首发命中！"陈传贵在采访中对我们说。

打靶结束后，江苏省军区给"王杰民兵班"颁发了"实弹射击命中目标奖"。

这是对他们平时训练成绩突出的肯定，也是对他们的辛勤付出给予的最好奖励！

采访手记之十一

1969年3月2日，苏联边防军侵入中国珍宝岛，袭击我边防部队巡逻人员，打死打伤6人。中国边防部队被迫自卫反击……

正是怀着保卫祖国，时刻准备打仗的强烈信念，张楼公社民兵地雷班民兵吴步良积极报名参军，来到了北京军区驻张家口某部。张家口地处大漠锁咽位置，自古以来为军事要地，尤其是珍宝岛事件发生后，那里已成为未来反侵略战争的前线。

吴步良入伍后刻苦训练，军事技术提高很快。当领导得知他是英雄王杰舍身相救的民兵时，多次安排他给部队宣讲王杰的英雄事迹。服役期间，吴步良自始至终是他所在部队王杰精神的代言人。

采访手记之十二

1982年3月28日，“王杰民兵班”老班长李彦清收到王杰父母从千里之外的内蒙古寄来的一面锦旗。锦旗是赠给民兵地雷班的，上面写有16个大字：“成绩再大不要骄傲，荣誉再高不要居功。”并祝贺民兵地雷班荣获“建设社会主义精神文明标兵班”的光荣称号。

收到锦旗后，公社武装部部长薛道荣代表民兵们向王杰的父母表示感谢。民兵班班长刘景齐代表全班表决心，决不辜负二老的期望和嘱托，要像英雄王杰那样，党叫干啥就干啥，发扬“两不怕”的精神，再创新的成绩！

“一级技术能手”证书

第四章　王杰的歌我们唱

1. 交到手中的接力棒

我们看田径接力赛，第一个运动员跑到位后，迅速将手中的接力棒交给第二个奔跑者，然后一棒一棒传下去……每一棒的传递都非常重要，前者必须在最佳时机和最佳位置，把接力棒交出去；而接棒者，要接得准，接棒后把接力棒牢牢握在手中，继续向前奔跑。这样一棒接一棒的奔跑，构成了递进关系，即一环接一环，环环相连。其间，他们已不是某一个人在发力，而是整体在奋进。一个人仅仅是整体中的一部分。而若干个部分组合起来，组合得默契、协调、流畅、严丝合缝，才能够组合出精彩，组合出卓越，组合出不同凡响的整体！

以看待接力的方式来看王杰生前所在的部队，就会发现，王杰精神的传承，犹如一场又一场接力赛。在王杰之后，当年王杰的战友，那些老兵们，接过王杰手中的接力棒，以英雄为榜样，继续向前奔跑着。他们高举“一不怕苦，二不怕死”的大旗，在时代的舞台上，充分展示出英雄的本色。而当他们把接力棒转交给年轻的、青春焕发的“90 后”“00 后”们时，新一代接力手又会怎么样呢？他们会像前辈们一样紧握手中的接力棒，义无反顾、一往无前地往前冲吗？

回答是肯定的。

王杰生前所在部队，一茬接一茬，来自五湖四海的所有的成员，人人都是好样的！

在“王杰班”，谢彬彬的经历比较特殊。因部队调整，他从福建某防空旅调过来。他在那里担任导弹库的警卫班长，在这之前，当过导弹的检测员。2017 年 4 月 26 日，谢彬彬来到王杰生前所在部队，即向领导提出要到主战连队。领导觉得这个兵很有意思，主动要求挑重担；再一看，他曾在原部队的多次比武中摘金夺银，有勇于担当的实力，就把他分到了“王杰连”。

连长心想，到了先进连队，不光是脸上有光彩，重要的是要吃苦，要实干。既然你争着抢着要来我们连，那就要看看你到底是什么水平吧。于是连长把谢彬彬分到了“王杰班”。

“王杰班”那可是刀尖上的钢！

很快就会发现，在谢彬彬身上有着那么一股子劲道，这个劲道，就是一个优秀军人必备的血性！

在这里，需要说的是，谢彬彬来到“王杰班”正赶上部队转型，由原先的工兵改为装甲步兵。这一转型，意味着他以前熟悉的环境变了，手中的武器装备也变了，由熟悉变成了陌生。于是，这势必要求他重新起步，一切从头开始。

谢彬彬心里明白，转型是一种必然。当今科学发展迅猛，科学技术的进步，带动新作战工具的出现，必然要推动军队内部组织结构和体制编制的改变。军队武器装备的发明和改进，离不开科学技术的进步，没有集中了近代科技成果的近代大工业，就不可能有真正适用的线膛枪炮；没有蒸汽机和螺旋推进器的发明，就不可能有近代装甲舰的出现。因此，军队武器装备的发展，要求掌握现代武器装备的人，必须认清世界军事革命发展的新趋势，增强履行神圣使命的责任感，尽快适应形势的发展，练好精兵，全面提高打赢高技术战争的能力，以应对未来战争。

来到“王杰班”的谢彬彬，担任了“王杰班”有史以来的第一任炮手。

这个炮手，不是一般的炮手，而是步战车炮手。

步战车的炮手与普通加农炮、榴弹炮的炮手不同。这是由步战车的特性决定的：一、步战车是运动的，炮需要在运动中发射。二、步战车运动的快慢，颠簸起伏的程度，是由作战环境来决定的。三、步战车车内空间狭小，决定了炮手需要是一名多面手。也就是说，该炮手既要当测距手，测量目标在运动中的距离，经过计算，得出射击诸元，然后装定，又要装填弹药，还要通过瞄准镜瞄准，进行击发。四、步战车在行进的过程中，噪声大，干扰项相对较多。五、步战车炮手不仅要熟悉炮，还要熟悉车。炮是步战车的一部分，只有熟悉步战车，才能协调一致，更好地掌握炮。六、步战车的现代性特点，决定了步战车炮手不仅仅要有机械方面的专业素质，还要有火控、发射电路、计算机等方面的专业技能，要求炮手知识面广，具有较高的素质。

面对一个全新的领域，谢彬彬首先是不怕。

来到“王杰班”，班长带谢彬彬参观连队荣誉室，讲王杰的故事，学唱《王杰的枪我们扛》这首歌。天长日久，老班长王杰悄无声息地走进了他的心里。

他爱读王杰日记，回味老班长写下的话：“‘世上无难事，就怕有心人。’只要多学多问，虚心向他人学习，什么困难都不在话下，什么工作都能会做。我一定严格要求自己，争取考上技术能手……”“为了战时少流血，平时多流点汗，累点也是值得的。”

谢彬彬心想，有老班长做榜样，什么困难都能克服！

其次，谢彬彬有一股狠劲，爱学习，肯钻研。战友们都说，一到训练场，谢彬彬就把自己关进车舱里。天热，车舱狭小，人在车内，往往就像是在蒸桑拿浴，不多一会儿就浑身是汗。可是谢彬彬毫不在乎，他把心思都放在了钻研技术上。有时，遇到难题或不懂的地方，他怕忘了，就用笔写在手心和手背上。每次训练结束，谢彬彬的手上都记满了文字。这些文字，就像花，盛开在某个特殊的时光里，为以后的日子，承载了一段青春美好的记忆。

经过刻苦训练，谢彬彬对步战车从原先的陌生到渐渐熟悉，再到精通，后来，只要谢彬彬进入步战车，坐到炮手的位置上，他就会在第一时间找到感觉。那种感觉便是不受束缚的自由自在，好像步战车是为他私人定制的。车舱内所有有关射击的装置，都像专门为他设置的。他需要装填炮弹，手一伸，就能找到最准确的位置；他需要瞄准，眼睛往瞄准具上的橡胶护眼圈一贴，就能通过光学镜片，看到车外的世界，且不留死角。以至于他虽然身在步战车内，厚厚的装甲却限制不住他，他想把炮弹打到哪里，就能准确地打到哪里。

当然，这并非偶然。训练之余，谢彬彬把空闲时间全都用在了理论学习上。在谢彬彬看来，只有掌握装备的智慧和能力，才能最大限度地体现智能化这一特点；反之，则有可能处处给你设置障碍和难题。那么，要当一名智慧的炮手，就得学习，学习，再学习！

学习的过程，就是进步的过程。谢彬彬越学思路越宽广。比如，他设想道，他在千方百计地想着消灭敌人，对手也在千方百计地想着怎么逃避他的打击，这样就有了加强对隐形靶射击训练的需求。谢彬彬觉得，打隐形靶，虽然难度大，但更接近于实战。谢彬彬在日记中写道："像训练一样打仗，像打仗一样训练。要练就要真练，只有在近似实战环境中，才能真正摔打磨炼自己。"

谢彬彬心中有对手，学习和训练中就有了明确的目标。

这一天，有风，还有雨。风大，飞沙走石；雨猛，能见度差。就在这样的天气条件下，位于皖东某训练基地的一场步战车射击考核正在进行。

按理说，风大雨猛，势必加大考核难度，但谢彬彬不仅不以为然，反而显得异常兴奋。在他看来，要考核就要选择这样恶劣的天气，未来战争给你的从来都不是选择题。

此时的谢彬彬正通过瞄准镜搜索目标。雨越下越大，风越刮越猛，能见度也越来越差。谢彬彬的目光通过瞄准镜尽量往前延伸，延伸，再延伸。山茅草企图阻碍视线，在风中来来回回地摇晃，谢彬彬就用目光把那些草轻轻地拨开；小树丛如同一团淡淡的迷雾，像是在遮挡住什么，谢彬彬就设法用目光揭开它的面纱，看看小树林的后面是否有目标在隐藏。

突然，谢彬彬发现了可疑之物，经仔细辨认，确定是一辆经过伪装的装甲车。那辆装甲车借助风雨的掩护，时而像一块岩石，卧在那里一动不动；时而又像一头猛兽，悄悄地向前猛扑。谢彬彬迅速锁定目标，进行发射。瞬间，惊雷响起，随着步战车原地跳动，一道火光从炮口飞出，左前方 500 米处的目标被炮弹命中！

紧接着，谢彬彬又发现右前方出现了敌装甲车。就在谢彬彬准备连续射击时，火控系统紊乱，发射电路出现故障。谢彬彬立即向车长报告，请求排除故障！

目标出现可谓稍纵即逝，在这种情况下，留给谢彬彬排除故障的时间非常短，也就是说，他要是不能在极短的时间内，让火炮恢复射击功能，敌装甲车就可能趁机逃跑，从而错失消灭敌人的良机。

时间上的要求，是对炮手最大的考验。这就要看谢彬彬的真功夫了。好在谢彬彬熟悉火炮，一旦出现故障，他第一时间就知道问题出在哪里，应当如何解决。

其实，这样的故障排除，谢彬彬在平时的训练中已演练了无数次，于是，他一边将目光紧盯着目标不放，一边修复火控系统及发射电路。说时迟，那时快，就在目标企图趁机逃窜时，谢彬彬排除了故障，并对敌装甲车进行了摧毁性的打击！

考核结束，谢彬彬被战友们称为“王杰班”的“神炮手”，顺利取得了射击二级证书，并在此后，多次蝉联装甲步兵旅“最佳射手”的称号。

在连队提出的“三个百分百”目标中，新兵韦勇国是义务兵里最早一批完成全部体能课目训练的合格者。但他不满足。他认为军事技术过硬，仅仅合格，怎么叫过硬？过硬就是不同凡响，就是出类拔萃。于是，这个愣小伙和让许多人头疼的单杠二练习较上了劲。

按照新的大纲要求，单杠二练习 8 个及格，13 个优秀。韦勇国做完了 8 个，就向 13 个发起冲击。当他做完 13 个时，身边响起了班里战友的掌声。大家说：“不错，不错，这么短的时间内就取得了这个项目的优秀成绩，不简单！”韦勇国却不以为然，他说：“才 13 个，算什么？要做就做更多，超越优秀，成为更加优秀！”

别看引体向上简单，手拉住单杠一上一下地进行。其实，这一上一下需要你的背阔肌、腹肌和手臂的力量支持。当你上杠后，你要夹紧肩胛骨，收紧腰肌、腹肌，连同手臂、背肌同时发力。哪一个部分的肌肉力量达不到，都会影响成绩。所以，单杠练习中的引体向上，是对体能综合指标的一个检验。

而杠上的表现，实际上是杠下锻炼结果的体现。比如说，你要做大量的俯卧撑和仰卧起坐。一是锻炼臂力，二是锻炼腰肌和腹肌。班里规定，每人一天要做 100 个俯卧撑和 100 个仰卧起坐，韦勇国就各做 200 个，甚至 300 个。

做俯卧撑时，韦勇国还把腿搁在较高的地方，以增加难度。

每每做完，韦勇国会觉得很累，浑身上下就像散了架，但他不怕苦，不怕累。

在“王杰班”，“一不怕苦，二不怕死”不仅仅是大家经常喊的口号，更是兵魂所在。训练中，只要累了，韦勇国就会想到老班长王杰，心想：“要是王杰，他会怎么样呢？他一定会不放弃，坚持到底的。”王杰是连队的军事技术尖子，他也要当尖子，练就一身过硬本领。

韦勇国不怕苦、爱自我挑战的秉性，是在“王杰班”得到强化的。他从新兵连下到连队，第一次参加训练，就感受到了这个班的特别之处。当时进行的是战术训练，与新兵连不一样，班长要求韦勇国不戴护具。

韦勇国一脸茫然。

班长说：“只要需要，更多地与训练场地接触，只有好处，没有坏处。”接着班长又说：“我们要在训练中努力做到人与物合一，并由此建立相互关系，这对训练非常重要。”

韦勇国心想，既然大家都这么练，那就练呗。

可是训练中，他匍匐在地，爬了不多久，胳膊肘就磨破了皮。韦勇国停了下来。班长说：“不能停！你还是不是‘王杰班’的兵？磨破了皮就不敢爬了？要是在战场上受了伤，就不前进了吗？”于是，韦勇国继续爬，好不容易才爬到终点。

过后，韦勇国看了班里老兵们的胳膊肘，每一个人的胳膊肘都经历了无数次的磨破，并结出了厚厚的老茧。韦勇国想，老兵们能做到，他也一定能做到。于是，韦勇国不仅仅在训练场的低网前练，还到步战车坚硬的跑道上练，或者索性在水泥地上练。韦勇国的胳膊肘磨破，结疤，再磨破，再结疤……等到他成了老兵后，每当有新兵来，他就捋起袖子给他们看，这时候，个子不高，被太阳晒得黑红黑红的韦勇国，脸上总会绽露出动人的微笑。

韦勇国始终记着班长说过的话。班长说，训练中，要和被训练的对象建立和谐关系，达到人与物的合一。韦勇国觉得这是训练中需要达到的一种境界！

比如说练单杠吧，练得久了，韦勇国竟喜欢上了单杠。在韦勇国的眼里，单杠造型简洁，就两根铁杠子，竖在那里。你要上杠，首先要抬起头来，朝它仰望，然后才是原地起跳，双手紧紧握住杠子。这一连串的动作，从某种意义上讲，分明就是对单杠的一种尊重。

另外就是做单杠二练习，看上去是拉臂，把身体拉上去，实际上不光是臂力，还要使用全身多个部位的力量。一根杠子，就像一把尺，你每做一个引体向上，那把尺子就从你的头顶上方下移，移向你的前胸，然后重复，一次一次地重复，每一次重复，都是你对杠子的一次征服。你用这种方式，征服单杠 8 次，你就合格了；征服 13 次，就达到了优秀。韦勇国需要的是反复征服，反复优秀，那么，就继续征服！

韦勇国喜欢把简单的事情做到极致，就像喜欢在单杠上做引体向上。他觉得自己每做一个引体向上，随着身体的上移，他脚下的大地也被他牵着上移。这让他觉得自己很有力量，甚至，他觉得引体向上所带动的，还有整个世界！

韦勇国凭着不服输的劲头，在单杠上做练习越做越多，从 20 到 30，从 30 到 50……直至 83 个，实现了个人的超越，彰显出了“王杰班”战士的个性！

2014 年 8 月中旬，俄罗斯阿拉比诺训练基地。

一场 650 米障碍赛将要举行。这场比赛，对于中国赛队非常重要。为什么这样说？因为在这之前的 9 天比赛中，中国队仅排名第八。要知道，“坦克两项-2014”国际竞赛，云集了各国军队中的顶尖高手，几番擂台打下来，各个代表队的比分虽然相差不多，但排名摆在那里，你要想成功逆袭，就要比别的代表队更强，比分更高。因此，接下来的比赛格外引人瞩目，中国队要夺得第一才能晋级参加决赛；反之，将被无情淘汰！

形势极其严峻。

在这种严峻的态势下，几乎在场的所有人，都把目光投向即将出战的一名中国军人。这名军人其貌不扬，身高 1.74 米，比起那些啃面包吃黄油长大的外国选手，则显得瘦小了许多。他名叫林德华，福建莆田人，19 岁参军，其时 34 岁，拥有 15 年军龄，在参赛选手中，是一名地地道道、货真价实的老兵。

林德华的战友关注他，是因为千斤重担压在了他一个人的身上，成败将在此一举；而对手关注他，多多少少带有轻视的意味："你又瘦又弱，即使奔跑起来，又能跑多快？何况是障碍赛，在 650 米的赛道上布有许许多多的拦路虎，要想战胜它，你行吗？"

而此时的林德华表面上平静如水，其实内心充满了强烈的渴望，他渴望出击，渴望展示，渴望胜出，渴望战胜和超越任何对手！作为一名参赛军人，不能没有强大的对手。敌强，才能显得我更强。不就是 650 米障碍跑吗？为了这短短距离的冲刺，为了迎接这次决定命运的决战，林德华已经准备了很久很久。

是的，在这之前，林德华为参加"坦克两项-2014"国际竞赛的资格选拔，进行了将近 4 个月的集训。在集训队期间，他每天一早一晚要跑数十公里的山地武装越野。鞋子跑坏了几双，但他越跑越来劲。相比起其他集训的队员，林德华是队里的"大哥大"，可年龄大又有什么，并不妨碍举弹箱、推杠铃、跨障碍等指标的完成。甚至白天完成规定的专业训练课目后，林德华晚上再进行两个小时的战斗体能训练。为了不被淘汰出局，林德华自我增加训练强度，他总是做得比他人多，做得比他人好。长达120多天的“魔鬼式”集训，林德华的迷彩服磨破了3套，作战靴穿坏了3双，身上的伤疤和手上的老茧更是层层叠叠。但是，他也有收获。他的收获是在选拔队员的考核中，以综合排名第三的成绩，稳稳当当地拿到了参加“坦克两项-2014”国际竞赛的“资格证”。

现在，林德华已站在起跑线上，他胸前缀着的中国国旗图案，在阳光下显得格外醒目。

随着发令枪“砰——”的一声响，选手们如数十支利箭离弦而出。

障碍赛，早已被各国军人公认为是最艰苦、最具难度、最锻炼军人素质的一个项目，是衡量军人战斗力的一种标志。650米的长度，其间布有5米高的高障绳梯，1尺高的低桩铁丝网，以及高低墙等障碍物。用林德华的话讲，你千万不要把自己当是来参赛的赛手，你要把自己当成枪膛射出去的子弹，通过火药的燃烧，无翅也要迅猛飞翔。

现在的林德华，就是一颗发射出的子弹。只见发令枪一响，他就进入了极佳的竞技状态，起跑不多久就一路领先。从技术上讲，650米障碍跑，前100米怎么跑，过第一、第二障碍时以什么样的速度，等等，是有讲究的。可是林德华满负荷运转。他过5米高栏，如飞射的箭；过五步桩，速度几乎不减；过高低杠，如履平地；越独木桥，大步如飞；钻低桩网，游刃有余……每一道障碍都是拦路虎，但对于林德华，却统统形同虚设。他拼的是速度，是耐力，更拼的是心劲，是中国军人不可战胜的血性！

在这个过程中，林德华身上多处旧伤复发，引起他的腰、肩、胳膊钻心的疼痛，好像有只无形的小兽在撕咬他伤处，企图迫使他延缓奔跑的速度。但林德华毫不在乎。他知道他的身体此时此刻已不属于自己，而属于一个强大的中国。他是在代表国家出战，他奔跑的形象，就是中国的形象！

再就是林德华始终牢记自己来自王杰生前所在部队。这支部队从黄麻、星港起义的烽火硝烟中诞生，先后参加过平型关大捷、夜袭阳明堡机场、攻夺临汾城和上甘岭战役等重大战役战斗。这么多年来，这支部队什么时候输给过对手？没有！

老班长王杰说了："我们要一不怕苦，二不怕死，做一个大无畏的人。"现在就是弘扬王杰精神的时候了，林德华越跑越起劲，越跑越觉得有信心。

林德华在迅速奔跑着。

如果说风速快，那么，此时他就是风，横扫千军如卷席的劲风；如果说雷迅猛，那么，此时他就是雷，每向前迈出一步，大地上都会响起一串惊雷！

到了冲刺阶段，林德华跑得更快了，他的速度惊人。

好样的，林德华最终不负众望，以 3 分 47 秒的成绩，把对手远远甩在身后，获得了第一名！

瞬间，整个赛场沸腾起来！

战友们狂奔过去，将林德华高高举起，抛向天空。

就连国际评委都忍不住竖起了大拇指，一个劲地夸赞："中国军人的速度，了不起！"

由于林德华大获成功的绝地反击一举扭转了局势，中国队最终取得了体能团体第一、技能团体第三的骄人成绩！

同样是在这次"坦克两项-2014"国际邀请赛上，作为代表中国参赛兵龄最长、年龄最大的队员，林德华在其后 13 天的竞赛角逐中，驾驶坦克，与单车队友在崎岖的山地上团结协作，挑战极限，最终获得了单车综合体能成绩第二名。他本人被大赛组委会授予了"国际合作战斗友谊奖”“最佳单车奖”两枚奖章。

回国后，林德华荣立了一等功！

在王杰生前所在部队，我们采访了上至集团军下至连队的许多干部，他们每每说起年轻一代的官兵弘扬“两不怕”精神，争当王杰传人的故事，常常是赞许之情溢于言表。

在这里，我们不妨举几个事例。

那一年，新装备配发连队，“王杰班”的战士们纷纷围着看，越看越喜爱。喜爱的结果，是大家心痒痒，手也痒痒，忍不住想学，想早日把技术学到手，以便早日掌握这种新的装备。

然而问题是，新装备的厂方尚未派人来教学，也就是说，装备先到，关于新装备的训练还没有开始。

怎么办？

不能等！“王杰班”的战士们一个个摩拳擦掌，急不可耐。他们的理由是，时间不等人，他们要走在战争的前面！

随同新装备下发连队的是教材和使用说明书。有了这些，就有了打开掌握新装备的密钥，尽管有的说明书是英文的，但这有什么关系？“王杰班”有大学生，他们可以翻译。

于是，他们抢先一步，紧贴使命和任务，瞄准打赢需要，开始了现代军人的追梦之旅。

事实上，抢先一步对于时时刻刻准备打仗的军人太重要了。《揭子兵法》中说：“兵有先天，有先机，有先手，有先声。”揭子还说：“先为最，先天之用尤为最。”意思是说：在战场上先发制人最为重要。是的，你要战胜对手，就要抢占先机；你要一剑封喉，就要出手不凡。打铁须得自身硬。

“王杰班”的战士们拿出蚂蚁啃骨头的韧劲，不会，就一点一点地学。经过一番努力，他们终于克服了重重困难，学会了新装备的操作和使用。当新装备的厂方派出的工程师来到“王杰班”时，见他们已经无师自通地学会了新装备，佩服得竖起大拇指，一个劲地夸赞！

值得一提的是，扫雷车驾驶员王伟欣，不满足于已经掌握的本专业操作技术，为达到一专多能，还通过钻研，逐步学会了熟练操作火箭布雷车、单兵爆破器、单人掩体爆破器、四〇火箭筒等所有装备。在他的示范下，“王杰班”的战士个个争当“超级战士”，人人能在不同的岗位上进行战斗。

在皖东的某次演习中，我们通过采访，见识了“王杰班”的“一专多能”。当时，班里有两个战士参加特级证书的考核未能前来，演习中，他们的岗位是由班里其他战友代替的。

班里的每一个人，既能当车长、瞄准手，又能当驾驶员、炮手。那天，指导员戴凡国告诉我们，他们在刚刚结束的一次演习中，打了个漂亮仗，取得了非常好的成绩！

新战士唐冯，刚到“王杰班”，就赶上了400米渡海登岛障碍的大比武。参军前的唐冯，没吃过什么苦，到了部队，乍一进行训练，就觉得处处跟不上，主要是体能差。每次训练，他刚练到一半就没劲了；再练，就是在透支体力；结果，练着练着就掉队了。唐冯很恨自己：“别人能行，你为什么不行？”班长说：“只有一个办法，那就是练，狠练。别人练一小时，你就要比别人练得多，练一个半小时，日积月累，就能跟上趟了。”唐冯就下决心苦练。

有一天中午，趁班里的战友休息，唐冯自己给自己加班，在障碍场上苦练。由于练得过猛，身体过度疲劳，他在攀登4米高的高网时摔了下来。当时他被摔昏了，躺在地上什么都不知道。后来战友发现了，把他唤醒，问他伤着了吗，要不要叫卫生员来。唐冯摇了摇头，说不要紧，躺一会儿就会好的。于是，他就在地上躺了一会儿，然后起来接着练……

再后来，在集团军组织的比武中，唐冯在这个项目跑出了3分1秒的好成绩，在全连的新兵中，名列第二！

同样是“王杰班”的新兵，周智涵和唐冯身上都有一个共同点，那就是不服输。

又是一次比武。之前，连队进行摸底，在10个报名徒手组合训练项目的人中，周智涵考了第六名。

连长说：“周智涵，这个项目你不能参加了。旅里组织的大比武高手如林，你这个成绩即使参加也只能垫底。你换个项目报名吧。”

周智涵不服输的劲头上来了。

周智涵对连长说：“为什么？大比武不是还没有开始吗？我抓紧时间练，到时候准能行！”

连长看周智涵口气那么大，心里着实喜欢得不行，于是就对他说：“那你练练看，要是练合格了，就参加。”

周智涵为了抓住机会，如期参加一年一度的大比武，心想：“没什么了不起的，不就是比武吗？要拼，咱就拼一把！”

周智涵就开始拼。

但周智涵不是蛮干式地拼，他找班里的训练尖子为自己把脉诊断，找出不足，然后针对弱点，一项一项地改进。

腿部力量不足，周智涵就练蛙跳。练了100米蛙跳，不歇一会儿，再练一个100米。他不光在操场的跑道上练，还专挑连队门前的水泥路上练。怎么练效果好，他就怎么练。

体能不够，周智涵就拉轮胎跑。周智涵把自己当成了牛，当成了马，使劲地拉。战友们见了，都说周智涵比牛马强，耗的体力那么多，要是牛和马，早累倒了，可是他还是练，不停地练。

直到比武的那一天，效果出来了，周智涵力战群雄，获得了成功。当他拿到获奖证书时，自己竟把自己感动了，战友们见到他的眼眶里有泪水在闪烁！

此后，周智涵一发而不可收，接着拿到了本专业的神枪手初级证书和射击、通信、驾驶三个专业的初级证书，成了“王杰班”的合格战士。

2. 插上飞翔的翅膀

1984 年，数学家华罗庚来到王杰生前所在连，挥毫写下“向王杰同志学习，立志做一个现代化的王杰”。

我们不知道当年华罗庚是专程来到“王杰连”看望部队的官兵，还是路过这里，顺道到了军营，但我们可以确定的是，20 世纪 80 年代是我国科学技术迅猛发展的年代。党的十一届三中全会，拉开了改革开放的序幕，随着我们党的工作重心转移到经济建设上来，重视和发展科学技术，便成为当务之急。邓小平同志高瞻远瞩，提出了科学技术是第一生产力。科技越来越得到了重视。

中国是世界的一个部分。中国科技的加速发展，是世界科技发展的一个缩影。80 年代，世界各国顺应军事科技发展趋势，都在下大力气调整军事战略，争夺军事科技的制高点。在这种态势下，军事科技推动战争进入了一种新的形态，即战争时空观出现革命性变化。作战空间将突破地球三维空间的约束，不断向太空，网络和电磁空间，深海和极地等“全球公域”拓展。这时候，谁牵住了科技创新这个牛鼻子，谁就能占领先机，赢得优势。

科学技术是军事发展中最活跃、最具革命性的因素。从这个角度来看，华罗庚来到王杰生前所在连队看望官兵们本身，就带有重大的意义。因为战争从来都是物质力量和精神力量的综合较量；还因为军事科技发展日新月异，对人的综合素质提出了前所未有的高要求，人与技术装备高度一体化，重视技术和装备因素其实就是重视人的因素。所以说，数学家华罗庚提出的“现代化的王杰”，是站在时代的高度，对部队官兵通过学习与训练打赢未来战争，寄予了厚望！

在王杰生前所在连队，你只要打开电脑，轻轻点击鼠标，就能看到王杰烈士事迹陈列室、连队大事记、军事教案、娱乐空间、干部在线等网页。这些网页的设计出自“王杰班”的战士、后来担任班长的袁涛之手。

袁涛，山东潍坊人，入伍前只有初中文化，且学习成绩不大好，以至于连高中也没考上。他的父母不想让他早早外出打工，怕他把握不住自己，在社会上学坏了，后来遇上征兵，就把他送到部队进行锻炼。

来到连队，袁涛觉得来到一个崭新的世界，他发现战友们都特别爱学习，爱接受新的知识。他要是不跟上去，简直就没法与大家为伍。于是，只有初中文化的袁涛，硬着头皮坐下来，和大家一起学习。好在袁涛有股子心劲，心想自己都是“王杰班”的人了，只要有老班长王杰的“两不怕”精神，就没有克服不了的困难。于是，他就不时地告诫自己，要静下心来。如果再不好好学习，就没法在班里待了，就要被淘汰了。

想学习，是好事。那么，学什么好呢？入伍前，袁涛从来没有摸过电脑，但不证明袁涛就不懂电脑的用途。尤其是现代战争大大改变了传统战争的模式，袁涛从书本和网上得知，世界上发生的一些局部战争，都具有现代高科技的属性，也就是说，计算机在军事科技中受到了广泛的运用。于是，袁涛就把学习的方向锁定在更多地掌握信息化知识上。

然而，想归想，真正落到实处时，袁涛遇到了太多的“拦路虎”。但袁涛认准了目标，就毫不退却。他在连队干部和班里战友们的鼓励下，自费买来了《WINDOWS入门》《FLASH制作》等十多本书，开始钻研起来。

功夫不负有心人。仅仅两年时间，袁涛不仅学会了计算机各种操作技术，还掌握了网页制作、排除故障等技能，成了令人称道的电脑“小专家”。

2002年，连队把建设局域网的任务交给袁涛，他带领战友们完全靠着自身的力量圆满完成了任务。

2003年，袁涛被连队任命为“王杰班”第24任班长。不仅如此，他还连续三年被评为优秀士兵，并被集团军评为优秀“四会”教练员，荣立了三等功。

张波有过和袁涛同样的一段经历，他没有考上大学，父母于失望之中，把他送到了部队。张波在离开家时，父亲对他说：“孩子，到部队去吧。到了那里，不求你有功，但求你无过，干两年平平安安回来就行。”

张波觉得父亲太消极了，凭什么他没有考上大学，就认为他在部队也干不好？他心里暗想，到部队后偏要干出个样子来不可！

带着这样的想法，张波来到部队，走进了“王杰班”。这时候，张波发现，“王杰班”就是不一样，你就看每一个人的精神状态吧，一个个就像是打足了气的皮球，一拍就蹦，且一蹦就蹦得很高。这让张波心动，他觉得当兵当对了，当了“王杰班”的兵，更是对了！

在“王杰班”，第一课学的是《王杰日记》。张波一遍遍地读着，读着读着就读进去了。他想自己应当像王杰那样，一不怕苦，二不怕死，做一个新时代的好战士！

在这之后不久，机会就来了，连队接受某新型模拟电子探雷器试训任务，上级要求三个月编写出教案，并准备在全军军兵种科技练兵现场观摩会上进行演示。

这是一道难题。

连队见张波有积极参与的迫切愿望，就把这个任务交给了他。接受任务后，张波和几个战士一起查阅资料了解到，模拟电子探雷器应由探雷器和模拟地雷两部分组成，前者以传感器和显示器为主要部件；后者由永磁体构成。这就是说，要在短时间内完成这个任务，就要先弄懂传感器、永磁体之类有科技含量的物件，然后才能在熟悉掌握的基础上编写出教案。显然，这对于零基础的张波和他的战友们来说，太难了。

可是“王杰班”有一个特点，就是不怕苦，不畏难。明确主攻方向后，张波和战友们分别打电话向有关技术人员咨询，并到爆破协会向专家请教。

俗话说，困难再多，也没有办法多。张波和他的战友们通过努力学习和反复试验，终于在规定的时间内，攻克了难关。那天，在全军军兵种科技练兵现场观摩会上，张波作为唯一的战士教员，带领全班进行了“某新型模拟电子探雷器的操作与使用”的汇报演示，受到了军区领导的表扬。此后，张波还应邀到兰州军区机关进行了示范教学。

把一种可能性变成一种现实，是现代科技发展的动力。

可能性，大多源自一种想象。比如想象中人要是能像鸟一样飞翔该多好啊！于是，人们就发明了飞机。比如想象中人要是能像鱼一样在海底畅游，人类的活动边界就大大拓宽了，于是，世界上就有了潜水艇。那么，工兵爆破能不能实现智能化呢？就像不会拍照片的人拿着“傻瓜相机”，一按快门，就能拍出清晰的照片；像无人驾驶的汽车，将传感器、大数据分析等技术融为一体，从而能动地满足人的出行需求……

回答是肯定的。

那么，既然如此，“王杰连”排长王光伟就动起了脑筋，他打算通过智能化来解决工兵精确爆破的难题。

爆破工程技术是一门非常有技术含量的学科，而在这个领域里，精确爆破技术则是难上加难。你要精确爆破，必须通过定量化的爆破设计和精心的爆破施工，进行炸药爆炸能量释放与介质破碎、抛掷等过程的精密控制，才能既达到预定的爆破效果，又实现爆破效应的有效控制。如何把这一复杂的过程简单化，智能化便是一条直通道。

王光伟具有硕士学位，他知道要想实现精确爆破的智能化，需要计算机网络、大数据和人工智能等技术的支持。于是，王光伟就把自己的许多休息时间交给了计算机。他通过电脑编程，进行“工兵地爆分队爆破设计方案系统”软件的设计。

一次次失败，不气馁。

一个个难关，不退缩。

只有比传统的思维模式更开放，比原有的爆破技术更先进，人们才能把更高级别的类似于人类的感知能力、记忆能力、思维能力、自适应能力及其行为决策能力，输入到需要的软件中去。

经过不懈的努力，王光伟最终获得了成功，他通过软件实现了精确爆破作业的智能化，大大提高了工兵分队的作战能力！

听说过“姜氏算式”吗？

那是“王杰班”战士姜楠创立的。

2008 年海训期间，上级交给连队一个水下实爆课目演示的任务。连长找来“王杰班”班长申庆稳，说：“你能把这个担子挑起来吗？”申庆稳说:“没问题。”连长说:“这个课目教科书上没有。”申庆稳说:“那好啊,我们把它创造出来,教科书上不就有了吗!”

回到班里,申庆稳立即成立了攻关小组。

在研制过程中,他们遇到了瓶颈,即如何解决定向和微差爆破,这是一门科技含量极高的现代技术。方向的准确,爆破量的精准,一时成了难题突破的关键。

怎么办?不懂就问,向专家请教。

部队所在地的工程兵指挥学院成了他们经常去的地方。他们多次登门拜访,向专家请教。之后他们拟定了12种方案,一项一项地进行试验。

在这个过程中,要经常对某型构件进行测算,而专业教材上的测算公式概念比较烦琐复杂。上大学时学习通信工程专业的战士姜楠,突发奇想,他想能不能用一个简单的公式来代替教材上复杂的公式。有了这个念头之后,他就开始推演新的简便公式。

有战友见姜楠另辟蹊径,打算缩短测算过程,大为震惊,说:“你真敢干啊,那可是教科书上的公式!”姜楠说:“所有教科书上的公式都是由人创造出来的。别人能行,我为什么不行?”

别说,姜楠还真行,不久,他就拿出了自己的新测算公式。经战友们反复测试,用姜楠的公式测算装药量,方法简便,其结果不仅和教材没有差别,而且爆破效果完全相同。

这一下,战友们真是服了姜楠。

于是,大家把姜楠的推算法,命名为“姜氏算式”!

改革开放,首先是思想的解放,只有不断突破陈旧的思维模式,突破一个个固化的禁区,才能开拓进取,在创新中,取得新的更大的进步。

在“王杰班”采访时，我们听说了这么一个故事：有一次王杰生前所在部队进行蓄电池连接课目的考核，竟让不少“王牌”驾驶员在小河沟里翻了船。原因是新装备列装后，由于步战车蓄电池操作口较小，接线操作起来比较麻烦，许多驾驶员一时乱了阵脚，没能在规定时间内完成作业。

在考核结束后连队总结时，“王杰班”驾驶员徐彬提出了自己的想法。他说：“把蓄电池从固定架上拆下来，连接会不会更快？”

真可谓一石激起千层浪，徐彬的想法似乎太出格了，步战车里固定蓄电池的架子是装备，怎么能拆呢？再说，当初军工部门在设计这一款步战车时，要经过多少专家的论证啊，蓄电池摆在什么位置？当然是最科学、最好的位置，凭什么你说把蓄电池从固定架上拆下来，就连接更快呢？理由是什么？有没有理论依据？还有，考核时动作慢一点，就迁怒于装备，说是装备有问题，那么，如果把新装备拆坏了怎么办？

这看上去是在谈新装备能不能拆，然而深入一步，细细想来，实际上却是你能不能或敢不敢提出质疑。

“学起于思，思源于疑。”这句话道出了质疑的重要性。常识告诉我们，任何思维活动都是从“疑”开始，又在“疑”中得以发展。生活中，只有敢于质疑，才可能进步；因为敢于质疑，才可能发现真理。要是你这也不敢想，那也不敢碰，思维方式禁锢在一个小圈圈里，就到处是禁区，到处是障碍。所以，遇到问题时，我们应当学会去质疑，去思考，只有这样，才有可能获得进步。

班长首先表态，支持徐彬。他说，徐彬能够大胆提出这样的想法，从思维方式上讲，是值得肯定的。世上有许多事情，你不去想，不敢想，那么，只能是一事无成。

在班长的鼓励下，徐彬开始着手研究，仔细阅读装备说明书，对照实车反复进行尝试，不断论证操作的可行性。果然如他所设想的那样，将蓄电池拆下来不仅不会损坏装备，反而能够大幅缩短操作时间。

这是创新，更是思维方式的一种进步！

此后，“徐彬训练法”迅速在全连得到了推广。

在采访中我们感受到，王杰生前所在部队指战员迎难而上、勇于创新、敢于攻关是“王杰班”战士学习践行“两不怕”精神的特有品质。当时“王杰班”革新和研制出包括模拟防步兵地雷、模拟防步兵跳雷等在内的 20 余项训练器材，其中有 7 项成果得到上级的推广；4 项分别获得总部和军区革新成果奖；革新的“地下装药爆破教学模拟器”获得总部“工兵训练器材革新奖”，“快速穿孔爆破器”和“数字探雷器”分获军区革新器材一、二等奖，大幅提升了训练效益。这些朝气蓬勃的普通士兵，一个个成为土生土长的“小专家”。

3. 青春进行曲

战士阮瑞豪，2008 年入伍，是“王杰班”的第一个“90 后”。

广东是我国改革开放的前沿。从广东来到部队的阮瑞豪，有一个显著标志，即他是一个不折不扣的摇滚“发烧友”。他在大学时组建过乐队，在乐队担任吉他手兼主唱，是该校小有名气的“摇滚歌星”。所以，每每听到带有节奏感的声音，或是见到与音乐有关的内容，阮瑞豪就会情不自禁随着节奏开始晃动。

这是一个摇滚“发烧友”在某种特定的环境中养成的习惯，阮瑞豪把这个习惯带到了军营。一开始，就连阮瑞豪都没有注意到，当他第一次听班长说起王杰的时候，他的身子竟略略晃动了起来。班长问：“怎么回事?”阮瑞豪明白了,是班长提及王杰引起他条件反射的结果。于是,阮瑞豪好奇地问:“王杰不是歌星吗,什么时候成了英雄了?”班长就跟他说起王杰的故事,说起“王杰班”的来历。阮瑞豪听进去了。阮瑞豪知道眼前的王杰,不是他入伍前崇拜的歌星王杰。这个“王杰班”,还有老班长王杰,统统走进了他的心里。

孙惠鑫与阮瑞豪在某个方面十分相似,他是唱着歌星王杰的歌走进连队的。从新兵连分到“王杰班”,孙惠鑫毫不掩饰地对班长袁涛说,歌星王杰是他崇拜的偶像。

班长袁涛说,这很正常。

班长袁涛说,连队曾经以“你崇拜的人是谁”为题,对新兵进行问卷调查,其中有35%的人崇拜歌星,31%的人崇拜大款,而崇拜英雄的仅占5%。但是,时隔不久,再进行问卷调查,整个翻了篇,崇拜英雄的占了大多数。

班长袁涛接着说,相信孙惠鑫也会改变的。

一语中的。仅仅两年后,班长袁涛半开玩笑地问已经入了党、当上“王杰班”副班长的孙惠鑫崇拜的偶像还是不是歌星王杰。

孙惠鑫笑了。

孙惠鑫说,他崇拜的偶像仍叫王杰,但这个王杰是英雄,就生活在我们的身边!

董卫春入伍前在城里打工,因为没有技术特长,一个月只能挣五六百元。征兵的消息传来,董卫春第一时间想到的就是换个生活平台,到部队去学一项专业技术,回来后好挣钱,挣很多很多的钱,然后滋润地过日子。

带着这样的想法,董卫春来到部队,很快就对“理想很丰满,现实很骨感”有了切身的体会。他觉得事与愿违，原先想的是到部队后学开车，学修理，结果却被分到了工兵连。早知道如此，还不如不参军呢，在家也能和挖坑刨土打交道，何必舍近求远呢？于是，他心里憋屈，情绪不高。

见一同来到部队的老乡工作分得好，董卫春心里痒痒的，便整天琢磨着怎么才能调动到一个理想的连队去。

班长见董卫春无精打采的，就找他谈心。班长不讲什么大道理，只是说王杰的故事，说王杰是怎么对待理想，对待个人利益的。说王杰参军后，到海岛施过工，到山区打过坑道，到农场收过麦子。说王杰干一行，爱一行，每干一行，都干得那么好。班长说：“你想一想，这是为什么呢？”

董卫春不吭声。

但董卫春心里在拿自己与王杰进行比较。董卫春越比越觉得自己浅薄了。同时，董卫春想到班里的其他战友，一个个生龙活虎，干劲十足，便渐渐坐不住了。他心想，同样是一名战士，人家能当好工兵，自己为什么不能？

接下来，再往深处去想，董卫春想到人要有理想，有追求，要是像自己这样，即使是让你学开车，学修理，又如何？素质不高，将来到哪都不会干好！于是，董卫春开始调整内心设定的人生目标，决心干一行，爱一行，做一名优秀的战士！

有了理想和追求，就有了不断进取的动力。在董卫春入伍的第二年，经过努力，他在军区组织的专业技术比武中，夺得了“最佳技术能手”称号，并且荣立了三等功。

如今战士中独生子女多，九班的蒋健就是其中一个。

许是父母宠爱，蒋健从小吃得好，营养充足，个头长得比父亲还要高。个子高，不等于生活能力强，入伍前，蒋健在家属于甩手掌柜，从小到大，没有拿过扫帚，没洗过衣服，甚至连油瓶倒了都不扶。来到部队，情况不同了，生活自理不说，还要参加训练。紧张的军营生活，使他一时难以适应。

于是，蒋健几乎天天给家里打电话，向父母亲诉苦。他明知道这样无用，解决不了根本问题，但还是要倾诉。

岂不知，接二连三地接到蒋健的电话后，他母亲坐不住了，匆匆赶到了连队。别看蒋健是个军人，见到妈妈，就像孩子一样，一头扑到母亲的怀里哭了起来。蒋健一边哭，一边央求母亲把他带回家。他说，这个兵，他当不了了。

班长并不因为蒋健的懦弱就说他没出息、“妈宝男”。班长很是理解蒋健。如今人们的生活条件好了，一些独生子女的自理能力反而弱了，这是社会普遍存在的现象。现在，蒋健已是一名战士，部队有责任让他走向坚强。于是，班长有目的地加强对蒋健生活能力的培养，训练中该吃苦时，让他吃苦；该面对困难时，使他勇于挑战。肩头柔弱，有意识地让他挑重担；生活能力欠佳，就让他多多加强这方面的锻炼。

一年过后，蒋健的母亲见孩子打电话不叫苦了，觉得有些反常，便再次来到连队。这时候的蒋健，整个儿变了样，身体壮实，脸蛋黑红，精神抖擞，就连喊她一声“妈——”声音都格外洪亮。蒋健的母亲高兴地对班长说，“王杰连”就是不一样，哪怕是一块生铁，在这里也能炼成钢！

徐书斌入伍前是个资深网游玩家，说话中都常常夹带网络语言，而且会下意识地做出点鼠标的手势。徐书斌自称是“终极游戏玩家”，并以此为荣。

玩游戏玩到徐书斌这个分上，时常会把游戏和生活紧密联系起来。参军来到部队后，徐书斌虽然远离了游戏，但游戏的某种理念还深植在他的脑海里。比如，他看什么都不如打游戏有意思。班长郭祖宝向他讲述王杰日常工作和生活中的故事，他不屑一顾，说那都是一些陈年旧事了；安排他“铺王杰床，叠王杰被”，他不以为然，认为叠来叠去，是形式主义。

徐书斌的“叛逆”，让连队干部深感忧虑。支委会上，指导员张威说：“对于在网络环境中成长的一代，不补好‘两不怕’精神这一课，就等于割断了英雄血脉的传承。”

班长郭祖宝让连长、指导员放心，说他有办法把深陷网游的徐书斌拉回到正常生活中来。郭祖宝的办法其实很简单，他通过了解网游，得知集体游戏是玩家在游戏中升级的必要手段。而游戏中的集体行为可分为两种：一种是团队合作，一种是公会合作。郭祖宝觉得这样很好，他因势利导地提供给徐书斌一个为团队服务的机会，即安排徐书斌负责维护政工网“王杰烈士事迹网站”。

徐书斌有团队意识。凡是与团队沾边的活动，他都乐意接受。于是，徐书斌很认真地维护网站。

这个网站是宣传王杰英雄事迹的。这样一来，徐书斌在维护中势必要了解王杰，于是，他沉下心来，阅读王杰的故事，渐渐被英雄的事迹吸引，思想也在渐渐向英雄靠拢。

几个月后，战友们说徐书斌变了，从一个“魔兽世界”的“斗士”，变成了践行王杰精神的标兵。

后来，徐书斌被评为优秀士兵，成为士官，并当上了班长。

新兵王磊入伍前在外企工作，收入颇丰。来到部队，第一次领到津贴，愣是缓不过神来。心想，怎么就这点钱啊！每天训练，吃的苦，流的汗，比在企业上班时要多得多……这么点钱，怎么够花啊！

在连队，与王磊感受相似的不只他一个。采访中，我们了解到“王杰班”的一个新兵，因父亲做生意，家庭条件好，花起钱来大手大脚。来到部队，仅为了星期天外出时穿便装，就花了大把大把的钱。西装，要名牌；鞋子，进口的……购置一身穿戴，花销近万元！他来到部队，也是嫌津贴少，月月不够用，每个月不到中旬，就成了“月光族”。所以说，王磊的现象，不是个别现象。

王磊极有个性，他心里有什么，不掩不藏，于是，他把自己的想法在连队的局域网上通过发帖说了出来。他说“汗水湿三层，一天十块钱”，津贴不够花的。

这件事引起了连队党支部的重视。指导员认为“小事”不可“小视”，便决定从理想信念的源头入手，在连队深入开展“三观”教育；与此同时，组织大家进行“穿上军装为什么，军人应当炫什么，当兵几年留什么”的大讨论。

王磊耿直，他在讨论中，有话直说，起先是坚持自己的观点，可是坚持坚持，就坚持不住了。原因是他渐渐意识到自己价值追求的标准低了。老班长王杰在“人生三问”中说：“什么是理想？革命到底就是理想；什么是前途？革命事业就是前途；什么是幸福？为人民服务就是幸福。”相比之下，王磊觉得无言以对。

当王磊从原先关心物质转移到注重精神之后，他的“小宇宙”爆发了，训练起来，浑身是劲。

据不完全统计，近年来，“王杰连”35 名独生子、56 名城镇兵、9 名家中资产超过百万元的战士，人人争先创优，个个要求进步，其中 9 人先后被军区、集团军和师部评为“小老虎式战士”。

4. “王杰班”的班长们(二)

★ **第 27 任班长： 杨瑞旺**

任期： 2009.08—2011.11

2010 年 8 月的一天，天气炎热，树上的蝉一个劲地叫着“知——了——知——了——”，可是在徐州市的一处工地上，施工的工人们却一时不知该怎么办才好。

原来，工人们正施工，挖掘机一铲子挖下去，竟挖出一枚炸弹！这枚炸弹长约 1 米，直径达 40 多厘米，弹体上下，锈迹斑斑。一看就知道它埋在地下有些年头了，是战争年代的遗物。

工人们没有经历过这样的场面，面对这枚炸弹，吓坏了，吓得不敢出声，生怕一不小心发出声音来，就会引爆了炸弹。

可是树上的蝉不理会，仍在高声喊叫。

蝉的叫喊，惹恼了一个工人，那工人烦躁地嘀咕了一声，喊什么喊，再喊，就给喊炸了！

蝉仍在鸣叫。

那工人仍在烦躁。

一个迫切的问题摆在大家的面前：怎么解决？

当然是报警了。于是，有人打 110 报警。不一会儿，警察来了。

警察来后，首先在现场拉线，疏散群众，然后去检测炸弹。

我们说过，那炸弹因年代已久，面目不清，以至于警察一时弄不清这枚炸弹究竟是什么类型的炸弹，它已埋在地下有多久了。因为上锈，不知炸弹的引信还起不起作用。

这时候，有位警察想起了王杰，王杰是工兵，王杰生前所在部队就在徐州。于是，警察连忙向“王杰连”求援。

连队派出“王杰班”班长杨瑞旺和战士王意锦火速赶到现场。

杨瑞旺，福建建瓯人。2006 年 12 月入伍。此次，他虽然是第一次处置战争年代遗留下的航空炸弹，但在这之前，经过长年累月严格训练的杨瑞旺，早已对各种炸弹的性能了如指掌。

如果在这时候，有谁拉着他的手，让他摊开手掌，你就会看到他手上一个个老茧，和一个个训练中落下的伤痕。曾经有一位北京来的将军，看着他的手掌，忍不住落泪了。老将军懂得，这些老茧和伤痕，分明像是一块块军功章，记载着一个军人的荣誉与资历！现在，杨瑞旺就用这双长满老茧和布满伤痕的手，去处置炸弹。

不用说，排除废弹具有极大的危险性，因为你不知道它当初被敌机投下来，深深地钻进泥土里，沉睡了这么久，为什么没有爆炸。还因为长时间的锈蚀，你已经不能用常规的思维来判断它的某个零件是否还起作用，也许，稍稍的触碰，就会唤醒它，引发它的爆炸！

此时此刻的杨瑞旺，早已把生死置之度外了。

当年，老班长王杰怎么做，他杨瑞旺就会怎么做。几十年来，时间可以改变，“一不怕苦，二不怕死”的王杰精神却不可改变，它像一把火炬，一代一代地传递，一直传递到了杨瑞旺的手中。他知道自己该怎么做，怎么把它做好。

杨瑞旺经过仔细观察，并检查了这枚炸弹后，他先用电雷管、炸药制作了起爆器，随后小心翼翼地靠近炸弹，用胶带将起爆器缠绕在弹体上。安装好引爆装置后，杨瑞旺、王意锦才缓缓撤离……

随着“轰”的一声巨响，险情顺利解除了。

其实，采访中我们了解到，就王杰所在连队而言，曾不止一次地经历过诸如此类的情况。

比如，在这之前的 2002 年 6 月，安徽某地的一所学校施工，挖出了 47 枚旧炮弹。第 23 任“王杰班”班长赵玉刚带着班里的 4 名战士赶到现场，随即勘探，并进行了处置。

比如，在这之后的 2012 年 7 月，部队在野外组织实弹射击考核时，一枚 100 毫米迫击炮弹意外钻进岩石缝，只露出一点尾翼，随时可能发生爆炸。连队接到排险命令后，九班班长阳志说：“这里我兵龄最长，经验最丰富，是最合适的人选！”于是，他冲上前去，顶着烈日，趴在岩石上，用凿子一丝丝凿，用手一点点抠，经过 1 个多小时的排险，圆满完成了任务。

再比如，被官兵誉为“孤胆排爆王”的班长孙建硕，在一次夜间实弹演习中，遇有 3 发未爆弹急需排除，是他第一个站出来“请战”。后来经过近 4 个小时的奋战，孙建硕和战友们终于将炮弹安全运送至集中销毁点，进行了引爆。入伍 13 年，孙建硕 40 余次执行排爆任务，是全连官兵公认的王杰“两不怕”精神传人。

由此可见，遇到危险就上，就是“王杰班”的光荣传统。

据不完全统计，50 多年来，“王杰班”战士先后执行了 127 次排除废旧炮弹、爆破施工和哑弹销毁等险重任务。他们用实际行动，诠释了“两不怕精神”的崇高意义，彰显了时代元素，体现了英雄精神的赓续与传承。

★ **第 30 任班长： 李俊**

任期： 2015.09—2017.09

李俊担任“王杰班”班长，是战士们选出来的。

打破以往惯例，让战士公开选拔班长，这在王杰生前所在部队，是一个勇于改革的大胆探索和尝试！

在这之前，社会上早有村民选村委会主任、乡镇干部竞争上岗一类的实践，它的好处是能直接表达群众的意愿，调动群众的积极性，在民主管理、民主决策的层面上，激活用人机制；同时，也能拓宽选拔干部的路子，有助于发现人才，让人才的使用得到较好的管理。

那么，对于部队来说，班长可以选吗？要知道，班是部队最基层单位。部队的所有行动，最后大多由班一级单位来实施和完成。因此，班长既是组织领导者，又是具体行动者。班长的风格，往往就是这个班的风格；班长的素质，则常常体现了全班战士的素质。

班长是领头人，是战士的榜样。尤其对于军中影响极大、闻名遐迩的“王杰班”来说，班长的作用非同一般。从某种意义上讲，“王杰班”的班长，就是旗手；他往前，全班战士都往前；他前进的方向，就是大家前进的方向！

既然班长如此重要，由大家来选，能选好吗？得到的回答是，不妨试一试。毛泽东在《实践论》中说：“你要知道梨子的滋味，你就得变革梨子，亲口吃一吃。”

于是，在王杰生前所在连队，一场别开生面的竞选开始了。

公开选拔任用班长的程序如下：

1. 个人报名；2. 笔试；3. 体能考核；4. 组训能力考核；5. 专业知识考试；6. 现场答辩。

目的：能者上，平者下。

由于大家的积极参与，选拔班长的每一个过程都很精彩。

你看，训练场上，选手们一个个摩拳擦掌，干劲冲天。你要追上来了，我就拼命往前跑；你的比分接近了，我就要设法把距离重新拉开。没有人服输，没有人放弃。你强，我要比你更强；要比，排行榜上见分晓。

你再看，教室里，硝烟弥漫，剑拔弩张。测试者专拣难题提问。选手们则胸有成竹，对答如流。听众，也是打分者，即全连的官兵，大家现场打分，然后公开唱票……

自从前任“王杰班”班长刘佳玉被保送军校后，班长的“宝座”虚位以待，一场有声有色的选拔班长活动，就这样在连队掀起了一个个高潮！

通过初选，最终有 3 名候选人进入决赛，他们分别是——

一号选手，“王杰班”副班长马玉祥。自刘佳玉班长走后，一直由他负责班里的各项工作。入伍 4 年来，马玉祥充分利用自己的音乐特长，活跃了连队的业余生活。

二号选手，是“王杰班”“95 后”下士李俊。2012 年 12 月，李俊从江西上饶入伍，3 年来，6 次在上级专业考核中“摘金夺银”，4 次荣登旅“龙虎榜”，连续 2 年被上级评为优秀士兵，并光荣加入了中国共产党。

三号选手是下士刘学忠，工作积极，训练刻苦，群众基础好，综合素质非常过硬。

强者对强者，那就看谁更强了！

接下来，3 名班长候选人比的是防坦克地雷的埋设、直列装药捆包等专业技能。

李俊在这个项目上，曾经参加过集团军组织的实打实破集训比武考核。那次考核，高手云集。之前，李俊为拿到好成绩，主动自我加压，制定了“魔鬼训练计划”。他每天早上提前半小时起床背记理论要点，每天晚上到荣誉室面对老班长王杰雕像练装药捆包……考核中，李俊由于动作过猛，两只手掌竟磨出血泡，被撕掉了 3 块皮。但李俊发扬老班长王杰的“一不怕苦，二不怕死”精神，全然不顾，斗志昂扬。比武考核结束，李俊不仅荣获人工布设地雷群第一名、反坦克地雷埋设第二名，而且专业理论、爆破设计、构建爆破均取得满分，最终以综合成绩排名第一夺得“金牌”。为此，李俊再次荣登合成旅“龙虎榜”，并荣立了三等功。

当然，这些成绩已成为过去，要想再创佳绩，就要以更好的实力来证明自己。李俊面对强手，毫不畏惧。只见他忙而不乱，稳中有序，一招一式，精确无误；一举一动，非常到位。

最终，3 位班长候选人，经过 18 个项目测试，李俊取得 8 个第一，马玉祥取得 6 个第一，刘学忠取得 4 个第一。

之后，连队党支部将 3 人测试成绩排名上报营党委。

再之后，李俊不负众望，成为第 30 任“王杰班”的班长！

★ 第 31 任班长：王大毛

任期： 2017.09—2020.12

假如你看过 2017 年 12 月 13 日中央电视台的新闻联播，是否还记得中共中央总书记、国家主席、中央军委主席习近平视察王杰生前所在部队时的画面？当时，习近平来到“王杰班”和战士们亲切交谈，那个汇报班里情况的十分精干的班长，就是王大毛！

王大毛 1985 年 9 月出生于江西吉安。2003 年 12 月入伍。2007 年 4 月入党。大专学历。他中等个儿，要不是说他是全国全军极负盛名的“王杰班”班长，你一点儿也看不出他有什么特别过人之处。平时生活中，王大毛就是一个普普通通的人，普通到走在大街上，回头率几乎为零。

然而，正是这个王大毛，只要一到训练场，整个人瞬间就变了，也许是入伍前来自那片血脉传承的红色土地，也许是来到部队后受到王杰精神的多年熏陶，他变得精神抖擞，虎气逼人；变得叱咤风云，威风凛凛！

巧的是，王大毛担任“王杰班”班长的那一天，正是他的生日。因此，王大毛把来到这个世界，和任职“王杰班”班长，都看作是生命中一个全新的开始。

自从老班长王杰为掩护民兵舍生忘死扑向意外爆炸的炸药包而英勇牺牲，50 多年来，“王杰班”不断更换班长，到了王大毛，已是第 31 任。每一任班长都是火炬手，高高举起火炬往前奔跑。现在，火炬传到了他王大毛手中，他暗暗下决心，一定不辜负组织上和前任班长们的希望，把火炬传下去，这将是他的光荣与使命！

王大毛担任班长，是王杰生前所在部队旅党委遴选的结果。2017 年，部队进行改革调整，连队不再是工兵，而是装甲步兵。也就是说，以前挥动军用铁锹埋地雷，现在要驾驭战车了，显然这个变化太大，带有跨越的意味。

在这个时间节点上，王大毛理所当然地进入了上级领导的视线。因为王大毛多次在上级组织的比武中名列前茅，对履带装备驾驶熟门熟路，曾带出过 3 名坦克特级驾驶员、12 名一级驾驶员，所以，由他出任“王杰班”班长，是众望所归。

王大毛是好样的。他一到“王杰班”，即带领全班战士在老班长王杰的雕像前立下誓言：一定要接好王杰的枪，再苦再难也要迈过转型这道坎。然后，王大毛组织班里的战士人人定下“小目标”，个个立下“铁规矩”：每天理论多学一点，实际操作多练一手，训练问题不过夜，装备技能主动练。

冬天，战三九，抗严寒，他们在冰天雪地中摸爬滚打。风越大，他们的干劲越大；天越冷，他们练兵的热情越高涨。练驾驶，练射击，把需要练的课目，一遍一遍反复练，只练得熟能生巧、运用自如。

盛夏，太阳似火，蒸烤大地，就连小草都耐不住热，蜷缩起了叶子。可是“王杰班”的战士们在班长王大毛的带领下，冒着高温练习战术，铆在50多摄氏度的战车内练协同。凭着一股不服输的劲头，武装越野，他们专选坑洼不平的崎岖路走；构筑掩体，他们专拣荆棘遍布的山坡地开挖……

一天，王大毛带着全班一大早就在外训场训练，转眼到了中午开饭时间。有人问：“班长，什么时候收队？”王大毛瞅了一眼油箱，说：“还有油，大家辛苦一下，再跑两圈。”对于王大毛来说，他经常挂在嘴边的一句话是：“时间不够了。”此时，王大毛计量时间不是用钟表，而是用油箱。你想啊，有这样一个用油箱来为训练“加油”的班长，这个班还有什么任务不能圆满完成？！

在王大毛的带领下，“王杰班”战士经过一年的刻苦训练，顺利转型，个个能够熟练掌握11种打击火器，人人在全旅取得通信、射击、驾驶三大专业的等级证书。不久，在上级组织的一次装甲步兵专业考核中，“王杰班”在全旅建制步兵班中综合成绩排名第一。

可是王大毛仍不满足。

为什么？

事出有因。就在连队顺利实现转型，“王杰班”已经完全适应步战车这一新装备操作之后，王大毛带领全班战士参加了一次带有实战背景的战斗演练。

原本在演练中，“王杰班”的表现可圈可点，几乎差一步就要成功占领目标中的敌方阵地了，然而恰恰在这时，导调组突然宣布“王杰班”步战车的驾驶员“阵亡”。驾驶员“阵亡”了，车也就开不了了。于是就要到手的胜利，转眼间泡汤了！

王大毛脑袋有点发蒙。你想啊，没了驾驶员，步战车等同于一堆寸步难移的钢铁。王大毛能不着急吗？

也许你会说，王大毛不是在来到“王杰班”之前就会驾驶履带装备，带出过3名坦克特级驾驶员、12名一级驾驶员吗？是的，王大毛会开坦克，这时候他如果驾驶步战车，也可以继续战斗。但作为班长，尤其是“王杰班”的班长，王大毛想的不一样。他想到的是，班里除了他，只有一个驾驶员，如果打起仗来，一旦驾驶员“阵亡”，车就废了。明摆着，这是他们班的一个短板。即使是由他顶替，要是再出现情况怎么办？比如眼前的演练，由他接替驾驶员，导调组再宣布他“牺牲”，如何是好？这样一想，王大毛知道败了，他败给了自己，败在了平时训练中没有把实战的因素考虑进去。

演练结束，王大毛决定，下一步训练要解决这个问题，而解决的方法是实现“一专多能”。即你是驾驶员，又是炮长，还可以是机枪手。十八般武艺，你要样样会。让一个战位，成为多个战位。缺了谁，都可以继续作战。随后，“王杰班”在全旅率先开展减员战斗训练：减员至7人不影响战斗，减员至5人可继续战斗，减员至2人能坚持战斗，确保在战场环境下，具有持久的战斗力！

因工作成绩突出，王大毛先后被表彰为旅“优秀四会教练员”“优秀带新兵骨干”“‘两不怕’精神传人”；集团军“新时代王杰式好战士”；陆军第二届十大“新时期革命军人标兵”，陆军“强军精武标兵”；荣立个人二等功、三等功各一次；五次被评为“优秀士官”。在任代理排长期间，所在排荣立集体三等功两次。

★ **第 32 任班长：黄龙**

任期： 2020.12—

2017 年 12 月 13 日下午，习近平主席视察第 71 集团军，专程来到“王杰班”，与战士们围坐一圈，详细询问大家的学习、训练、生活情况，勉励大家每年都要有一个目标，希望战士们不断进步，每年都取得更好的成绩。

那天，入伍 3 个月的新兵黄龙，有幸在场聆听了习主席的教导。过后，他始终记住习主席的话，不断地给自己制定小目标。

一个十八九岁的年轻人，参军来到了部队，抱着满腔的热情，投入到新的生活中来。因为缺乏更多的人生经历，他有可能没有意识到人生需要进行规划。但是从这一天开始，对于年轻的士兵黄龙来说，他变得不一样了：他既有了远大的目标，也有了近期的一个个小目标。

每当完成了自己设定的一个小目标，他又会把目光投向下一个目标。这样，一个个小目标，连成了一个个较大的目标；一个个较大的目标，再构成一个个更大的目标。

面对扑面而来的一个个日子，黄龙一如既往，意气风发，朝着他心中的更大的目标接近，接近，再接近！

那是一个秋日，刚刚下过一场雨，空气十分清新。我们在皖东某山区的一处演习地的帐篷外，见到了“王杰班”的班长黄龙。

初见黄龙，我们略有点惊讶。作为“王杰班”的班长，他完全没有我们事先想象中的威猛、魁梧，高挑的个头，一副邻家高中生似的年轻俊秀的脸庞，有着看哪哪都精致、搭配得十分完美的五官，见到我们时绽露出花开般的笑容。眼前的帅哥，让你不由心有恍惚，疑是弄错了。

然而，他正是我们将要采访的“王杰班”班长黄龙。

不想当将军的士兵，不是好士兵。在王杰生前所在部队，人们时常把这句话改为：一个不想当“王杰班”班长的战士，不是有梦想的战士。所以说，在这个部队，当上“王杰班”班长，是竞争的结果，也是逐梦的结果。

作为第32任“王杰班”班长，黄龙自有他的过人之处，其中之一，就是他有着明确的自我目标管理。

黄龙，江西上栗人。2017年9月入伍。同年12月6日，来到“王杰班”。

初到连队那会儿，黄龙在体能训练方面比其他战友差一大截，别人做单杠练习，上杠后能拉10多个引体向上。黄龙不行。黄龙跳起来，双手握住单杠，体力就已经耗去了一多半。你再让他往上拉，他就拉不动了。尽管他身体偏瘦，可是那时，竟觉得身子重，死沉死沉的。想往上拉，身子就往下坠。每付出一分力，都被秤砣般的身子吸走了。后来，黄龙好不容易使出全身力气往上拉，刚刚把脑袋探出单杠横杠的上沿，还没等身子跟上去，就落了下来。结果，黄龙只能拉一个单杠。以至于每到单杠训练，黄龙心里就发怵。

黄龙来到“王杰班”的第7天，习主席来看望大家。习主席得知黄龙是新战士，拉着他的手问，有没有适应部队生活。黄龙向主席汇报说，适应了。之后，黄龙就给自己定下了一个眼前的小目标，即拉单杠要拉10多个！

有了小目标，就要付诸行动。黄龙一有空，就去练单杠。他一遍一遍地练，直练到浑身一点力气都没有了，坐在单杠下休息一会儿，然后再练。黄龙知道，练单杠的许多功夫要下到单杠之外，也就是说，要打基础，练臂力和腹肌。于是，别人做 100 个俯卧撑，他做 200 个、300 个；别人做 100 个仰卧起坐，他做得要比别人多一两倍！

功夫做到家，成绩也就上去了。经过奋起直追，黄龙在单杠练习上，很快跟上了大家的步伐。

一个小目标实现了，黄龙接着设定下一个小目标。

黄龙的下一个目标是 5 公里武装越野。

这是黄龙的短板。每次跑 5 公里，黄龙虽说没有掉队，但跑得很吃力，大喘气，跑到后来，也成了班里的“尾巴”。

在部队，5 公里武装越野，是基本功，是绕不过的一道坎。面对它，你唯一要做到的，就是战胜它。

黄龙在设定目标后，仔细分析了一下自己的弱点：一是体能不足；二是易急躁，跑起来不够放松；三是技术上达不到要求。找到了问题所在，那就一点一点地克服。

前两条，相对好解决。俗话说，笨鸟先飞。那就多跑，心平气和、不急不躁地跑。关键是最后一条。黄龙的办法是向班里的训练尖子请教。比如说，跑时动作要轻松自然，重心移动平衡，注重直线性，节奏性要强。比如说，起跑时，身体重心主要落在前脚上，身体保持稳定姿势。跑步中，头部与脊柱成一直线，下颌微收，两眼平视，颈部肌肉较放松。特别要注意着地缓冲，用全脚掌或前脚掌外侧先着地，可减少地面对人体的冲击，尽可能做到着地柔和有缓冲。比如，在 5 000 米和 3 000 米跑时，由于身体能量消耗大，对氧气的需要量增加，为了供给机体足够的氧气，跑时呼吸的节奏应和跑的步子配合起来，即采用“二步一呼，二步一吸”或“一步一呼，一步一吸”的呼吸方法。再比如，平时要多做柔韧练习，增强肌肉群的力量，使各部分肌肉力量发展平衡，等等。

知道了方法，黄龙再训练，从中慢慢地体会要领。

当然，也有例外。一次，上级组织集训。黄龙在跑5公里越野时，脚踝受伤。是继续跑，还是中途退场？黄龙选择了前者。要知道，脚踝受伤，直接影响到越野跑步的速度和质量，但黄龙咬着牙坚持了下来。黄龙心想，既然是“王杰班”的兵，就要有“两不怕”的精神，以实际行动证明自己的实力。集训结束，黄龙被评为“优秀学员”。

在黄龙实现的若干个小目标里，参加陆军“精武-2018”军事比武竞赛摸底考核，最后拿到参赛资格，让他认识到目标管理对于人生价值追求的重要意义。

陆军“精武-2018”军事比武竞赛，是一次高规格的赛事。黄龙事先得知，这次比赛有军事院校学员队和特种部队参加，堪称是向战场靠拢的实战化训练的“磨刀石”。

尤其吸引黄龙的是，整个比武竞赛突出全程对抗，采取班组间红红对抗、敌我间红蓝对抗的方式，着力让参赛队员在“准战场”上摔打磨砺，完成涵盖“渗透、侦察、打击”在内的完整的作战行动，获得平时单一课目训练难以感知的实战体验。同时，竞赛还着眼战场情况的复杂性、多变性，设置了临机课目和情况，增强赛场不确定性，强化对参赛队员决策判断、随机应变能力及综合素质的培养锻造。除此之外，竞赛还引入北斗卫星导航定位系统、单兵激光模拟交战系统等部队信息化装备器材，突出对参赛队员信息素质、信息技能的考察，提高参赛队员依托信息化装备打仗的意识和能力。

太有诱惑力了！

黄龙非常想参加，但参加需要资格。这个资格就是必须通过严格的考核，才能进入参赛的12人小组。在整个王杰生前所在部队，有多少怀揣梦想的士兵想要参加啊，那么，就来吧，来个大比拼，最终谁是强者，谁就有参赛的资格！

黄龙积极报名，参加了选拔考核。

考核以接近70%的淘汰率拉开了序幕。掩体构筑、重装5公里越野、轻武器射击……各个课目，依次展开。也就是说，你要是其中一关过不去，对不起，请打道回府！

黄龙的成绩优秀。他顺利地通过了第一轮筛选。

接下来，是为期一周的强化集训。其间，所有参训队员，不论军衔、兵龄和所属单位，每天都要进行考核。排名靠后，立即淘汰。

经过一番恶战，黄龙在排名中并不靠前，他被分到了B组。

B组，意味着替补，意味着走上赛场的机会几乎为零。在一次训练中，当集训队某领导得知黄龙来自“王杰班”时说：“早知道你是‘王杰班’的兵，就把你分到A组了。”黄龙说：“‘王杰班’的光环，是打拼出来的。我要晋级，只能是用真本事来博取！”

黄龙说到做到，他在其后的考核中，使出浑身解数，过五关斩六将，一举杀出重围，成功地在众多竞争者中入选“精武-2018”军事比武竞赛12人小组！

陆军“精武-2018”军事比武竞赛在南京举行。各参赛队展开了36小时高强度连贯比拼。

第一个课目是定向越野。各参赛队按抽签顺序陆续出发。

以往越野的路线是规定好的，你往前跑就行了。这次不同。这次“精武-2018”军事比武竞赛，需要队员接受任务后，首先判断意图，继而规划路线，其次才是在陌生复杂的环境中，全副武装地按图行进15公里，一边奔跑，一边还要搜索近40个不同分值的点，其间还随时会遇到各种情况需要进行处置。

好在黄龙早已是“王杰班”5 公里武装越野的佼佼者，别说越野 15 公里，在连队时，他跑过 20 公里，甚至跑过高强度的 50 公里。所以，黄龙一路领先，在第一个课目的比武竞赛中，旗开得胜，取得了好成绩。

接下来，黄龙一发而不可收，他攻城掠寨，闯关夺隘，以顽强的战斗作风和追求卓越、争创一流的良好精神风貌，敢打敢拼，圆满完成了参赛前给自己制定的小目标！

就这样，黄龙通过目标管理，先后考取步枪二级、通信三级、射手三级等资格证书，3 年之后，成为“王杰班”第 32 任班长。

5. 信来，信往

书信，在我国有着悠久的历史。

据资料显示，早在文字产生以前，人们就有“书信”来往了。到了近现代，作为一种向特定对象传递信息、交流思想感情的媒介的书信，得到了越来越广泛的应用。虽然现如今，科学技术高度发达，人们可以通过电话、电子邮件、微信等方式传递信息，但万变不离其宗，既有中华民族浓厚的文化色彩，又包含着丰富的礼仪内容；既可以传达和承载思想感情，又能给收信人以“见字如面”的亲切感的“书信”，不仅不会消失，反而形式更加多样。

在互联网时代，王杰生前所在部队的官兵，开展了与书信有关的“三信一书”的活动，即“假如明天上战场，留给亲人一封信”“假如明天上战场，亲人这样对我说”“假如明天上战场，人民会有啥重托”和“一封永不过时的请战书”。具体地说，也就是——

一封军人的告别信：假如明天上战场，这将是他们留给亲人的最后一封信。

一封家人的嘱托信：那一天真的来临，这将是他们送给军人的最真挚的话语。

一封地方的慰问信：军人奔赴前线，承载的是人民群众的信任与重托。

一封老兵的请战书：纵使脱下军装，血仍未冷，心还火热，若有战，召必回！

这 4 封信，承载的是军队、家庭、社会共同的期盼与承诺，更是对军人生死观最生动的诠释。

不直面战场、不思考战争、不感悟生死的军人，不会是一个好军人。“欲将轻骑逐，大雪满弓刀”“黄沙百战穿金甲，不破楼兰终不还”“只解沙场为国死，何须马革裹尸还”“金戈铁马，气吞万里如虎”……这些格调高亢、豪情万丈的诗句，至今读来，仍旧令人心潮澎湃，激动不已！

同样，我们在读到王杰生前所在部队官兵的特殊书信时，他们对家国的热爱，对崇高使命的执着，对奔赴战场奉献牺牲的血性铁骨，对未来战争中敢打必胜的强悍素质，让我们一样为之动容。

让我们读一读这些年轻官兵征战之前写给亲人的家信吧——

亲爱的爸爸妈妈：

如果你们能看到这封信的话，那说明我已经不在了。我很想念你们，但军人就得上战场。为了祖国千千万万人民，我们必须要赢得战争的胜利。能为国家牺牲，是一件很光荣的事情，能成为一名烈士，我无怨无悔。

作为你们的儿子，没能在你们年老的时候尽孝，让你们白发人送黑发人，我很对不起你们。请原谅我的自私，不能陪在你们身边。但是，如果再给我一次重新选择的机会，我还会毫不犹豫地选择成为一名中国人民解放军战士。没有“大家”，哪来“小家”，我为能为国家献身而感到骄傲和自豪。

请你们不要伤心，你们也应该为我感到骄傲，作为你们的儿子，我很惭愧，但作为一名军人，我问心无愧！

我还有好多好多话想对你们说，想要当面对你们说，但我再也没有机会了。你们应该也有很多话想对我说，但我再也听不到了。我多想再给你们做一顿饭，与你们一起在饭桌上畅聊，想再给你们夹一次菜，给你们买一件新衣服。从小到大，你们从不舍得给自己买新衣服，而我的衣服还没穿多久，你们又给我买新衣服了。现在，我长大了，可以用自己赚来的钱给你们买衣服了，可我却再也没有这样的机会了。

我多想再一次拥抱你们！永远不分开。

爸爸妈妈，我永远爱你们！

你们的儿子梁海

亲爱的爸爸妈妈：

当你们看到这封信的时候，可能我已经离开这个美丽的世界了。来当兵之前充满着无尽的期待，可来到这里之后，更多体会到的是责任。

爸爸，作为一家之主，养活一家四口是多么不容易。我希望在我走后，不要为我难过。人固有一死，我牺牲在保卫国家的路上，死而无憾。爸，您要为儿子感到骄傲，只是以后不能为你们养老送终了。妈妈身体一直不好，如果吵架，你一定要让着妈妈。如果有什么不开心，那就出去转转！一整天坐着闹气也没什么用。

老妈，记得小时候我犯了错误，您就和爸爸教训我。一转眼，您儿子已经长大了，可以报效国家了，这是一件多么光荣的事情啊！

李敏，我可能太自私了。对不起，你没能等到我回来，而是听到传回来的这个不幸消息。我希望我走之后，你能照顾父母，替我孝顺他们。找到你喜欢的人，就嫁给他吧！不过眼睛要放亮一点。

彩霞姐姐，我从小就欺负你。想不到吧！你老弟这次可光宗耀祖了。没事的，我走之后要开心哦！找男朋友要找孝顺爸妈的。不然我可急眼了。

爷爷，要多保重身体，少去气奶奶。奶奶，如果爷爷气你，你就不做饭给他吃，让他一个人睡。

你们看到这封信，不要哭。

我爱你们！

你们的儿子陈健康

亲爱的爸爸妈妈：

当你们看到这封信的时候，可能我已经牺牲了。希望你们不要伤心难过，你们的儿子是为了国家、为了民族尊严、为了国家主权不受侵犯而牺牲的，是有意义的，是光荣的。

当兵就是为了维护国家尊严，当兵就是为了让我们的人民能够处在一个没有硝烟的社会。哪有什么岁月静好，只有我们的负重前行，才能换来大家的安宁。

养兵千日，用兵一时。从当兵的第一天起，我就明白，军人就是为了打仗而生。战争是残酷而残忍的，不可能没有流血牺牲。我和战友们心里都很清楚，也都很坚定。

从入伍的第一天起，我就觉得：我要对得起身上的军装，对得起肩上的军衔，对得起党的培养，对得起社会的教育，对得起祖国。我们流血，是不让更多的人流血，我们牺牲，是不让更多的人失去生命。我尽了一名军人的本分，实现了自己的承诺，但对不起的是父母这二十多年的养育之恩，我来世再报。

爸、妈，希望你们不要伤心难过，擦干眼泪，你们应该感到欣慰。你们的儿子长大了，能够独当一面，能够为国家、为人民做点有意义的事情，能够用自己的生命去庇佑你们。

这不是我一个人的心声，而是我们所有人的心声。我已不再是事事让你们担心的小毛孩了。你们培养了这么优秀的儿子，我想，你们应该为我骄傲，为我自豪！

儿子刘健

……

这样的信，读着读着，我们早已禁不住泪目。说起来，青春不需要遗书。但他们是军人，军人为作战而生。而作战，不可避免要流血牺牲。因此，军人的付出，要比常人多得多。一名年轻的战士，早早就写好遗书，这不也是一种付出吗？他们一旦上了战场，定会迎着枪林弹雨，奋不顾身地往前冲！

假设是你，拿起笔，准备写下“战前遗书”时，会是一种什么样的心境与感受？要知道，毕竟我们处在和平年代，毕竟岁月静好，那最初提笔的一瞬间，是否会有一种面对死亡的猝不及防之感？

采访中，第 32 任“王杰班”班长黄龙对我们说，那时候他还是新兵，刚刚来到连队，一天，副班长王佳锋对他说：“黄龙，有空记得写一封‘遗书’放到枕头包里。”黄龙听了，整个人都蒙了，他站在那里半天都没缓过神来。虽然他知道“三信一书”活动是“王杰班”率先在全旅开展起来的，但到了真要他写下一封“遗书”时，他觉得一个原本远在天边的事情，一下子迎面袭来，撞击着他，撞得他心脏禁不住怦怦直跳！他心想：怎么，刚满 18 岁，这就要写遗书了？！

尽管如此，黄龙还是提笔给远方的亲人写下他的“遗书”。

“爸爸妈妈，当你们看到这封信时，我已经奔赴战场……”黄龙写了个开头，就写不下去了。黄龙说，仅仅写了一两行字，眼泪就不知不觉地流了下来。他从中感受到了作为一名战士，肩头的责任如大山般沉重！

和黄龙有着类似感受的上等兵李哲，第一次写告别信时，当写到“我的银行卡密码是……”时，忍不住哭出了声。

还有上等兵周智涵，他写着写着，平日里隐藏在内心深处的一些担忧、愧疚、恐慌等情绪一股脑儿冒了出来，他想父母，想女朋友，甚至想汉堡薯条……等到把这些一一想过，灵魂犹如受到洗礼，心里沉淀下来的，唯有坚定的信念。

在王杰所在部队开展的“三信一书”活动中，不仅仅是战士写“战前遗书”，上至旅长、政委，下到连长、排长，都写了“假如明天走向战场”的告别信。他们在写时,和战士们有着同样的感受。

2016 年 7 月的一天,军校毕业生白俊峰来到连队,刚刚放下背包,就听一个小战士对他说:“排长,你收拾好之后,别忘了写一封遗书。”

白俊峰心里“咯噔”了一下。他想保持镇静,但诧异的表情出卖了他。那战士见了,轻描淡写地加了一句:“我们都写了。这是连队开展‘三信一书’活动的要求。”

后来,白俊峰就开始写他的“遗书”。

只是白俊峰刚刚写下开头“亲爱的爸爸妈妈:……”就停了下来。

我们在采访中见到白俊峰时,他已是合成旅的宣传干事。他发表过很多新闻稿,应当说,文笔相当好。但在当时,这封“遗书”,却让白俊峰足足写了三个小时。他觉得心里有太多太多的话要讲,可是真要落笔,却很难。

之前,那个让白俊峰写“遗书”的小战士名叫周凉。白俊峰想看看周凉是怎么写的。他对周凉说:“你说你写了‘遗书’,拿来我看看。”周凉就把自己的“遗书”拿给白俊峰。

白俊峰看了,觉得周凉太可爱,竟把 QQ 号、银行卡号及密码都写在遗书里了!白俊峰问他为什么要写这些。年仅 19 岁的周凉说,写的时候他仔细想过,假如无声无息地牺牲在战场上,在这个世界上就一点儿存在感也没有了。他把 QQ 号和密码留给父母,如果他战死了,希望爸妈可以登录 QQ 把这件事告诉他的同学。他说:“世界这么大,自己突然就没了,如果大家都不知道,好像牺牲得很没有价值。”白俊峰听了,眼角禁不住湿润了。

后来,白俊峰完成了他的“遗书”。他在“遗书”的结尾写道:“如若战死沙场,请为我引吭高歌。”

他对这句令人心潮澎湃的结束语颇为满意。作为一个无畏的军人，战死沙场，将是他最好的归宿！

采访中，我们有机会读到了“遗书”。我们发现，在那些书写的文字里，没有大话、套话、假话，而都是一些非常接地气的心里话和家常话。

比如，侦察营营部四级军士长杨国军在信里说：“儿子，以后你就是家里唯一的男子汉……要保护好妈妈和姐姐。要是有人欺负她们，你就揍他。要是有人问谁教的，你就说是我教的。”

比如，新兵卢项杜辛在他写的信中说：“亲爱的爸爸妈妈，假如明天上战场，我不知道我会以什么样的方式离开，但请你们相信，我会像爷爷那样勇往直前……”卢项杜辛的爷爷，曾在 1953 年抗美援朝的一次战斗中，指挥“215 号”坦克毁伤美军 5 辆坦克。车组被授予“人民英雄坦克”荣誉称号，他的爷爷荣立一等功。

再比如，从中国人民大学入伍的房宛松在“遗书”里写道：“亲爱的爸爸妈妈，我总想为你们唱一首《当你老了》的歌，但苦于没有机会。每次听到这首歌我总是内心不能平静，唱到了我的心坎里。”

说是“遗书”也好，说是告别信也行，总之，这样的书写，带有神圣的庄严感和仪式感。因为这些信写完之后，他们每个人都需要再誊抄一份，原件寄给亲人，誊抄的信则放进上战场时随身携带的枕头包里。这个包平常放在他们的床头柜中，一旦战争爆发，他们若为国捐躯，这封遗书将被送到他们的亲人手中。

除信之外，这个枕头包里还有一身换洗衣物，一个针线包，一个枕套和一条白床单。大家坦然地说，到了那一天，白床单可以用来遮盖遗体，枕套可以用来装骨灰。

王杰生前所在部队开展的直面战场、思考生死的“三信一书”活动，看起来似乎有些残酷，但作为军人，就意味着牺牲和奉献，生与死，是一个不容回避的话题。

这支部队正是通过开展这项活动，有效地打通了部队、家庭、社会共育战斗精神的经络，让“一不怕苦，二不怕死”的战斗精神在新时代官兵身上发扬光大。

据统计，在开展“三信一书”活动3年来，官兵累计撰写更新了3万封告别信，收到来自官兵家庭的7000余封嘱托信，2000名转业退伍官兵递交请战书，近200个市县民政部门和57家共建单位寄来慰问信。

前面我们曾经提到的房宛松的父亲房罡，在收到儿子“遗书”时愣住了，他赶紧联系儿子，10分钟内竟然打了40多个电话；在对方没人接听的情况下，又连着发了十几条短信。当房罡了解到部队开展“三信一书”活动的目的时，他嘱咐儿子，假如明天上前线，你绝对不能怂，要成为一个好兵，一个不怕死、敢于冲锋陷阵的好兵！

四级军士长杨国军的家属收到告别信，打电话哭着问：“你真的要上前线打仗吗？”杨国军说：“我是军人。是军人，就要时刻听从召唤。”妻子说：“要是你有个三长两短，怎么办？”没等回答，她接着说：“你不要说了，要是真有那一天，你放心，孩子和爸妈有我。”

上等兵王明坤的父亲得了癌症，他在收到信后，怕儿子上了战场还要牵挂自己，竟然在回信中附上了盖着大红印章的出院证明。

下士张改伟的母亲，用从小学生作业本上撕下来的带有拼音格的纸，给他写了回信。母亲大义凛然地说：“孩子，上战场是要有牺牲的。有的人死轻于鸿毛，有的人死重于泰山。报效祖国，死而后已。”

中士牛磊是家里的长子，他还有一个弟弟在上学。牛磊的爸爸妈妈一辈子与黄土地打交道，他们像土地一样朴实。当他们接到儿子的告别信后，全家人坐在一起讨论了很久，才给牛磊打电话。牛磊的爸爸代表全家人对他说："我和你妈还有爷爷奶奶都讲过了，要是打仗你就去吧。但要保证能活着回来。到时候，我和你妈给你接风！"牛磊说："行。"打这之后，牛磊开始勤奋地学习通信、炮手、狙击等多种专业。

军士胡灿明的家属在信中说："作为军人的妻子，我绝对不会拖你后腿。你放心地上战场为祖国建功立业吧，我在家一定会照顾好我们的父母。"胡灿明收到妻子的信，读了一遍又一遍。他决心苦练本领，为上了战场能打得赢，守护好国家，也守护好自己的小家。

战士谢彬彬在看到父亲的回信时，泣不成声。他的父亲在信中说："儿子，见字如面。如果真的上了战场，我希望你首先想到的是为国家的利益而去浴血奋战，哪怕父亲我对你万般不舍，但作为中国军人就要有军人的觉悟与担当……"家人的支持，让谢彬彬感觉到肩头的责任更加重大。

时任旅政委的张振东，也写了"遗书"。他在全旅大会上对官兵们说，如果打起仗来，他不但要把大家带出去，还得能带回来。作为带兵人，他需要通过他写的"遗书"，明确对自己岗位的认识。

一朝穿军装，一生许战场。作为第 18 任"王杰班"班长、"王杰连"指导员的王先云，在老部队开展的"三信一书"活动中，写了请战书。他写道："不管奉献在何方，不管是否手握钢枪，更不管穿着什么样的衣裳，我们一起等待着，等待着集结号再次吹响，若有战召必回……"他还写道："穿上军装我是一个兵，脱下军装我还是一个兵。作为王杰部队的一名战士，作为老班长王杰的后辈传人，我永远铭记军人的责任，一旦祖国需要，我一定会冲锋在前，不怕牺牲。"

退伍老兵冯道政在请战书中写道："如果祖国需要，我将随时听从祖国的召唤，我愿再次手握钢枪，拾起那属于军人的荣耀……"

退伍战士郑聂坚说："时光流逝，纸张或许会泛黄，墨迹或许会模糊，但我们等待祖国召唤的豪情永不褪色。"他还说："若有战，召必回。我的请战书，永不过期！"

江西省吉安县民政局在给王杰生前所在部队的来信中说："你们忠于职守，以自己的赤胆忠诚和英勇无畏，筑起保卫祖国的钢铁长城，向你们致以衷心的感谢！"这个民政局作为爱国拥军先进单位，为退役士兵制定了一系列优抚政策，2016 年以来，退役士兵安置率达到了百分之百，而且百分之百被安置到了事业单位。

徐州市电视台副台长王经波代表全台职工，对王杰部队官兵说："如果战争真的爆发，我们相信，你们一定所向披靡，英勇杀敌，歼灭一切来犯之敌！"

在这里，我们有必要再一次提及 2017 年 12 月 13 日，因为这个日子，对于王杰生前所在部队，是一个重要的日子。

在这个日子里，习近平主席来到这个部队视察。部队开展"三信一书"活动，培育战斗精神的情况，吸引了习主席的目光。习主席对这一充满浓厚战斗气息的做法给予肯定，叮嘱部队有关领导，要抓好英雄精神的传承，让我党我军敢于斗争、敢于胜利的优良传统在青年官兵身上发扬光大。

"三信一书"活动，是由"王杰班"率先在全旅开展起来的。在"假如明天上战场，留给亲人一封信"的活动中，"王杰班"战士人人写下"遗书"，激发了随时上战场的血性胆气。

就在习主席视察后不久，部队换装某新型两栖步战车，"王杰班"由工兵班变成装甲步兵班。他们以老班长王杰为榜样，发扬"两不怕"精神，开启了一场从零起步的跨越。

从那时起，“王杰班”每天早晨5点起床上山训练。为了节省吃饭来回路上的时间，战士们每人到炊事班拿两个馒头带上，最后索性自带炊具在野外埋锅造饭……

为了在最短时间内形成作战能力，“王杰班”人人立下三条铁规矩：训练内容一个不漏，课目不全不换频道，不达优秀不算过关。一年中，他们野外驻训240多天，每天训练时间都要比规定的延长50%。

以2018年为例，7月，“王杰班”弹药、油料和摩托小时消耗达到普通步兵班的两倍；8月，集团军组织夜间实兵实弹“一个过程”考核，“王杰班”射击目标命中率97%，勇夺集团军步兵班第一名。

到了这一年的年底，“王杰班”进行年终总结，大家汇报完成目标实现的情况后不约而同地说：“咱们给习主席写封信吧，报告一下这一年咱们的进步……”

那么，写什么呢？

写部队换装转型期间，大家对攻坚克难的韧劲与拼劲；写学习王杰，对“两不怕”精神的践行与坚守；写习主席的亲切勉励，成为全班战士永不枯竭的练兵动力；写全班9名成员，人人获得通信、射击、驾驶三大专业等级证书、熟练掌握11种武器，实现了所有战位任意互换的目标，并率先探索出战斗减员训练法，成果在全旅得以推广……

就这样，大家你一言我一语，把心里想说的话一一记录下来，然后寄往北京。

很快，中共中央总书记、国家主席、中央军委主席习近平给“王杰班”全体战士回信。

习主席的信中写道，“得知你们认真学习贯彻新时代党的强军思想，弘扬王杰精神，努力拼搏奋斗，取得了新的优异成绩，我为你们感到高兴。”习主席还鼓励战士们“好好学习、坚定信念、苦练本领、再创佳绩，努力做新时代的好战士，在人民军队的大熔炉中书写火热的青春篇章”。

习主席的回信，不仅仅是在“王杰班”，也不仅仅是在王杰生前所在部队，而且是在全军引起了巨大反响。

写到这里，我们不禁感慨万分。

是的，同样是书信，在王杰生前所在部队开展的“三信一书”活动中，一封告别信，写出了官兵直面生死的坦然；一封嘱托信，说出了家人至亲的关怀；一封慰问信，表明了地方政府拥军爱军的决心；一封请战书，道出了退伍老兵一世为战士的不变信仰。而习近平主席给“王杰班”全体战士的回信，则从全面提高新时代备战打仗能力，履行好党和人民赋予的新时代使命任务这一高度，激励着一代代王杰传人，大力弘扬“两不怕”精神，持续强化“随时准备上战场”的责任意识，练兵备战，不负时代，不忘初心，为强军兴军，把我军全面建设成世界一流军队而不懈奋斗！

采访手记之十三

“老班长好！我是‘王杰班’第31任班长王大毛！现在向您宣读习主席写给‘王杰班’全体战士的回信！”

在收到习近平主席回信的那天，“王杰班”班长王大毛带着全班战友，在王杰塑像前列队，进行汇报。

王大毛班长说：“老班长，近年来，随着编制体制调整改革，我们由工兵班调整组建为装甲步兵班，其间经历两次换装。我们一切从头开始，直到熟练地掌握新装备，在最短的时间内形成了战斗力。在年终总结时，我们写信给习主席，将一年多来取得的成绩向主席进行汇报。

“起初，我们觉得要写的内容太多，信不能写得太长，大家就想了一个办法，各自精心挑选满意的工作照，将个人情况写在照片背后，最后再列一个前后对比的总表。

“我挑选了一张给战士们讲解驾驶要领的照片，汇报我们正在努力进行换装转型。我们班的每一个人都拿出了自己的照片。后来，习主席很快就给我们回了信。

“习主席在回信中说，他很高兴地看了我们的照片和信，勉励我们好好学习，坚定信念，苦练本领，再创佳绩，努力做新时代的好战士，在人民军队的大熔炉中书写火热的青春篇章。

“老班长，你听到了吗？你为我们而感到自豪吗？”

采访手记之十四

刘佳玉，“王杰班”第234名战士。3年后，他成为“王杰班”第29任班长。5年后，他作为士兵提干对象被保送到解放军理工大学。入伍9年，他在“王杰班”生活了整整1 640天。从军校毕业后，回王杰生前所在部队任职。

刘佳玉有写日记的习惯。

下面摘录两则他的日记——

2011年4月1日(农历二月廿八)　星期五　晴

今天，我问班长“两不怕”精神具体有什么传承体现，班长给我讲了申庆稳班长备战集团军专业比武的故事。

申班长为提高“集团装药”的速度和精度，总结摸索出“抽拉结合捆包法”，速度明显提高，但对手指伤害很大，每抽拉一次，捆扎绳和手指都会快速摩擦，几遍练下来，手指上的皮肤一遍遍磨去、结痂，再磨去、再结痂，10 个手指头有 8 个被磨破，像火烤一样疼痛。有很多人不理解，以他的成绩已经稳居集团军第一名，为什么还要这么拼？申班长说：“我是‘王杰班’班长，当年老班长用自己性命换回 12 名群众的生命，我岂能因这点疼痛放弃训练，又岂能因为自己取得一点成绩而沾沾自喜？”

最终，申班长以高出第二名一截的成绩刷新了集团军的纪录。听了申班长的故事，我更加理解“两不怕”精神在我们这个时代新的意义，那就是见第一就争，见红旗就扛！

2018 年 3 月 20 日（农历二月初四） 星期二 阴

今天，是我军校毕业整 8 个月的时间，时光过得真快，一晃眼 8 个月过去了。这 8 个月喜忧参半，有成绩也有教训，在刚刚组织的比武中，我拿到了徒手组合第一名，但在去年集团军组织的新毕业干部集训中，我拼尽全力才取得了第六名的成绩。

随着年纪的增长，我感觉体能已经开始走下坡路。与军校的同学交流，他们常说“提干生”能力强，但普遍发展后劲不足，如果说我们是金子，起初熠熠发光，但随着时间的拉长，很多人不愿为自己抛光加亮，久而久之就会变得跟石头一样。

但我不信，我觉得以前当战士我能干好保送军校，现在当排长，我依然能干好。能力不足，勤奋来凑呗。在“王杰班”这个光荣的集体历练了五年，我觉得没有什么困难可以打倒我。我要有一股特殊的韧劲儿，一种“给个机会就发光放彩”的精气神儿，就像一个冲锋的战士，时刻不停歇，永远在路上，我想这就是现在赋予“王杰精神”的涵义。

采访手记之十五

“清晨每天都充满希望/心情同太阳一起点亮/当夕阳落在红红的山岗/我的行囊又收获新鲜的力量/要让青春追着光/要让青春不一样……”

这首名叫《青春不一样》的节奏轻快、旋律动感的陆军征兵宣传片主题曲，是由“王杰班”战士谢彬彬和周智涵参与录制的。主题曲播出后，不仅激励并温暖了无数有志青年的从军报国梦想，也唱出了他们自己的心声感悟。

在采访中，我们既看到了王杰生前所在部队的官兵高强度的军事训练，也看到了他们业余文化生活的有张有弛、多姿多彩。“王杰连”的连长、指导员告诉我们，连队官兵都是年轻人，休息时，他们也跳舞、唱歌，也组织大家户外烧烤。

采访手记之十六

听说“王杰连”参加的第一阶段演习暂告一段落，我们见缝插针，连忙出发，赶到位于皖北某山区的训练基地，进行采访。

采访的第一天，我们的午饭是在野外帐篷里吃的，伙食不错，有鱼，有肉，有虾，一人还有一只阳澄湖的大闸蟹。

秋天的大闸蟹，正是时令菜。部队在大山里搞演习，交通不便，能吃上新鲜可口的螃蟹，显然不易。

于是，我们疑惑地问指导员戴凡国："是特意为我们准备的吗?"

指导员说："大家吃的是一样的饭菜。"

指导员又说："连队第一阶段演习打得好，我们庆祝一下，加了大闸蟹，正好你们有口福，赶上了。"

我们特地去看了战士的伙食，果然和我们吃的一样。

指导员说："我们连的伙食平时就很好，你们多住几天，就知道了。"

三手证章

“五好战士”奖章

“超期服役”证章

第五章　在希望的田野上

1. 蒲公英的种子

那一天，我们从徐州出发，前往安徽三界某训练基地，采访在那里进行演习的王杰生前所在部队。同行的几个人中，有这个部队的宣传干事凡春龙和白俊峰。他们两位性格开朗，待人热情，加上从事宣传工作多年，非常熟悉部队的情况，说起王杰及传人的故事，滔滔不绝，如数家珍。

也许说者无意，他俩在说到“王杰班”第31任班长王大毛时，讲了一个细节，给我们留下了深刻的印象：在一个春天，连队过炮场日，王大毛淌着汗水，飘散的蒲公英被汗水粘到了脸上……后来，我们在某报刊发表的一篇题为《践行强军目标标兵风采录》的通讯报道中，读到了凡春龙和白俊峰对这个细节的精彩描写。

他们写道：“2018年的春天，装甲车库里的草地上，白色的蒲公英随风飘散。刚从步战车里钻出来的王大毛，满身的油污与汗水，微风裹挟着蒲公英的种子迎面吹来。顾不上把粘在脸上的绒毛捻掉，他又拱到了车底下。”

这段文字的描述非常具有画面感，闭上眼睛，你就可以想象到当时的情景。

我们知道，蒲公英属于多年生的草本植物。在乡间，我们经常可以见到它。蒲公英生命力强，花果期长，它有着头状花序，种子由白色冠毛结成的绒球组成。有的单株开花数达20个以上。花开后，种子十多天就可以成熟，然后借助风力，打着小伞，随风飘到远方去孕育新的生命。

由于蒲公英的这个特点，也由于凡春龙和白俊峰这两位宣传干事讲述的生活细节，我们联想到许许多多的官兵，在他们完成从军报国的使命，退出现役，离开心爱的部队之后，就像蒲公英的种子那样，把王杰的精神传播到全国各地。

他们是春天的使者。

他们曾是王杰生前所在部队中的一员。作为王杰的传人，他们在部队，或是离开部队，都是行进在春天的序列中。

侯兴家和王杰是同乡，又是同年入伍的战友。王杰为掩护民兵壮烈牺牲后，他担任了“王杰班”的第一任班长。

1965 年 11 月 27 日，国防部在济南隆重举行命名大会，授予王杰生前所在班“王杰班”这一光荣称号。命名大会上，侯兴家代表全班战士从时任济南军区司令员杨得志、政委谭启龙手里接过绣有金色大字“王杰班”的锦旗，表示要向王杰学习，以英雄为榜样，将“一不怕苦，二不怕死”的革命精神永远传承，发扬光大。

从部队转业到地方后，县委组织部见侯兴家担任过“王杰班”的班长，便让他挑重担，把他分配到县食品厂担任厂长。

就在侯兴家兴致勃勃地走马上任时，食品厂的现状却让他忧心忡忡。那时候，厂里因为经营不善，亏损严重，产品销售困难，开不出工人工资。总之，工厂经济不景气，一片萧条。

侯兴家心想，不应该啊，金乡县的食品有着悠久的历史，就拿糕点来说吧，早在清同治八年(公元 1869 年)，县里就建有糕点作坊。到了清末民初，制作的糕点已经闻名遐迩，生意好得不得了。尤其是蜜制的“红三刀”驰名省内外，深受民众的喜爱。这种食品制作工艺并不复杂，以上好的食油、面粉、白砂糖、冰糖、糯米粉、槐花蜂蜜、芝麻、桂花等为原料，经搅拌，搓揉成椭圆形的酥面团，然后略作加工，放入七成热的油里炸透成金黄色，捞出，控净油，凉透即可。

成品的“红三刀”呈长方形，迎面三刀，表分四瓣，芝麻点缀其上，灿如繁星闪烁；中间红而透亮，底似薄冰，闪闪发光。食之酥糯香甜，味道纯正可口，多食不腻，实为地方小吃中的上佳食品。

那么，食品厂生产上不去，濒临倒闭，原因何在？

侯兴家通过调查研究发现，原因主要是工厂的管理问题。于是，侯兴家大刀阔斧地做了三件事：一是实行厂长负责制。他召开全厂职工大会，在会上立下军令状，大力发展生产，实现当年扭亏为盈，如达不到上述指标，扣除工资，并辞职走人。二是建立健全规章制度，车间主任、班组长各司其职，任务到人，责任到人。三是进行改革，创优质产品，注重经营效益，扩展销售渠道，大力抢占市场份额。

在侯兴家带领全厂职工苦干加巧干的一番努力之下，很快县食品厂改变了落后面貌，经济效益日新月异，持续上升。

县组织部的领导在考察干部时，问侯兴家，把一个濒临倒闭的企业搞得这么好，有什么经验。侯兴家说，就一条，向老班长王杰学习，只要发扬“两不怕”的精神，就没有克服不了的困难，没有攻克不下的阵地！

随后，县委组织部把侯兴家作为改革先锋，从食品厂调到一家亏损严重的印刷厂，让他去那里开拓进取，打开新的局面……

梁文宽是广西南宁市武鸣区太平镇凤阳村人，1998 年 12 月入伍，2006 年 12 月退伍。我们在前面曾介绍过他在训练中，当炸药包即将引爆，新战士刘川没能及时回撤的情况下，奋不顾身救护战友的故事。后来我们联系到梁文宽，对他进行了采访。

梁文宽说他离开部队退伍返乡，怀揣一个强烈的念头，就是要为乡亲们做好事、做实事，带领乡亲们劳动致富。

梁文宽所在村虽然地处南宁，但由于种种原因，经济并不发达，生活水平相对比较落后。回到家乡，梁文宽首先对当地的农业生产情况进行了排查摸底。据他了解，他们村以种植水稻、玉米为主，附带着种一些木薯之类的经济作物。多少年来，春播、夏种、秋收，都是一个套路，没有变化。问题是，这种种植方式，不仅单一，产能低，收入少，而且不合算。为什么这样讲？因为种植双季稻，一年中有三四个月的时间，地处于空闲状态。土地闲着，利用率不够，本身就是一种浪费。于是梁文宽就把目光投向外界。他发现同处广西的百色革命老区的田东、田阳，种植的西红柿特别有名，便前往进行考察。

到了那里，梁文宽发现那里的人们利用冬闲，用水稻田冬种番茄，实现“稻—稻—番茄”一年三熟，由此带动百色市秋冬季番茄大规模的种植。尤其让梁文宽欣喜的是，那里的西红柿品种多，种类全，比如大果番茄、水果型樱桃番茄、红妃6号、金币番茄等，风味独特，果形、果色俱佳。加上那里生产的番茄通过无公害蔬菜产地认定，产品质量符合无公害农产品要求，进入市场后，深受消费者的青睐。

从百色地区考察归来，梁文宽即带领乡亲们大种西红柿。一开始，许多村民不接受，说：“不就是西红柿吗，种它能有你说的那么好？”梁文宽就挨家挨户地做工作，并且他从自家做起，不仅自己种，也劝父母和他一起种。后来，村里的9个生产队都种了西红柿。收获的季节里，当大家种植的西红柿每亩地收入高达4万元时，村民们脸上纷纷绽放出开心的笑容！

种植西红柿的第4年，由于大家一窝蜂地发展种植，造成了市场的饱和，一度影响到村民的收入。这时候，梁文宽又通过调研和考察，决定转型，在当地农科院所的技术指导下，带领村民们种植沃柑。

从种西红柿到种沃柑，之间跨度比较大。但梁文宽和村民们还是克服了种种困难，把沃柑打造成村里的主打产品。沃柑上市的第一年，就给了乡亲们一个惊喜，产地价竟达 12 元一斤，极大地提高了果农们的经济收入！

由于梁文宽的带动，后来全县种植沃柑的面积达到 60 多万亩，成为全国面积最大的沃柑产区！

鉴于先前种植西红柿的经验教训，梁文宽未雨绸缪，当沃柑的产量达到一定的数量时，他就考虑到销售渠道务必要跟上去。于是，在 2018 年年底，梁文宽及时成立了广西富晨贸易有限公司，并与香港、澳门的销售商达成购销意向，准备把沃柑销售出去。可是，正当他们准备工作就绪时，情况却发生了变化，打乱了他们的计划。

在困难面前，梁文宽的态度一是不怕，二是克服。早在部队时，曾经作为王杰连班长的梁文宽，就时时刻刻把“两不怕”的精神牢记在心。困难算什么，老班长王杰能克服的，他梁文宽就能克服。经过审时度势，梁文宽和他的合伙人把目标转向内地珠三角和泛珠三角经济比较发达的地区，他们通过到杭州、嘉兴、无锡、广州、深圳等地考察学习，上网做电商，很快打开了产品的销路。

据了解，目前梁文宽通过多种渠道销售的沃柑，已经成为广西水果的代言产品和全国水果大宗商品的价格风向标。也就是说，梁文宽他们产区的沃柑价格每每波动一点，都会影响到全国市场的同类大宗商品。他们的沃柑不仅销往香港、澳门等地区，还远销俄罗斯和东南亚的一些国家。

说起沃柑，梁文宽得意之情溢于言表，他说，他们生产的沃柑，每一个果子上都带有二维码，你只要想查，都可以追踪到它的生产地，甚至具体到村里的某一户果农。

1996年12月入伍的李志新，来自湖南新化县，他在王杰连服役了5个年头，退伍后来到杭州。多年来，他当过工人，任过城管，干过协警，做过保安和消防队员，并且还开过超市。虽然每隔一段时间，李志新就换一份工作，但他从不气馁、妥协。他是从王杰连走出来的兵。他知道自己该怎样工作和生活。所以，他每干一行，都竭尽全力，真心实意地做。他始终把王杰和“两不怕”当成自己愈挫愈勇、屡败屡战的强大精神动力！

2006年，李志新的一个名叫徐伟华的战友联系上他，问他有没有兴趣做销售。李志新当时在一个镇的政府部门工作，每个月能拿到3 000元的工资，当他听徐伟华说了之后，心想，销售是一项业务技能，如果掌握了这项技能，对自己的工作生活会有很大帮助。于是，李志新决定还是闯一闯为好，便问：“销售什么？”徐伟华说：“销售印刷胶辊。”李志新从来没听说过这个产品，但从字面上理解，他认为该产品与印刷有关。于是，李志新在短时间内查了大量的资料，得知印刷胶辊分为两类，一是硬辊，一是软辊，均用于印刷机械，是压印、调墨、传墨不可缺失的配件。后来，李志新毅然辞去了镇政府的工作，前往上海，当了一名每月底薪只有600元的销售员。

初到上海，李志新租住在浦东乡下的一间小房子里，睡的是地铺，铺的是草席。人整天朝外跑。为了省钱，步行成了李志新的日常。好在李志新在部队时练出了铁脚板，那时候5公里越野，野营拉练，都是他的强项。仅仅用了半年的时间，李志新就徒步把大上海丈量了若干遍。平均每半个月，李志新就要磨通一双鞋底！

做销售，需要耐心和坚忍。

一天上午，李志新来到被称为全国最大的书刊印刷企业湖南某某集团，刚走到门口，就被门卫拦住了。不管怎么说，门卫就是不让进。李志新心想，如果大门都进不了，那就意味着无法推销产品了。李志新不甘心，就在门外等。等了一天，大凡见到有人从里面出来，李志新就上前询问和设法打听该企业的情况。这个企业很大，有几千员工，李志新不厌其烦地逢人就问。没有结果，便再问。一天、两天、三天……到了第六天，门卫仍不让他进去。李志新不气馁，仍在门口守候。一周后，机会来了，李志新打听到设备科科长的姓名，然后和门卫软磨硬泡。之后，又耗了半个多月，李志新终于和那个设备科科长见了面。对方见李志新为了见他，竟在大门口守候了近一个月，深受感动。他在接待李志新时说："小伙子，你真沉得住气。做销售的，就要有你这股子不屈不挠的韧劲。"随后经洽谈，这家公司购买了李志新销售的产品。

说起韧劲，李志新在部队就具有这种秉性。当年，从新兵连下到连队，李志新一心想分到"王杰班"，可是"王杰班"人员满了，进不去。李志新不甘心，他一次一次地争取，一次一次地向"王杰班"的战士看齐。训练时，他以他们为标杆；接受任务，他以他们当榜样。"王杰班"的研究课题，他抢着钻研；"王杰班"的比武项目，他一项不落地反复去做。久而久之，在连队，李志新成了大家公认的"王杰班"编外战士。他进步很快，在同年入伍的战友中，第一个入了党。虽然当兵 5 年，他最终也没有进入"王杰班"，但他努力了，他觉得心里很踏实。

就这样，李志新来到上海后不久，经过不懈努力，一点一点地打开了销售渠道。

后来，李志新遇到了"王杰班"第 22 任班长张波。在老班长张波的热心帮助下，李志新结识了许多上海商界的朋友，大大拓宽了业务面。

再后来，李志新因业绩突出，渐渐成为他所在公司销售方面的领军人物，并出任了该公司的副总经理。再后来，见时机成熟，李志新自主创业，成立了自己的公司。

在一次座谈会上，“王杰班”第16任班长郑巨新说，“王杰班”虽然是部队的“小细胞”，却是战士人生起步的“大学校”。

郑巨新之所以话中感慨万分，是因为他对此深有体会。

参军前，郑巨新是一个资深船迷。他从小就喜爱船舶。每每上新华书店，他都要买一些关于船舶制造方面的书，比如《船舶原理》《船舶常识》《船舶基础理论》等。他对船舶的知识了解甚多，说起来头头是道，了如指掌。

幸运的是，郑巨新来到部队后，被分到了“王杰班”。这个班从班长到战士都对郑巨新的这一爱好给予了极大的支持与鼓励，大家先后买来一些关于船舶知识方面的书，送给郑巨新，希望他将来当一名船舶制造商。

郑巨新深受感动。他决心在当一名船舶制造商之前，以老班长王杰为榜样，发扬“两不怕”精神，先当好“王杰班”的一名合格的士兵。

训练中，郑巨新不怕吃苦。挖地雷坑，他专捡土质坚硬的路面作业；手被军用铁锹把磨破了，淌了许多血，仍旧轻伤不下火线。

郑巨新的舅舅，是外地某部队的一名领导。他对郑巨新说，要把郑巨新调到他所在的部队，方便照顾。郑巨新一再拒绝。郑巨新说，他所在单位，是英雄王杰生前所在部队。能在这个部队当兵，是他的荣幸。尤其是作为“王杰班”的战士，无论环境，还是氛围，都适合他成长。他不愿意离开这个英雄的集体，不愿意离开“王杰班”，更不愿意以那种方式离开。郑巨新的舅舅见好言相劝并未奏效，索性直接发来了商调令。

即使是这样，郑巨新也不动心。

在部队，郑巨新进步很快，1991年10月，他被任命为“王杰班”的第16任班长。

俗话说，铁打的营盘，流水的兵。郑巨新从部队退伍后，回到了家乡。在部队期间，郑巨新就养成了自学的良好习惯。那时候，“王杰班”的战士们训练之余，人人抓紧时间学习科学知识，个个都勤奋磨炼综合素质。郑巨新统计过，仅他在部队服役的那些年，“王杰班”先后就有23人取得自学考试大专以上文凭，37人拿到电工、机械、养殖等实用技术证书，7人被集团军以上表彰为“学习成才标兵”，12人返乡后创办了自己的公司。受此熏陶，郑巨新以老班长王杰为榜样，以一股拼劲，刻苦学习，退伍后在短短的时间内，就拿到了法律自考本科文凭。

郑巨新当上了律师。

当上了律师的郑巨新，平时很忙，他每天面对的不仅仅是一个个案例，还是一个个被生活中无数问题困扰的人。尽管这样，郑巨新仍旧没有放下儿时建造船舶的梦想。

最终，郑巨新说服了自己，辞去了他热爱的律师工作，投身于他更加热爱的船舶制造。

凭着在部队时自考获得的经济管理学文凭，以及多年来有关造船业的知识积累，郑巨新通过家人资助，筹资1 500万元，创办了自己的船舶公司。

创业多艰难。应当说，郑巨新进入造船领域并不是在最好的时机。据有关资料显示，船舶市场从2008年开始进入了长达10年的萧条期，造船三大指标均出现大幅回落。本轮船市危机由需求端低迷和供给端过剩双重因素叠加造成，使得此次船市危机是历次危机中持续时间最长、影响最大的一次。

另据我们所知，船舶制造属于复杂程度高、综合性强的大型装备制造产业。船舶作为流动的国土，在船上不但要实现各种专业化的作业功能，还要保证船员的各项生活需求。这样一来，船舶工业除了总装制造外，还有庞大的配套体系，涉及大量复杂的设备和系统，如动力系统、机电系统、电子通信系统、专业化设备及系统等等。

对于郑巨新来说，一方面是创业时机的选择，另一方面是船舶制造业本身所具有的复杂性与难度，使他不得不面对诸多的困难。我们说过，王杰生前所在部队的官兵秉承“两不怕”精神，从来就不畏艰险，不怕困难。他们把困难当成磨刀石，用来磨砺刀锋。郑巨新亦是如此。他从公司建立起，就抓生产，抓管理，抓技术革新，抓产品质量。每每遇到问题，他就深入生产第一线，组织攻关；面临接单难的问题，他主动出击，进入市场，与客户洽谈……

尽管船舶制造业不景气，但郑巨新毫不畏惧，他闯过了一关又一关，在创业之初的两年多时间里，通过他的努力，公司产值增加了 9 000 多万元！

船舶制造业是全球竞争性的产业。对此，郑巨新信心百倍。他坚信，只要能够继承和发扬老班长王杰的“两不怕”精神，就一定能够在激烈的市场竞争中杀出一条血路，在国际船舶制造业的海洋中，搏风击浪，勇往直前！

2. 誓言无声

1965 年 7 月 1 日这一天，张楼公社党委书记丁如光来到野营拉练途经邳县的解放军驻徐州部队坦克二师工兵营，请求部队派人指导公社新成立的民兵地雷班的训练。营长、教导员大力支持，派出一级爆破技术能手王杰作为教员，对民兵训练进行指导。

十多天后，具体地说，是1965年7月14日上午，王杰在民兵实爆演练炸药包发生意外的情况下，舍己救人，壮烈牺牲！过后，丁如光及时赶到现场，组织人员对王杰的后事进行了处理。在丁如光的提议下，县委、县政府和人民群众对英雄王杰，按当地风俗，举行了隆重的葬礼。

紧接着，全国掀起了学习英雄王杰的热潮；县委、县政府发文，向王杰学习，发扬"两不怕"的精神。丁如光不仅坚决贯彻执行，而且以身作则，积极带头做表率。丁如光召开公社党委会，经研究决定，把张楼民兵地雷班，改名为"王杰地雷班"。每年清明和王杰牺牲的祭日，他都要带着公社党委一班人和地雷班的民兵，到王杰墓前祭扫。

作为王杰壮烈牺牲所在地的张楼公社党委书记，丁如光深知向英雄学习，不能停留在表面，更要落到实处。这个实处，就是要以王杰为榜样，眼里有远大目标，心里有人民群众。

在20世纪60年代，张楼人的生活并不富裕，还处于贫困阶段。丁如光认为，要改变这一落后面貌，就需要发扬王杰"一不怕苦，二不怕死"的精神，带领群众，战天斗地，大力发展农业，让张楼人家家有余粮，户户住瓦房，过上幸福美好的生活。

张楼这地方，地势低洼，每年雨水大了，就会受涝，再加上农田基本建设不配套，缺这少那，常常影响到庄稼的收成。丁如光带领党委一班人，跑遍了各个生产队进行调研，然后制定了挖渠整地、建立排灌站的方案，向贫困和落后宣战。为早日让脚下的这片土地旧貌换新颜，丁如光吃住在工地，社员身上流多少汗，他就流多少汗。

修整好土地，丁如光再接再厉，领着公社的技术人员到邻近的八义集公社考察，引进优质水稻，推广"旱改水"的水稻种植。打那以后，张楼的水稻越种越好，张楼的大米也越来越有名，以至于在苏北、全省乃至全国，一提到张楼的米，就有人竖起大拇指！

生产搞上去了，人民群众的生活得到了极大的改善。那些年，在当地民间，张楼人流传着这样的顺口溜："闻到米饭香，想起丁如光！"人民群众对丁如光弘扬王杰精神，把工作做到实处，给予了由衷的肯定与赞扬！

吴步良是当年王杰救下来的12个民兵和武装干部中年龄最小的一个。那年他18岁。从那之后，王杰在炸药包意外爆炸的瞬间奋不顾身扑上前的画面，就像种子一样，永远植入了他的心间。

带着一生不可磨灭的记忆，吴步良在他22岁那年，参军入伍，来到了部队。尽管吴步良在张楼民兵地雷班中年龄最小，但他在同年参军的人中，年龄却偏大，并且他已结过婚。

那么，为什么他偏偏要选择在这一年参军呢？因为这一年，在我国北方的中苏边境，发生了珍宝岛事件。

在这一背景下，吴步良积极要求参军。他对前来征兵的部队同志说，王杰曾经是他的教员。王杰教过他埋地雷，他会埋各种各样的地雷，包括反坦克地雷。他希望参军后去珍宝岛，用地雷炸翻敌人的坦克和装甲车！

吴步良所在部队驻守河北张家口。被称为"武城"的张家口，紧邻北京，与山西、内蒙古交界，自古就是军事要地。从战略上考量，张家口是一道可以阻止入侵者深入内地的重要防线。那么，作为驻守在那里的部队，时刻准备打仗，已是他们的日常。

一线部队始终处于高强度的训练之中。吴步良当过多年的民兵，军事素质好，训练基础扎实，在众多的新兵中，让人一眼就能看出其与众不同。班长见吴步良是个好苗子，于是，在班务会上，就让他谈谈训练中不怕苦、不怕累的体会。吴步良说，王杰给了他第二次生命。他要向王杰学习，一不怕苦，二不怕死，苦练杀敌本领，保卫祖国！班长听说吴步良是王杰训练过的民兵，就把这个情况向连长进行了汇报；接着，连长又把这个情况向营长汇报……这样逐级汇报，师、团领导都知道了吴步良的根底，于是，他们分别召开各种形式的军人大会，让吴步良到会宣讲王杰的英雄事迹。

每每讲起王杰，吴步良都热血沸腾，充满了激情。他讲生活中的王杰是怎样严格要求自己的，讲关键时刻英雄是如何奋不顾身救护民兵的，讲民兵地雷班的战友们是如何以实际行动学习王杰的，还讲了他自己如何发扬“两不怕”精神做王杰传人的体会……

吴步良在部队服役了8年，宣传了8年的王杰事迹。部队的官兵说起吴步良，都夸他军事技术精湛，练就了一身过硬本领，不愧是英雄王杰训练过的好战士！

秋日的一天上午，我们按照预约，来到邳州张楼公社第一任民兵地雷班班长李彦清家采访。进了小区，一位中等个儿、圆脸的中年女同志迎上前来，落落大方地与我们握手，然后自我介绍，说她名叫李璇，是一名志愿者。目前协助李彦清老人整理和编辑正准备出版的《王杰在我心中》一书。她按照李彦清老人的吩咐，前来迎接我们。

听李璇这么一说，出于职业习惯，我们对她非常感兴趣。于是我们连忙说，等我们采访完李彦清老人，想和她聊一聊。李璇十分爽快地答应了。

李璇1968年出生，邳州市人。从徐州师范大学中文系毕业后，当过几年老师，后来因为喜欢针灸，便改行，到张楼医院当医生。李璇有一个幸福的家庭，老公在银行工作；两个女儿都大了，分别有了自己的生活。

谈起当志愿者的初衷，李璇说是受到李彦清的影响。那一年，李彦清在一个大会上作报告，讲英雄王杰成长和牺牲的过程；讲他是如何传承“一不怕苦，二不怕死”精神，在辅导民兵训练时，以王杰为榜样，奋不顾身地上前排除哑雷，救护了那个女民兵；还讲到他身负重伤，双眼失明，是如何战胜自己，克服困难，重新投入新的生活的。李璇听了李彦清的讲述，心灵受到震撼，深深地被英雄的故事所打动。她心想，何为英雄？英雄就是王杰还有李彦清那样为国为民、为天下苍生负重前行的人，那样不计较个人得失而心存天下的人。英雄并不遥远。英雄就在我们身边。那么，向英雄学习，就不能停留在口头上，而应落实在行动上。只要让这股子英雄气浩然长存，我们的社会就会岁月静好，我们的国家就会欣欣向荣，兴旺发达。于是，李璇暗暗下决心，要做一些什么。

但究竟做什么好呢？想来想去，李璇给自己定位，当一名志愿者。具体要做的事有很多。比如，李彦清老人双目失明，她可以当他的眼睛，帮助他整理文字材料；他若是到哪里去作报告，她可以当他的助手，负责接送。

从那一天开始，征得李彦清的同意，李璇在他 1993 年由中国矿业大学出版社出版的《英雄永在我心中——李彦清日记摘抄》的基础上，通过录音、视频等多种方式，整理他留存的所有资料。另外，在李璇的协助下，李彦清的新作将由上海文艺出版社出版发行。

采访中，李彦清不无夸赞地说：“整理文字是一件细活，精力得集中。她往往是白天到我这来听我讲，晚上回家再进行整理、修改，有时候熬到深夜。”

而李璇却说她做了一件应当做的事。李璇说，协助李彦清老人整理文字资料,“很有成就感”,“我很珍惜这个机会。”她还说,“雷锋、王杰把自己的生命都献给了祖国和人民,为了弘扬英雄精神,我出点力熬点夜算什么,人总不能为钱活着吧!”

现年53岁的李璇,是邳州市心连心志愿者之家的副会长。她除了作为李彦清的助手,协助老人整理文字材料,还做了大量的社会工作。

比如,李璇经常帮扶困难群众,当她得知高新区范庄村村民杨某因先天性脑瘫,失去生活自理能力,全靠父母种地、打零工养活之后,每年都要抽出时间,带着生活用品和现金来探望她。李璇这一帮,就帮了20多年。

再比如,2021年7月中旬,受持续性强降水影响,河南多地出现了“千年一遇”的洪水。一方有难,八方支援。李璇和邳州市平安志愿者协会心连心分会的志愿者们,连夜赶往郑州,将方便面、瓶装纯净水等救援物资分发给当地受灾的人民群众……

作为邳州市资深的志愿者,李璇先后获得“最美爱心天使”“十佳志愿者”“抗疫先锋优秀志愿者”等荣誉称号。

采访中,李璇对我们说:“如果一定要找一句‘高大上’的话来形容我自己,我觉得我在做一份依靠情怀成长起来的事业,我是一个有情怀的公益人。接下来,我希望能感染、发动更多的人去关注社会上需要帮助的人,让他们感受到社会上更多的关爱和温暖。”

说到王杰精神的传承,有一个人值得书写,他便是邳州市王杰精神研究会会长汪春恩。

汪春恩1949年出生,邳州运河街道滩下乡人。他从小就有英雄梦,崇拜董存瑞、黄继光。上初中时,全国掀起了学雷锋的热潮,汪春恩积极参加学校组织的为五保户挑水、洗衣服,替烈属户干农活等活动,为群众送温暖,做好事。

改革开放后,汪春恩凭着精湛的木工手艺,只身来到县城开家具店,成为当地较早创业的个体户。汪春恩开店有个不成文的规定,凡是军烈属,打家具不收费。他曾多次报名参军,因种种原因未能如愿,所以他用另一种方式,来弥补自己的遗憾。

在县城开店三年,汪春恩就成了当时的"万元户"。要是他继续沿着这条路走下去,从大概率上讲,他会很富有。但汪春恩没有这样做,他把店交给雇员打理,而自己则把大量的时间和精力,投入到王杰精神的宣传与传承上来。

我们说过,汪春恩自小就有英雄梦。在他的心目中,王杰就是英雄,何况邳州是王杰的牺牲地,他觉得对王杰精神的传承责无旁贷。

2005 年 8 月 3 日,经邳州市委批准,汪春恩和"王杰民兵班"的第一任班长李彦清组织策划成立了"邳州市王杰精神研究会"。他担任了副会长兼秘书长。

研究会是非营利单位,成立之初,需要启动资金,比如寻找办公地点,购买办公用具,筹备召开成立大会,创办会刊等。钱从哪里出?汪春恩自掏腰包。不仅如此,后来研究会召开的许多活动,都是汪春恩出资。在汪春恩看来,钱是拿来用的,用在宣传王杰精神上,值得!

2005 年,也就是"王杰精神研究会"成立的当年,他为王杰民兵班配备电脑,订阅报刊,并经常组织民兵与王杰生前所在连队搞联谊活动。

2007 年,汪春恩个人出资 3 万多元,在邳州市人武部、徐州市全民国防教育委员会的支持下,成功举办了全国性的题为"王杰精神伴我行"的有奖征文活动,通过网络和媒体发布信息,收到来稿 5 000 余份,在社会上引起了强烈的反响。

2012 年 5 月,汪春恩自费建立了全国唯一的"王杰精神研究会"官方网站。

2015 年，在王杰牺牲 50 周年之际，为发扬光大王杰精神，汪春恩出资将多年搜集的全国人民学习王杰的资料汇编成书——《王杰精神代代传》。这本书资料全面，内容丰富，受到了徐州市委、邳州市委、王杰亲属、王杰部队指战员和人民群众的褒奖。

……

30 多年来，汪春恩为传承王杰精神，开展多种多样的活动，先后投入了 100 多万元资金。有人说："你放着好好的生意不做，去搞什么研究会，这不是丢了西瓜，捡起了芝麻吗?"汪春恩说："不能这么讲，账应当这么算：钱赚得再多，也是个人的，但用在宣传王杰，弘扬王杰精神上，就不一样了，受益的是人民群众和整个社会。一旦学习王杰的人多了，就会推动社会物质文明和精神文明的发展，这可是捡起了'西瓜'，而且是大大的'西瓜'啊！"

2011 年 3 月，汪春恩任王杰精神研究会会长；2021 年卸任，改任研究会的名誉会长。目前，年已 70 多岁的汪春恩，仍然奔走在宣传王杰，传承王杰精神的第一线上。

作为王杰精神的践行者，汪春恩先后被邳州市文明办、徐州市人民政府、徐州军分区、徐州市全民教育国防委员会、江苏省文明办、中国公益总会等分别授予"感动邳州十大年度人物""徐州市拥军优属先进工作者""徐州市关心国防十佳公民""江苏好人""中国公益杰出人物"等荣誉称号。

汪春恩和我们前面写到的丁如光、吴步良、李璇，以及我们尚未写到的许许多多王杰传人一样，他们心底都有一个誓言，即生活在英雄王杰牺牲的这片土地上，就应当像英雄王杰那样生活，把王杰精神一代一代传承下去！

3. 永远在路上

有一首《永远在路上》的歌，这样唱道：

一心跟着走　永远在路上
你指引的方向　就是我们的方向
红色的基因　血液中流淌
……

如果说，一个人的一生，就是一场长途旅行，那么，我们每个人每天都在行走，只不过有的走得快，有的走得慢；有的走走停停，有的怕苦怕累不想继续走下去了，甚至掉头而去。

王杰精神的传承者们，都是心中有目标的人，在前进的路上是不会中途止步的。他们永远都在一路筑梦，一路前行。

是的，做一个一直走在路上的人吧，无论是奔跑还是步行，“在路上”这三个字，本身就已经超越了驻足和彷徨。只有当你启程，人生才会充满无限的可能。

在路上——

王小永决定到甘肃的贫困山区支教。

王小永做出这个决定，是在2009年。之前的一个夏天，他从驻江苏徐州某部的“王杰班”退役，回到了河南漯河老家，随后来到深圳打工。

王小永忽然发觉自己的资历竟然含金量那么高，这不，到了深圳，他很快就被一家素质拓展训练俱乐部录取当了教练员。当初招聘时，企业的面试考核人员看了看他事先填写的报名表，只问了一声："你在王杰生前部队服役过五年，当过班长和学习王杰的标兵，并考上过南京政治学院，是这样的吗？"王小永说："是。"对方说："恭喜你，你被录取了！"

就凭自己曾经是"王杰班"的一员，对方就如此信任他，相信他具有很高的军事素质，这完全出乎王小永的意料。过后，他想了想，又觉得是在意料之中。为什么？因为"王杰班"的战士，在军事技术上，是有免检的资格！

在素质拓展训练俱乐部当教练员的王小永，月工资六七千元，福利待遇也不错。但他干了一年多，就辞去了工作。

他有了新的选择。

一次偶然的机会，王小永看到一部国产电影《天那边》。电影中，西部山区孩子的受教育现状深深地震撼到了他，电影放完后，他仍久久地坐在那里，没有离去。那会儿，王小永想了很多很多。其中，他想到刚入伍时，班长领着他参观连队的荣誉室，在那里，他系统地学习和了解了王杰的事迹。后来，作为"王杰班"的战士，王小永始终要求自己以老班长为榜样，"一不怕苦，二不怕死"，全心全意为人民服务。

说到全心全意为人民服务，按王小永的理解，就是任何时候都必须把人民利益放在第一位，把实现最广大人民的根本利益作为一切工作的出发点和落脚点。那么，西部山区的孩子需要帮助，王小永觉得他没有理由袖手旁观、无动于衷。于是，王小永萌发了一个想法，即加入西部阳光基金会旗下的志愿者队伍，到西部山区去支教。

2009 年 7 月，王小永如愿以偿地作为一名志愿者，来到了甘肃宕昌县兴化乡石门小学，当起了支教老师。

尽管王小永有思想准备，但当他来到学校时，还是对眼前的现实感到震惊不已。那是一所什么样的学校啊，一所小学，只有十几个学生。

每天上学，学生需要爬很高的山，走很远的路，才能来到课堂。教室呢，跟牛棚一样，没有门窗。下雨，屋顶漏雨；刮风，四壁透风。他居住的宿舍，老鼠如入无人之境，来去自如……

为解决学生上课的文体教具，王小永走了17个小时的山路，到80多公里外的县城购买；为给孩子们增加营养，改善伙食，他拿出自己的积蓄，办起了小食堂。从2010年年初开始，王小永发起了“小餐桌”计划，在基金会的帮助下，让他的学生们每天上午第二节课后，都能吃到一个鸡蛋。

在王小永的努力下，学校越办越好。仅仅是王小永来到这个学校教书的第二年，学生们上课，就享受到了电脑、电视机等现代化教学工具带来的便捷。王小永不光教学生们语文、数学，还教英语，使石门小学成为全县第一个开设英语课程的教学点！

多年来，王小永先后资助了40多名贫困学生，在他们之中，有的考上大学，有的就业参加了工作，有的步入军营……但王小永仍不满足，因为他发现大多数学生读完初中后受条件限制不得不辍学，他为此十分痛心。为了让这些贫困地区的孩子能够继续读书，以后有更好的未来，王小永专程回到家乡河南漯河，联系漯河技师学院，恳请学校接收这些品学兼优的困难学生。后来，漯河技师学院决定免费接收这些学生，并给予这些学生一定的生活补助。

2010年，在北京市委宣传部、北京市民政局等单位联合主办的“善行天下——第三届首都慈善晚会”上，王小永荣获“彩虹心”明星个人奖。

王小永到西部山区支教11年，如今30多岁，仍未成家，独身一人。

他说，他不后悔。

他说，趁着年轻，追求自己的梦想是一件特别美好的事情。

他还说，从某种意义上讲，支教似乎是一件给予他人帮助的过程，但其实也是一个收获的过程。因为你在教孩子们的同时，也能从他们身上学到很多。这是一种共同成长的过程。

在路上——

高传喜是江苏徐州云龙区子房街道王杰社区居委会的书记。

这个社区之所以由原铜山路沿街社区更名为王杰社区，是因为驻地与王杰生前所在部队是近邻。为了传承红色基因，让王杰精神历久弥新，社区经呈报市有关部门批准，启用了现在的名字。

作为这个社区的老住户，1973 年出生的高传喜，从小就知道王杰，知道紧挨社区的部队，就是英雄王杰生前所在的部队。上小学和初中时，放学后高传喜经常到部队的大操场和同学们一起踢足球。那片绿茵茵的草地，连同那群身穿绿色军装的军人，构成了他少年时代不可磨灭的记忆。

高传喜当过水电工，还当过生产玻璃钢的村办企业负责人，后来随着城市化进程的迅速推进，土地被征收，工厂干不了了，再后来，他来到社区工作。

以前在企业，抓产品生产和市场销售，工作相对单一。在社区就不一样了，社区是一个小社会，光是辖区内的住宅小区就有 16 个。人多，再加上旧房子多，涉及创建文明城市和旧房改造，工作量很大。

2016 年，小区实行居住环境的改造，将雨水和污水分流，即通过分设雨水、污水管道，达到污水分类、精准处理的效果，以提高居民的生活质量。

由于施工单位缺乏经验，施工中常常出现污水管被堵的现象。一旦污水管道堵塞，污水就会溢出地面，既不卫生，又给居民生活带来种种不便。

社区和施工方是两个单位。高传喜见施工的工人找不到污水管被堵的原因，非常着急。但时间不等人，高传喜一方面通过到城建部门找来图纸，查找原因；一方面组织社区的工作人员疏通管道。

要知道，被堵的是污水管道，污水又脏又臭。作为社区书记的高传喜，总是身先士卒，冲锋在前，战斗在第一线上。工作人员过意不去，说你是书记，指挥我们干就行了。高传喜说："我当过水电工。干这种活，我有经验。"高传喜又说："咱们社区与王杰生前所在部队为邻，平时总是说要向王杰学习，现在到了动真格的时候了，我们要把'一不怕苦，二不怕死'的口号落实到实际行动上，不怕苦，不怕累，做好我们的本职工作，为居民能够更好地生活排忧解难！"

在采访中，我们了解到，王杰社区的老旧小区改造工程，因工作量大，涉及面广，前后竟持续了两年时间。在这期间，高传喜为了居民的利益，成了施工方的编外人员，仅是断断续续地为住户疏通污水管道，就疏通了两年！

社区的工作具体琐碎。凡是涉及居民生活上的事，无论大小，高传喜都要管。

某一天，居民王桂珍、冯建凯老两口打来电话求援，说是洗菜池下的自来水管坏了，漏水，把厨房淹了……正赶上社区的修理工在另一户人家出工，分不开身，高传喜连忙找来工具，亲自上门服务。80 多岁的老人见高书记来了，疑惑地问："你……你行吗？"高传喜说："放心吧，这样的活，经常干。"随后，高传喜很快就把自来水管修好了。

还有一次，居住在铜山路的 79 岁老人张慧求助，说是楼上邻居装修，导致她家厕所的管道漏水。高传喜连忙赶了过去，先是查找裂缝，然后用胶进行了处理……

一件件为居民服务的小事，构成了王杰社区居委会书记高传喜的日常。高传喜的口头禅是:“王杰社区,就要把王杰精神的传承放在第一位!”

在路上——

2018年,在中共沛县县委、县精神文明建设指导委员会联合举办的“沛县好人”评选活动中,蒋克高票当选。

这是故乡给予蒋克的最高荣誉!

蒋克生于1978年8月。1995年12月入伍,曾是“王杰班”战士,先后在王杰连服役11年,2010年转业,被分配到沛县城市管理局。

从“国防绿”到“城管蓝”,蒋克离开了心爱的战车,拿起城市精细化管理的“绣花针”。阵地的转移,让蒋克意识到,他必须尽快地适应新的工作。

作为一名军人,蒋克是好样的,他曾荣立三等功一次,获得过“全国优秀人才”奖,并在比武演习中为连队创造了“火箭扫雷车”列装以来实弹射击“四个第一”的好成绩,即:第一次实施实弹射击,第一次自己设定射击诸元,第一次十发满管齐射,第一次全部命中目标。他多次被评为“先进个人”“优秀士官”和“红旗车驾驶员”;先后代表连队,宣扬王杰的“两不怕”精神,巡回演讲20余场次。

作为一名城管执法人员,蒋克亦是好样的。与城管工作相关的法律法规,足足有三十几本。蒋克来到新的工作岗位,在短时间内,发扬“两不怕”精神,拿出在部队时参加大比武的劲头,很快就把规范执法的所有依据熟记在心。随后,他以极大的热情,投入到工作中去。

蒋克在担任市容三队队长期间,负责管辖的区域内有一条著名的仿汉商业步行街,人气旺,商业气浓,经营的商品批发经销至苏、鲁、豫、皖,现有经营户200多家,经营品种数千种,年商品成交额高达8 000余万元。在这条街上执法,要求高,难度也大。但这难不倒蒋克。经过在“王杰班”多年的锤炼,王杰的“两不怕”精神已经牢牢地根植于蒋克的心中。

于是,在工作中蒋克掌握了两条原则:一是严格执法;二是注重人性化管理。

作为城管人员,严格执法是必须的。城市保持良好的环境与秩序,经济得到可持续发展,人民的生活稳定,生活质量不断提高,离不开城市的依法管理。这是一条硬道理。

当然,管理需要讲究艺术。在蒋克看来,服务于人民群众的初心,就是管理艺术的出发点。每每遇到占道经营的小商贩,蒋克总是耐心跟对方讲道理,说清占道摆摊的危害;与此同时,蒋克也考虑到民生和就业难,他以人为本,不断创新管理思路,想方设法地开设“摊规点”,力所能及地为弱势群体解决实际问题。而每每遇到垃圾乱倒的现象,蒋克则抓住不放,除了要求责任人限期整改,还悉心听取群众意见,进行调查研究,通过给城市垃圾找“出路”的方法,建议有关部门多建垃圾中转站,然后采取“分类、保洁、收集、转运、处理”的垃圾收运处置程序,使所辖区内的环境面貌得到根本改善……经过蒋克和他所领导的市容三队队员们的共同努力,他们成功地创建了“省级示范街”“省级城市管理示范路”;蒋克个人先后获得县级“先进工作者”“文明城市创建先进个人”等荣誉称号。

在路上——

邳州“王杰民兵班”的民兵们,不仅仅是军事训练的能手、应急救援的高手,还是为民致富的一把好手!

第 11 任“王杰民兵班”的班长魏辉,是他们中的典型代表。

魏辉是一个思维活跃、进取心强、特别能干的人。他当民兵班班长，把一个班的民兵训练成了军事素质过硬的“小老虎”；他搏击商海，用了短短几年的时间，创立的大型连锁超市“乐购服饰广场”，在苏北、鲁南交界地区一跃而起，尽显活力。仅是江苏邳州和山东菏泽两地，魏辉就先后安排了100多名下岗职工再就业。

有了这样的业绩，魏辉并不满足，他心里想着一支队伍，那就是“王杰民兵班”。在魏辉看来，一个人富，不算富，要是把“王杰民兵班”动员起来，创立起“致富示范基地”，帮助当地的人民群众脱贫致富，那该多好啊！于是，魏辉把想法和大家说了。“王杰民兵班”的民兵们人人叫好，个个称赞。接下来，他们说干就干。

在班长魏辉的具体指导下，“王杰民兵班”先是着手建立了一个“致富示范基地”，在取得经验后，接着就像播种一样，他们迅速扩大“战果”，继而在邳州市张楼镇14个行政村，分别建立了30多个“民兵科技示范户”。有了这些示范户，就等于有了一个个阵地，随着局面的不断打开，由100多名民兵担任的“科普员”便大显神威，四处出击。他们有的搭建起了高效农业区的日光温室，种上新鲜的蔬菜；有的建起了生态葡萄园，在葡萄丰收时，采取游人采摘的方式，把旅游和现代农业结合起来，取得了很好的经济效益。

“致富示范基地”搞得好，自然就有经济收入。赚了钱，怎么用？用“王杰民兵班”民兵的话说，当然是“取之于人民，用之于人民”。

张楼镇葛城村有一个孤儿，民兵班的民兵经常去看望他，给他送去书包等学习用品，还帮助他家交纳水电费。

每年农忙，民兵们深入田间地头，帮助困难户抢收抢种。

张楼徐口村伤残军人、老党员薛宗云家水稻栽插有困难，民兵班为薛老汉送去了化肥等农资，随后帮助他家适时栽插秧苗……

除了帮助贫困户，“王杰民兵班”还把经营赚来的钱用来修路。

俗话说，要想富，就修路。在班长魏辉的带领下，“王杰民兵班”为当地群众修了一条条路，其中修得最艰难的一条路，历时2年，先后劈开5座山头，打通1公里长的S形隧洞。这条由“王杰民兵班”的民兵们修建的通往山外的9公里公路，成了一条幸福路。道路开通后，山村的水果、大蒜和银杏源源不断运了出去。如今，这个村的村民们过上了富足的小康生活；村子成了邳州市首批社会主义新农村示范村！

他们在路上，他们一刻不停地奔走在前行的路上。

风吹，不动摇；雨打，不畏惧。他们满怀激情地往前走着，走向希望，走向未来！

他们是王杰精神的传承者。

那么，王杰精神的内涵是什么，时代价值又是什么？

王杰精神闪耀着理想信念的光辉，彰显着强大的精神力量。中华民族“舍生取义”的精神，在王杰身上得到了充分体现和升华，王杰用自己年轻的生命，诠释了为党、为国、为民的坚定信仰和党性初心。

王杰精神体现了勇于担当的品格。“一不怕苦，二不怕死”是共产党人不怕牺牲、勇于担当的政治品格。我们的党自成立的那天起，就义无反顾地肩负起实现中华民族伟大复兴的历史重任。唯有担当，才能经得起长期执政的考验，成功应对各种困难与挑战。

王杰精神诠释了我们党鞠躬尽瘁为人民服务的宗旨。王杰在日记中写道：“什么是理想？革命到底就是理想。什么是前途？革命事业就是前途。什么是幸福？为人民服务就是幸福。”王杰用他的行动，面对时代作出了响亮的回答！

传承王杰精神，就是要牢牢把握“王杰精神”的时代特征，与时俱进；就是要落实到行动上。说到底，就是要不停地往前走，以一种奋发向上的姿势，永远行进在路上！

4. 危难时刻显身手

2020 年 7 月，南方持续强降雨，导致江河湖泊水位暴涨，长江、淮河流域发生严重洪涝灾害。

安徽芜湖、安庆告急。

江西九江、鄱阳告急……

灾情就是命令，王杰生前所在部队数千名官兵分别从山东、安徽、江苏的演训地，多路挺进，直奔抗洪前线。

与此同时，还有一支 300 多人的队伍，他们是王杰生前所在部队退役的老兵，当他们通过各自的渠道，以不同的方式，获悉老部队参加抗洪，正在奔赴九江的路上，他们立即行动起来。

“若有战，召必回！”当初，告别军营时，面对军旗，他们发出过这样的铮铮誓言。简短的六个字啊，彰显的是退役老兵的豪迈壮志，是以身报国的英雄气概！

现在，到了有战必回的时候了，老兵们仍像当年那样，当嘹亮的集结号在心头吹响，他们带着与老部队即将在抗洪第一线会师的如火激情，与时间赛跑，从不同的居住地，不同的工作岗位，向着一个共同的目标，如同离弦的箭，插翅疾飞！

退伍老兵胡晓从电视晚间新闻中看到一则消息，他的老部队正在紧急奔赴江西九江抢险救灾的途中。他坐不住了。他对妻子说，他要去九江。妻子说，那里是抗洪第一线。胡晓说：“老部队上去了，我也要上。”妻子理解胡晓，二话不说，就去给他收拾行装。

与此同时，胡晓拨通了单位领导的电话。胡晓说，他要请假。领导问：“这么晚了，请什么假？”胡晓说：“我离开部队时，承诺过‘若有战，召必回’。现在老部队奔赴九江抗洪，我必须去！”领导说：“好样的。你好好地去，好好地回。工作上的事，放心吧，由我安排。”

第二天，胡晓向单位递交了请假条，然后购置了背囊、救生衣等物资，从萍乡市驾车出发，追赶抗洪大部队。

7 月 18 日，胡晓在江西九江市新港镇东升堤上，与老部队的战友会合。当即，胡晓双手握拳，贴于腰间，以标准的跑步姿势，跑到连长的面前，大声报告：“王杰生前所在部队老战士胡晓，前来归队！”

接下来，胡晓和战友们一起迅速投入到抗洪抢险的第一线……

与胡晓有着相同经历的老兵李彪，退伍后在江西九江瑞昌市工作。当他得知老部队来瑞昌市抗洪，他立即向部队提交请战书。

29 年前，也是抗洪抢险，只是地点不同。在安徽颍上县，李彪所在部队的排长周丽平，刚刚从石家庄装甲兵指挥学院毕业，来到连队的第 8 天，就在执行抗洪任务中，为抢救遇险的民船，壮烈牺牲。周丽平牺牲后，中央军委发布命令，授予他“抗洪救灾模范”的荣誉称号。作为周丽平的战友，李彪是怀揣“两不怕”精神，以英雄为榜样，冲向抗洪抢险第一线的。

回归老部队的李彪，仍像在部队时一样，哪里需要他，他就出现在哪里。下巢湖是瑞昌市的一个淡水湖，由于通往长江小闸口的闸体长时间承受较大水压，随时有溃堤的危险。李彪上阵后，和战友们连续奋战 13 个小时，运送 140 立方米土石子、7 000 个沙袋，终于排除了险情。

老兵王迎港听说老部队抗洪来了，立即向单位请假，前往灾区寻找。退伍多年，多少次梦回军营，王迎港渴望见到战友们，他甚至设想了好多回重逢的场面，比如，一定要敬军礼；一定要立正，大声向连长、指导员进行报到；一定要一边呼喊着对方的名字，一边用拳头捶打着他们的肩膀；一定要张开双臂，与战友们热烈拥抱……可是他来到灾区后发现根本就不是事先想象的那样子，到处是抗洪的人群，到处是需要运送的物资，抢险到了紧要关头，危险随时随地都有可能发生。于是，王迎港觉得归队已经并不重要了，重要的是战斗。这时，没有任何人命令，也没有任何人指派，王迎港主动冲上前去，协助当地群众加固大堤。

从上午一直战斗到黄昏，大堤保住了，但王迎港仍旧不敢掉以轻心，他和大家一起继续扛沙袋。

说来也巧，就在王迎港扛起一袋沙包，准备返回大堤时，忽然听到一个熟悉的声音，他不禁站住了。那个声音对于王迎港来说，太熟悉太熟悉了，从部队回到家乡的这些年，他经常会循着这个熟悉的声音梦回军营。而此刻，当这个声音在耳畔响起时，王迎港的眼泪顿时流了下来，那是老连长的声音，他要找的老部队就在身边，就在抗洪抢险的大堤上！

不期而遇的归队让王迎港充满了惊喜。王迎港因此记住了这一天，这一天是 2020 年 7 月 14 日。

接下来，王迎港向老连长立正、敬礼，大声报到："连长同志，退伍老兵王迎港前来报到！"

接下来，王迎港与老部队的战友们一起投入战斗，他们扛土包，运砂石，装沙袋，筑子堤，固圩埂，昼夜坚守在大堤上……

就在老兵王迎港与老连队相逢的同一天，另一名 25 岁的退伍老兵王嘉玮，乘坐高铁，从江苏苏州抵达江西庐山，然后又坐了 1 个小时的汽车，连夜赶到老部队的抗洪驻地。

王嘉玮在苏州艺术学院读大三时毅然选择了从军，他在东部战区王杰生前所在部队服役了 2 年之后，回校继续他未完成的学业。入夏以来，全国多地打响的防汛抗洪“保卫战”引起了王嘉玮的密切关注。当他从战友的朋友圈里得知老部队已经开赴抗洪抢险第一线时，王嘉玮坐不住了。他仿佛听到了集结的号令。“我要归队！”他对自己说。他知道自己并非一时冲动，而是生命中早就设置下“若有战，召必回”的密码。虽然他已经脱下了的军装，但王嘉玮始终兵心依旧。

王嘉玮与老部队会合的当天，就和战友们一起奋战在抗洪最前线。

一天上午，大雨如注，王嘉玮正在加固堤坝，突然险情出现，一段堤坝塌陷。说时迟，那时快，眼见十几名官兵把绳子拴在身上，奋不顾身地跳入湍急的洪水中，王嘉玮也跟着跳了下去。他用身体挡住塌陷处，让其他战友在他的护卫下进行抢修。洪水很猛，欲把王嘉玮推开。王嘉玮把身体当作墙，一堵人墙，死死地挡住水流。在大家的共同努力下，铺膜，盖土，用沙袋一层层压实，直到把塌陷处填补加固完毕，王嘉玮才和战友们上岸……

一连数日，王嘉玮和老部队的官兵们不分昼夜地加固堤坝，填堵管涌，竭尽全力保护群众的生命财产安全。饿了，抓起一个冷馒头就啃；困了，和衣躺在大堤上打一个盹。双脚长时间泡在水里，都泡变了形；手上不知什么时候划破了，流出血来，却浑然不觉。想想老班长王杰是怎么对待苦和累的，王嘉玮就觉得吃这点苦根本算不了什么了。能和战友们在一起战斗，让王嘉玮找到了当年在部队时的感觉，他浑身有着使不完的力气！

7 月 28 日这一天，老部队完成抗洪抢险任务准备班师回营。此时的王嘉玮，已在抗洪第一线连续战斗了 14 天。眼看要分别了，王嘉玮害怕再次经历像退役离队时与战友难舍难离的场面，于是，他决定采取悄悄撤离的方式，趁战友们没注意，眼含热泪，向军旗敬了一个标准的军礼，然后一步一回头地走了。

尽管是悄悄地离开，可王嘉玮还是被相处了半个月、一起抗洪的正在执勤站岗的哨兵看到了。哨兵一边向他立正敬礼，一边说："老兵，一路平安。记得常回来看看。"此时，王嘉玮的泪水再也止不住了……

已经退伍的老兵们如此，现役的王杰生前部队的官兵们，面对洪水袭来，人民群众的生命财产遇到危险需要保护时，更是如此。2 300 名指战员接受任务后，第一时间赶往灾区。他们分别从 3 个省的训练地，经过连续 10 小时的长途跋涉，从多路抵达江西九江抗洪第一线，迅速投入了战斗。

在这支部队中，有一名上士班长名叫任佳飞，他乘军用卡车来到江西九江浔阳区的一处大堤前，在车尚未停稳时，就第一个跳下车。

险情就是命令。就在双脚着地的一瞬间，任佳飞就知道自己该怎么做了。他的血液在血管里荡起了汹涌的春潮；对战斗的渴望，让他忍不住紧紧握住了双拳。

就在这天凌晨，任佳飞获悉部队要前往九江抗洪抢险，第一个向连队递交了请战报告。他在报告中写道："'一不怕苦，二不怕死'是老班长王杰留给我们的精神财富。当国家需要我们的时候，人民召唤我们的时候，我们必须挺身而出，来之能战，战之必胜，不负重托！"

接下来，任佳飞以最快的速度收拾行装。直到临出发前，任佳飞才匆匆给妻子打了一个电话。他的妻子待产，就要当母亲了。他曾答应她忙完这一阵子就休假回家陪她。可是计划赶不上变化，肆虐的洪水正在威胁着人民生命财产的安全，作为军人，他已接到任务，马上就要出发，奔赴前线。于是，任佳飞在电话中对妻子说："对不起，我食言了。我已不可能在你需要时赶到你的身边！"妻子说："灾区的群众更需要你。你去吧。好好地去，好好地回，一定要注意安全。"接着，她又说："你的膝盖不好，扛东西时记得戴护膝。你是班长，要给战士当好榜样，但也别逞强，遇事千万别冲动。爸爸妈妈我先瞒着，你就放心去，家里有我呢……"听到电话中怀孕 9 个月的妻子的话，任佳飞的眼泪差点掉下来。

挂了电话，全连官兵就登车出发了。一路上，任佳飞看见路边的群众向他们长龙般的车队不停挥手致意时，他感动不已。他想起一首歌，"在茫茫的人海里，我是哪一个；在奔腾的浪花里，我是哪一朵……不需要你认识我，不渴望你知道我，我把青春融进，融进祖国的江河"，心里不禁激情涌动。他暗暗下决心，作为王杰的传人，一定要发扬"一不怕苦，二不怕死"的精神，全力保护好相信我们的群众；一定要在抗洪抢险中冲锋在前，为人民立功，并把这一经历，当作最珍贵的礼物，送给即将出生的宝宝！

任佳飞是这样想的，也是这样做的。当连长一挥手，高喊一声："上大堤！"任佳飞就像一支离弦的箭，射了出去……

来到九江共青城，上士班长李旭磊感到脑袋发沉，晕乎乎的。他意识到自己可能是水土不服。正在迷迷糊糊之中，就听到一阵急促的哨音，紧接着指导员在喊："紧急任务，要出动 50 人！"李旭磊精神一振，头忽然就不晕了。他向指导员举手示意："我去！"指导员说："你脸色这么差，今天休息吧！"李旭磊坚持要去。李旭磊说："我是王杰部队的士兵，不能给老班长王杰丢脸！"说罢，李旭磊拍了拍胸脯，示意身体没问题，执意要上堤。最后指导员同意了。

来到堤上，水位已逼近堤岸。显然，大堤危在旦夕。面对李旭磊的一再请战，指导员给了他一个任务，搭建反滤围井。这个任务很具有挑战性，对技术要求高，没两把刷子绝对不行。随后李旭磊带着战友清淤泥，堆黏土，衣服被汗水浸透了，水土不服反倒被抛在了脑后，精神振奋，状态格外好。

经过七八个小时的连续奋战，反滤围井逐渐成形，险情也被逐项排除。此时已是凌晨3时多了，又累又困的李旭磊，和战友们从水里回到堤上，就地躺倒，不一会儿，四起的鼾声就压倒了洪水的喧嚣……

2020年7月中旬的江西九江抗洪第一线，我们看到了李旭磊和他的战友们的“最美睡姿”！是的，在我军的历史上，“为人民服务”从来都不是一句空洞的口号。在王杰生前所在部队中，正是有着无数的李旭磊，他们在人民最需要的时候，以最果决的姿态出现在最恰当的位置。他们可以高喊着“一不怕苦，二不怕死”冲锋上阵，也可以在任务完成后累倒在地进行短暂的休息，总之，他们的无私奉献精神，足以让党和国家放心，让老百姓安心！

2020年7月18日下午4时30分左右，连长钱磊正带领连队的官兵在九江市濂溪区一带的东升堤加固堤坝，忽然接到地方人员报告，在鄱阳湖大桥西侧200米处大堤一侧发现两处缺口。钱磊意识到，情况危急，必须立即堵缺，否则，后果不堪设想！

于是，钱连长立即带人赶到现场。此时，湖上风势很大，大风接连不断地推搡着湖水，波涛拍打着堤岸，让已被打开的缺口，越来越大。在钱连长他们抵达之前，堤上已有地方的护堤队员在往缺口中抛石，但因人少，抛下的石料也不多，效果甚微。钱磊见状，脑海里立即跳出一个大胆的堵缺方案，即人员下水，组成人墙，用身体挡住风浪，然后再进行堵缺。然而，此时风浪太大，下水势必有危险，那么，谁先下？当然是他自己。钱磊是连长。危急关头，连长必须冲锋在前！

于是，钱磊用简短的语言宣布行动方案后，奋臂高呼："党员、干部们，跟我上！"随即第一个跳入水中。

在战争年代，连长一声"跟我上"，一群战士就嗷嗷叫着冲向敌阵，所向披靡，战无不胜。

在和平时期同样如此，钱磊连长的一声高呼，官兵们紧跟着他往水中跳去。于是，人墙瞬间组成了。那是一道长城，钢铁的长城。钱磊和他的战友们用炙热的胸膛，挡住了滚滚袭来的洪水！

钱磊和战友们手挽着手，堵住缺口。风浪企图把他们推开。钱磊岂能让步。钱磊让岸上的战友们抛石，将石块抛在他们的身后。他们是第一道墙——人墙。他要让他们的身后再垒起一道石头的墙。

不断抛下的石块溅起的浪花，借助风力，不时从他们的头顶越过。他们被水一次一次地浇着，浇的频率高了，人就像浸在水里。呼吸有困难，不怕；嗓子被水呛了，还是不怕。王杰生前所在部队的官兵，从来就不知道"怕"字！

随着抛下的石头越来越多，大堤的缺口越来越小，他们面对的激流的流速也越来越缓慢。从中午一直干到下午 6 时多，大堤的缺口终于被堵上了！

在战友们激动地举起双臂高呼胜利的时候，连长钱磊反倒显得特别平静，他脸上仅仅是绽露出了一丝不易觉察的微笑。

副班长平严在踏上抗洪第一线的前两天，爷爷因患胰腺癌不幸去世了。从小，爷爷对平严特别好，经常带着他玩，讲故事给他听；凡是有好吃的，都留给他……他一想到从此之后再也没有爷爷了，心里特别难过。

正在这时候，奔赴安徽芜湖市鸠江区抗洪的命令下达了，平严来不及平复失去爷爷的悲伤，就随连队出发了。

出发之前，平严考虑再三，决定把上抗洪前线的事暂时瞒着家里，爷爷刚刚去世，他不想让家人再为他担心。

奔赴灾区时，是个雨天，淅淅沥沥的小雨打在帆布车篷上，像是鼓点，兴奋、紧张和失去亲人的忧伤交织在平严心中。途中，平严看着车厢外的细雨，心想，要是爷爷健在，得知他的孙子此时正在奔赴抗洪第一线，会对他说些什么呢？肯定会说你是好样的，你要好好干，为爷爷争光！这样想来，平严心里温暖了许多。

到了目的地，平严和战友们一起冲向大堤。他们在堤上连续奋战了六七个小时，身体已经很疲劳了，这时，平严接到新的任务，立即去坝上围堵一处渗漏。平严二话不说，立即前往。按平严的话说，他那时接到命令，就像是打了鸡血，疲劳全无。到了坝上，他和几名战友在几个小时内，先后扛了 1 000 多个沙袋，终于堵住了渗漏。

任务完成后，平严回到大堤上，这时迎面走来一位老爷爷，他一手拿着矿泉水，一手拿着毛巾，见到平严后，热情地把东西递给他，说："孩子，你辛苦了！"平严看着老爷爷，忽然就想起了自己的爷爷，他的眼眶湿润了……

来到抗洪第一线的第一天晚上，平严是在大堤上度过的。他和战友们一直奋战到第二天的凌晨 4 时，直到打赢抗洪"第一仗"之后，才匆匆和衣躺在堤上，悄然入睡。

睡梦中，平严见到了他的爷爷。满脸微笑的老人，向他投来了赞许的目光！

接下来，我们要说一说抗洪抢险中的邳州市王杰民兵应急连。民兵应急连主要担负所在辖区抢险救灾、应急通信、工程抢修、交通运输、防化救援、急救防疫、支援保障等各类专业应急处理和抢险救援任务。也就是说，民兵作为国防后备力量，在应对重大自然灾害时，其特殊地位和重要作用不可替代！

让我们把目光投向2020年8月13日的晚间，其时，沂沭河上游普降暴雨到大暴雨，局部特大暴雨。受上游地区降雨和流域洪水影响，邳州迎来了历史上最大的一次泄洪过境。两天过后的15日凌晨4时，沂河1号洪水通过港上站，实测洪峰流量7 400立方米每秒，水位34.90米——超过警戒水位1.40米，为港上站建站以来沂河最高级别的洪水，沂河沿线人民的生命财产受到巨大威胁。

水情就是命令，抗洪就是责任。邳州市人武部接到抗洪通知后，立即启动紧急防汛预案，迅速下达了民兵集结进行抗洪抢险的命令。

一声令下，800名民兵分别从各地向目的地迅速汇集。

当天下午16时，徐州军分区司令员刘来贵来到邳州，亲临一线，靠前指挥，调兵布阵，处置险情。

袁辉1986年出生，2003年12月应征入伍，在大连某野战部队服役。2018年离开部队后返乡，他被安置在东湖街道坝头社区退役军人服务站工作。同年，袁辉加入王杰民兵应急连。

袁辉是在凌晨4时接到应急连集结任务的。当时，他在睡梦中被手机急促的铃声惊醒，就意识到有情况。多年的军旅生涯，让他始终紧绷着一根随时随地投入战斗的心弦。连日来，看到倾盆的大雨，连续下了好几天，袁辉便多了一份警觉。果然，在这个风雨交加的早晨，他接到了电话。他听清楚了对方传达的命令后，只说了一句："是。保证按时抵达集结位置！"说完，袁辉挂了电话，翻身下床。

袁辉是三个孩子的父亲。还好，他在接电话时，没有吵醒孩子，但妻子醒了。妻子问："有任务？"袁辉说："抗洪。"

早在袁辉退役，从部队回到家时，妻子就不愿意他参加王杰民兵应急连。妻子说："你当兵这么多年，还没当够啊？你看，家里孩子多，事情也多，你能不能不参加应急连？"袁辉说："当兵当久了，有许多东西恐怕一辈子改不了了。虽然回到地方上，但从心底认为，自己仍是一个兵。再说，王杰就是我们这片土地上出的英雄。当兵的人，骨子里都有英雄的情结。如果不参加王杰民兵应急连，我会觉得生活中缺少了什么。"妻子见他这么说，便不再拖他的后腿了，急忙起来给他准备吃的。临别，她对他说："一定要注意安全。我和孩子们等你回来！"

袁辉冒着大雨出发了。

越是接近应急连集结的西偏泓抗洪第一线，袁辉参战的心情越是迫切。他急匆匆地向前走着。为抢时间，他有时会跑上一段路。迎面而来的是从灾区撤离的人民群众。他们潮水一般，向着袁辉相反的方向涌去。正是这样的逆行，让袁辉在这一天凌晨，拥有了崇高感和神圣感。他忽然觉得自己高大起来，在洪水面前，成为一座山，一座能够为民众抵御灾难的山！

当袁辉赶到集结地后，不多时，王杰民兵应急连的全部人马就到齐了。邳州市人武部副部长王山芳看着手表说："从下达抗洪抢险的命令，到王杰民兵应急连全连集结完毕，只用了 20 分钟！"

管宜蒙是邳州市王杰民兵应急连无人机操作班的班长。

管宜蒙接到抗洪抢险的命令后，携带应急装备，第一时间赶往连队集结地。他知道自己作为无人机班的班长，将在抗洪中起到什么样的作用。

管宜蒙18岁当兵，在部队是训练尖子，大比武中多次拿奖。离开部队后，当了民兵的管宜蒙，认真学习钻研并掌握了无人机技术。无人机是连队新的装备，他意识到这个装备，在今后的应急救援工作中，具有广阔的发展空间和应用前景。

据管宜蒙所知，2008年汶川地震时，第一张航拍影像图就是由无人机完成的。当时，地震共造成34个堰塞湖，其中唐家山堰塞湖被列为一号风险湖。5月22日，无人机遥感团队接到抗震救灾指挥部紧急命令之后，迅速展开了对北川湔江、通口河全流域影像数据获取和处理工作，并于第二天上午，由四川省抗震救灾指挥部携带该影像赴绵阳向温家宝总理做了灾情汇报。总理和指挥部于当天即做出了对唐家山堰塞湖的处理决策。由此可见，无人机技术在应急救灾中起到的作用有多么重要了。

当管宜蒙怀着尽早参加战斗的渴望大步流星地赶到集合地点时，连队无人机班的另一位民兵王志德也同时抵达。王志德毕业于徐州经贸高等职业学校数控专业，在驻福建泉州某部当兵5年，曾先后两次荣立过三等功；退役后加入王杰民兵应急连。

王志德是无人机操作手，技术精湛。王志德与管宜蒙联手，在应急连到达西偏泓抗洪区域后，立即操作无人机，对汛情进行侦察。

无人机遥感技术作为一项空间数据获取的重要手段，具有续航时间长、影像实时传输、高位地区探测、机动灵活等优点。尤其是在以往人们通过常规观察手段对汛情进行了解存在一定难度的情况下，无人机不受地形地物以及交通不便等因素制约，可以立体而全景式地精细化查看蓄洪区的地形、地貌、堤坝等，为防洪决策，提供准确的信息。

在这之后，管宜蒙与王志德操作无人机共飞行了多个架次，面积覆盖整个洪水过境区域，拍摄照片上千张，经后期拼图，生成地面影像图。该影像数据提交到抗洪指挥部后，为下一步抢险救灾及时提供了宝贵的第一手资料。

2018 年 8 月 14 日，是陈磊儿子的生日。

陈磊的妻子做了一桌饭菜，一家人热热闹闹地坐下来。按照程序，上蛋糕，插蜡烛，然后由儿子许愿，大家唱生日歌……可是，蛋糕已经端上桌，仪式就要开始时，电话铃声响了。是人武部杨参谋打来的。杨参谋通知陈磊，立即赶到石河镇大桥，王杰民兵应急连在那里集结，参加抗洪抢险。

放下电话，陈磊就要走。儿子不愿意了。儿子说："你能不能不去啊？今天是我生日。"站在一旁的妻子，也向他投来挽留的目光。陈磊毫不犹豫地说："我是王杰民兵应急连的民兵。在大灾大难面前，我必须冲锋在前。"陈磊接着对儿子说："现在，洪水正在袭击石河镇大桥，那里还有许许多多和你一样大的孩子，需要你爸爸这时候赶过去救助他们。时间紧，任务重，我必须走了。爸爸祝你生日快乐！"说完，陈磊吻了儿子，向妻子作别后，以最快的速度向集结地赶去。

到了石河镇，陈磊立即投入了战斗。他和战友们一起疏散群众，排查险情。堤岸需要沙袋，陈磊一袋接一袋地背着。河堤有多长，他们垒起的沙袋墙就有多长。

陈磊离开家时，面对一桌丰盛的生日宴，还没来得及动筷子就走了。到了抗洪第一线，他早已忘了自己还没有吃饭，等到战斗到半夜时分，突然间感到饿了，饿得肚子里像是有一群闹塘的青蛙"呱呱呱"直叫唤，这时陈磊才想起，要是他离开家前，吃一块蛋糕，那该多好啊！

当晚，天当被，地当床，陈磊就睡在大堤上。他头枕着用来筑堤的沙袋，刚刚躺下，就睡着了。干一晚活下来，他实在太累太累了。

可是睡了一小会儿，陈磊就醒了。睡梦中，陈磊依稀听到一个声音在喊，快来啊，加沙袋，洪水过境了！陈磊睁开眼睛，看到面前有人影在晃，他随即一个鲤鱼打挺，站起身来，扛起当作枕头的沙袋，冲向堤岸！

王光永毕业于安徽蚌埠士官学校，当过海军，在部队从事微波通信工作；退役后，在东湖二庙任社区干部和民兵连长。他参加邳州市王杰民兵应急连后，却被安排在卫生班当了一名卫生员。对此，王光永毫无怨言。他觉得，作为一名民兵，必须服从命令，上级要你干什么，你就要干好什么。

抗洪抢险是对应急连每一个民兵素质的严峻考验。王光永接到命令后，随同连队来到大堤上。一开始，他和大家一起排着长队传递沙袋。已记不清从他的手上传过多少沙袋了，许是传得久了，王光永觉得自己成了机器人，每一个动作都按固定程序走，每一个动作都是在做机械运动。要说累，真是很累，主要是腰累。人在传递沙袋时，腰部最吃力。久而久之，腰就直不起来。要继续传，就得咬着牙，拼命地干，否则，沙袋传到你这个环节，就有可能受阻。

不过还好，沙袋没有一直传下去。是谁建议，说传沙袋太慢，不如一人一袋扛着跑。于是，王光永看见战友陈传贵扛起沙袋跑向大堤，他也扛起沙袋跟着跑。一趟一趟地来回跑。

在抗洪前线，磕破皮，伤了筋骨，是常有的事。如果有人受伤了，无论何时何地，只要一声喊，王光永就出现在他的面前。别看他在部队从事的是微波通信类工作，但来到应急连，虽然跨界，他却对战地包扎、现场救护等业务掌握得炉火纯青。他曾多次参加上级国防动员部考核组的考核，每次成绩都是优秀！

都说医务人员是白衣战士，在抗洪抢险中的王光永穿的却是一件军用雨衣。他穿着雨衣在大堤上来回奔跑，风吹过来，撩起雨衣的衣角，远远地看上去，就像是一只迎着风浪拍打着翅膀疾速飞翔的海燕！

同样是在 2018 年 8 月那场抗洪抢险中，连续暴雨导致徐州市铜山区三堡收费站河道发生险情，一名孤寡老人不幸被洪水冲走。当时，民兵应急连综合救援排排长杨德金见了，奋不顾身跳入滔滔洪水之中，经过一番搏击，最终将老人救出，及时送往医院。老人化危为安，而杨德金却因为在水中浸泡时间太长，持续高烧半个多月。

我们要说的这位杨德金，并不是邳州王杰民兵应急连的成员，但这又何妨？他是民兵，是徐州市民兵，且是云龙区“蓝天救援队”的队长，当洪水袭来，人民群众生命遇到危险时，杨德金发扬王杰“一不怕苦，二不怕死”的精神，勇敢地冲上去，这就足矣！

杨德金有当兵的经历，他 1996 年 12 月参军入伍，翌年 6 月光荣入党，1999 年退役。在部队期间，先后被评为优秀士兵、队列标兵、优秀班长。1998 年参加松花江抗洪抢险，他荣立三等功 1 次。

“从军三载，一生是兵！”这是杨德金经常挂在口头上的话。的确，当兵 3 年，铸造了杨德金吃苦耐劳的精神，磨砺了他坚强拼搏的意志，练就了他强健无比的体魄。退伍后，杨德金始终以一名共产党员和退伍军人的标准，严格要求自己，自觉投身于公益事业。他在参加“蓝天救援队”这一公益组织后，努力学习专业知识，刻苦训练专业救援技能，积极参与社会各项救援行动。一年过后，杨德金即在他所在的云龙区组建了救援队，并担任了队长。

在杨德金的带领和影响下，“蓝天救援队”的队伍不断扩大。目前，这个队已有志愿者 110 人，正式队员 35 人；其中 4 人为红十字会救护培训师，3 人为国家二级心理咨询师，5 人取得绳索救援中级证，4 人取得国家地震救援资格证，5 人取得国际标准搜救犬驯犬师资格证，7 人持有海事局内河船只驾驶证，31 人持有国家无线电电台操作证；全队有 76 人取得救护员资格。

近年来，云龙区“蓝天救援队”先后在云龙区学校、企事业单位开展救援、医疗救护、防灾减灾等知识讲座和培训 90 余次，累计完成各类救援任务 58 次。

“在党和人民需要的时候，我们会义无反顾献出自己的全部，包括生命！”这是杨德金的心声。

杨德金说，不要问他为什么，因为他是一名共产党员，一名退伍军人，一名民兵，一名王杰精神的传承人！

5. “王杰班”的班长们（三）

★ **第 2 任班长： 刘成科**

任期： 1966.12—1967.08

2021 年 10 月 28 日下午，我们的采访是在“王杰班”第 2 任班长、中房集团徐州分公司副总经理刘成科的家中进行的。

客厅不大。客厅正面的墙上醒目地挂着一个嵌有照片的长条镜框。刘成科告诉我们，1967 年至 1969 年间，他曾多次代表“王杰班”受到毛泽东主席和周恩来总理等老一辈无产阶级革命家的亲切接见。1969 年，他有幸代表“王杰班”参加中华人民共和国成立 20 周年庆典，登上天安门城楼，并且参加了国庆招待会。让他至今难以忘怀的是，那次赴京，他在中南海住了半个月。刘成科说，这张照片，就是当年毛主席接见全国各地代表的合影。他说，这不光是他个人的荣誉，也是王杰生前所在部队的荣誉。他把这张照片挂在客厅，已经很多年了。

刘成科生于 1944 年，江苏沛县人，1963 年 8 月入伍，1985 年转业。在部队时，刘成科和王杰是同班战友。平时训练，他俩一起在坚硬的土路上挖地雷坑；连队施工，全班睡在一张大通铺上，睡起觉来，他和王杰头靠头，肩挨肩……

通过客厅里挂着的照片，我们不难看出，作为“王杰班”曾经的一名班长，刘成科对那段历史特别在意，他对我们说起当年连队的生活，说起王杰，说起“王杰班”，说起传承王杰精神，滔滔不绝，津津有味。

1985 年，刘成科转业，被组织上分配到房地产开发公司工作。公司在接收他的时候，从档案中发现他在王杰生前所在部队服役，并当过“王杰班”的班长，大喜过望。

为什么这么说？

不妨让我们先来看看当时我国房地产行业面临的情况。

80 年代之前，在高度集中的计划经济体制下，我国的房地产还未成为行业。那时候，城市住房由国家统一建设，然后按照不同标准对居民实行分配，以至于缺乏市场要素，房地产缺乏发展的动力和活力。

但是改革开放后，这种情况面临极大的改善，“出售公房，提倡个人建房买房”的设想被首次提出，房子第一次被定义为商品。由此，市场要素开始形成，我国的房地产正式成为一个行业。后来随着土地的公开拍卖，土地使用权的依法转让，我国的房地产市场进入了商品化时代。

所以说，刘成科转业到房地产行业，赶上了一个好时候；而房地产公司接纳刘成科这样高素质的军转干部，也算找到了正需要的人才。于是，刘成科来到公司上班，领导分配给他的岗位是当器材处的副处长。

在这之后，每每哪个岗位急需要人了，领导就派刘成科去。刘成科成了救火队队员，哪里有困难，他就出现在哪里。当然，这已是后话。

前面我们说过，20 世纪 80 年代中期，适逢房地产大发展，而作为房地产公司，最短缺的是什么？就是材料。房子要一砖一瓦地盖；砖和瓦就是建筑材料，一旦缺了，就会影响工程进度。

上任后的刘成科，急需解决的是钢材短缺问题。那时候，全国都在大搞基建，钢材特别难买。刘成科知道难，但他越是艰难越向前。当年在“王杰班”，他天天都要和“难”字打交道。对他来说，只要“一不怕苦，二不怕死”，就没有翻不过去的火焰山！于是，刘成科主动请缨，上哈尔滨去搞钢材。

11 月份的东北，天寒地冻，滴水成冰。刘成科到了那里，天天往外跑。他需要找相关部门及单位的人，求爹爹告奶奶般地四处游说。那会儿，虽然刘成科穿了棉袄，外面裹着军大衣，但在户外仍觉得冷。等到冻得受不了了，他只好躲进路边的小商店，围着烧炭的大铁桶炉子取一会儿暖，然后接着在冰天雪地里行走。

在哈尔滨 7 天，刘成科忙得没顾上吃一顿好饭，睡一个好觉。好在功夫不负有心人，最终他通过朋友帮忙，东北的某个单位同意从计划中让出 10 多吨的钢材。

为了省钱，钢材装卸是他和雇的一个工人一起完成的。那个工人说：“你还是江苏来的呢，太节省了，不仅不多雇几个人装车，还自己干，图的是什么呀！”后来当那个工人得知他当过兵，并且是王杰生前所在部队的兵时，禁不住竖起了大拇指！

后来的几年，刘成科被领导安排到公司的劳动就业处当处长。他手下领导了百十号人。别看人多，这些人都是公司内部改革被淘汰了的、没有什么技能的人。既然是工人,你总要给他们开工资,让他们有口饭吃吧。但劳动就业处属于自收自治的部门,需要挣到钱才能发他们的工资。这样一来,作为处长的刘成科就有压力了。

刘成科对我们说,那些年,只要合法的、能赚钱的活儿,他什么都干,从卖房子到卖脸盆等日用品。房地产公司建好卖不出去的房子,他揽过来销售;实在卖不掉的,就想方设法租赁。脸盆进货价格低,卖掉一个盆,只能赚几块钱。但赚钱再少,也得干。手下百十号人,等着吃饭呢,他不能闲着,也闲不着。

最艰难和最惊险的一次,是公司在徐州解放北路开发房地产的建筑工地上挖地基时,发现了日本人早年留下的几十枚炸弹。建筑公司打算花钱请专业人员排除。刘成科得知后,把活揽过来,说他来干。对方问他行吗。刘成科说,他在部队时干的就是工兵,排爆是他的强项。随后,刘成科从部队借来探雷器,亲自上阵进行处理。经过一天的操作,刘成科成功地把废旧炸弹取出,并运到老部队坦克训练团的训练地进行引爆。

劳动就业处在刘成科的带领下,大家抱团取暖,干得风风火火,到了年终,不仅拿到了全额工资,而且还有奖金;更让人叫好的是,原本灰头土脸、精神不振的人,一个个信心满满,仿佛变了一个人!

2004 年,刘成科退休了。但他闲不住,经常到附近的单位和学校宣讲王杰的事迹。刘成科说,活到老,就要把王杰精神传承到老。作为王杰生前的战友,他有这个义务,也有这个责任。

★ 第 3 任班长: 徐汝明

任期: 1967.09—1969.07

徐汝明个子不高,年近 80 岁的人了,精神抖擞,走起路来昂首挺胸,腰板笔直，一看就有一股当过兵的劲道。

1944年出生的徐汝明，南京江宁人，父母务农，家中兄弟二人。他清楚地记得，1963年11月他应征入伍。6日那天，他到县里集中。9日乘车抵达徐州。在新兵连训练了3个月后，分配下连。连队在山东沂蒙山施工。徐汝明来到连队，和王杰成了战友。从那时候起，徐汝明一直和王杰在一起，直到1965年7月14日，王杰舍己救人，壮烈牺牲。

在部队期间，徐汝明先后当过“王杰班”的班长、副指导员、宣传干事、副教导员，1983年转业。值得一提的是，徐汝明1969年10月提干，他是从“王杰班”班长直接提升为连队副指导员的，这在部队干部的提拔中并不多见，可见徐汝明的素质高，能力强。

转业那一年，整个徐州市军转干部中，只有徐汝明一人是在春节前到地方上的单位报到的。当时，徐汝明被分配在徐州市鼓楼区的一个街道办事处当副主任。报到那天，办事处的人见到徐汝明，先是感到意外，继而又感到高兴。节前，正赶上街道办事处忙，琐事多，缺少人手。徐汝明来了，单位也就不把他当外人，既然上任了，就开始干活吧。于是，尽管徐汝明不熟悉单位的情况，但领导还是做了分工，让他负责清理和打扫卫生。

徐汝明接受任务后，二话不说，说干就干。他领着几个人，以身作则，既动嘴又动手，结果在节前有限的时间内，把周围的环境清理得干干净净，光是垃圾就拉走了两卡车。

环境改善了，同事们个个对徐汝明这个新来的副主任刮目相看，纷纷说这个军转干部不简单。后来大家得知徐汝明曾是“王杰班”的第3任班长，都说，怪不得呢，“王杰班”就是不一样！

徐汝明在街道办事处工作了2年，接着调任区委宣传部当了5年多的副部长。1991 年,徐汝明履新,担任区财政局副局长。

来到财政局上任的第一天,徐汝明就碰了个软钉子。堂堂的财政局,竟然不给他安排办公桌和椅子。置身在空空荡荡的办公室里,徐汝明愣了一会儿,想了想,便知道是怎么回事了,无非有人觉得他不懂业务,看不起他。的确,他没有从事过财政工作,不懂业务,但这能成为用这种拙劣方式拒绝他工作的理由吗?但凡当过“王杰班”班长的人,有一个长处,那就是“一不怕苦,二不怕死”。不会,就学呗!有谁一生下来,十八般武艺样样精通?于是,徐汝明不急不躁地找到办公室的工作人员,弄来了桌椅,然后开始上班。

徐汝明在调查研究的基础上,通过学习,了解预算、决算、财政收支平衡、转移支付等专业知识,力争从一个门外汉,早日成为一个合格的财政干部。

功夫不负有心人。经过努力,徐汝明渐渐熟悉和适应了本职工作。

有一次,局里举办打算盘比赛,徐汝明积极参加。参军前,徐汝明当过大队会计,打得一手好算盘。比赛中,徐汝明力挫群雄,顺利夺冠,令全局上下刮目相看!

1992 年,也就是徐汝明来到区财政局的第 2 年,他升任局长。

上任后,徐汝明发扬在部队时养成的优良作风,“烧了三把火”:一是找全局的每一个工作人员谈话,了解对方的工作情况;二是家访,实地察看职工们的生活状况;三是不仅自己带头学习财政业务,还组织全局的工作人员学习,要求人人懂业务,个个当专家。

徐汝明担任区财政局局长的那一年,适逢邓小平南方谈话发表。邓小平强调,发展是硬道理。于是,徐汝明为求长远的发展,大胆进行改革。原先,财政局股室不分,吃大锅饭,有活大家一起干。徐汝明上任后，决定全局按职能，分为 6 个部门，干部实行任命制，日常工作，定期考核。这样一来，工作井井有条，很快进入了正轨。

那时候，机关单位仍实行福利分房。局里想方设法，统筹购房，采用公平、公正的分房方式，努力改善职工的居住条件，让大家尽可能地享有较好的生活待遇。

分房之前，徐汝明公开表示不参加局里的分配，不要房子。第一把手严于律己，带了个好头，使得全局分房工作开展得十分顺利。

1997 年，徐汝明调到鼓楼区人民代表大会常务委员会担任主任。

2004 年，徐汝明退休了。

退休后的徐汝明经常在小区里散步。他会走着走着，情不自禁地停下来，默默地朝着东边的方向深情地远望。了解徐汝明的人都知道，在离他居住的小区大约半个小时车程的某个地方，是一座军营。徐汝明曾在那里，度过了他难忘的青春岁月……

★ 第 13 任班长：苏峰杉

任期： 1987.09—1989.03

苏峰杉退役后，回到老家，被安置在县石油公司工作。

1978 年之后，我国的国有企业面临着改革开放带来的种种冲击，大量国有企业效率低下，三角债频发，企业重组成为必然，但重组，势必造成一些企业员工下岗。

苏峰杉不巧赶上了，没有了工作。但作为一个男子汉，总得养家糊口吧，苏峰杉没有在家唉声叹气，而是四处考察。他知道今后的道路很艰难，但他不怕。在部队期间，苏峰杉受到教育最多的，就是王杰的“两不怕”精神。老班长王杰说了“我们要一不怕苦，二不怕死，做一个大无畏的人”。你想啊，一个不怕苦，甚至连死都不怕的人，还有什么困难不可克服！于是，苏峰杉鼓足了勇气，进行创业。

经过考察，苏峰杉决定开一家家具厂。一来，生活中人们离不开家具，尤其是改革开放后，人们开始追求有品位的生活，家具便成为年轻人结婚必不可少的“硬件”；二来，家具厂可由小作坊起步，等有了一定的资金积累，再由小到大逐步扩展，这样，压力也小，便于资金周转。

说干就干。苏峰杉租厂房，雇木工，做广告，揽生意……要么不干，要干就干得不亦乐乎，热火朝天。

当时县城流行的是传统的带老虎腿的大衣橱和柜子。有时尚青年要求打类似捷克式的家具，他们也做。有一条，苏峰杉掌握得特别好，那就是产品质量。作为厂长，苏峰杉牢牢把好质量关，从他们厂出品的所有家具，一律实行“三包”。

几年干下来，苏峰杉的家具厂在发展中壮大，成为县城家具行业中的龙头企业。要不是后来遇到特殊情况，苏峰杉的家具厂肯定会办得芝麻开花节节高！可是，就在家具厂前景广阔、蒸蒸日上之时，苏峰杉生病了。

由于经营厂子太忙，苏峰杉有一段时间觉得髋部不适，时不时地酸胀并疼痛。他以为是疲劳造成的，想休息，可是歇不下来，厂里每天都有大量的事情需要他处理。那种忙，是不分白天黑夜的忙，别说吃饭了，有时连睡觉也顾不上。结果，髋部的疼痛越来越重，以至于走路走多了，就痛得厉害；有时候工人抬家具，他顺便搭一把手，髋部的疼痛感也会加剧。

妻子让他尽早到医院检查诊断，苏峰杉答应了，可总是没有时间。

有一天，苏峰杉忽然觉得自己走不动路了，两条腿一点不听使唤，主要是关节出了问题，已经不能带动腿部运动了。

苏峰杉被送进了医院，医生通过核磁共振的检查，确定他股骨头坏死。这种病，具有很高的致残率。也就是说，一旦确诊，医生必须对患者进行干预和治疗，否则，两年之内股骨头塌陷的概率，高达60%。而一旦出现股骨头塌陷，后果不堪设想。

因苏峰杉病倒在床，企业无法经营，家具厂不得不宣告破产。由此带来的经济损失，让病重的苏峰杉背上了沉重的债务。

我们说过，“王杰班”的班长，个个都是好样的。苏峰杉亦如此。在这之后，卧床了半年的苏峰杉，通过一段时间的治疗，重新站起来了。他一边进行康复训练，一边关注市场风云，在时机合适时，再次走进商海，开始了二次创业。

苏峰杉以顽强的毅力“东山再起”，先是开了一家服装专卖店，在取得经验，并有了一定的资金后，扩大再生产，开了第二家店；再接着，开第三家店……经过几年的连续奋战，苏峰杉的服装专卖连锁店越开越红火。回首创业之路，苏峰杉不无感叹地说：“只要坚定信念，不屈不挠，病魔的困扰和人生的挫折，都是可以战胜的。王杰的‘两不怕’是我们的精神财富，传承这种精神，就能够迎来人生的一个又一个春天！”

★ **第22任班长： 张波**

任期： 1998.08—2000.12

张波退役后，在上海一家排水公司担任防汛科科长兼公司防汛突击队队长。平心而论，公司把张波安排在这个工作岗位上，纯属因人制宜。张波在部队当过“王杰班”的班长，组织观念强，军事技术过硬，身上总有一股一往无前、奋发向上的劲。作为排水公司，少不了与洪水打交道，所以把张波放到防汛的岗位上最合适。

张波果然不负众望。有一年，台风“菲特”袭来，上海地区遭遇了52年一遇的强降雨，城区内河水位暴涨，全区防汛抢险形势异常严峻。接到公司防汛指挥部通知后，张波立即启动防汛预案，通知防汛突击队全体队员集合。仅仅20分钟，全员便迅速集结。只见张波面对险情，临危不乱，指挥若定，调度科学。他将突击队分成3个抢险小组，率队及时奔赴城区各连通闸门井及溢流井进行开启作业，将防汛抢险准备工作安排得有条不紊。作业完成后，张波随即安排各小组人员每2小时一班，加强对城区道路24小时巡视。

这期间，雨越下越大。张波带领队员们冒着倾盆大雨，始终奋战在防汛的第一线。

一天过去了，两天又过去了……张波没有吃过一顿安稳饭，没有睡过一个踏实觉。哪里任务重，他就出现在哪里；哪里险情大，哪里就有他的身影。

连续几天的强降雨，城区路面及居民区开始大范围积水，城市交通隧道更是积水严重，险情突出，亟待处理。这时候，张波沉着、冷静。他命令突击队队员装运护栏，对进入各隧道的入口进行封围，并用警示灯、警示带进行标识。与此同时，张波速调大型泵车和手推式泵车等防汛设备，以最快的速度赶赴出险现场，抢险排水。经过张波和他的队员们的连续奋战，被堵路段交通及时恢复，保证了城市居民生活正常进行。而此时，发扬老班长王杰“两不怕”精神，连续5昼夜战斗在防汛最前沿的张波，才得以找了一处马路牙子坐下来，休息一下极度疲惫的身子……

别看张波身体壮壮的，但他患有比较严重的颈椎病，经常头晕不适，但在抢险中，他早已把病痛抛至一边。早在部队时，张波就养成了“排头兵”的战斗作风，凡事总是冲在前，打头阵。就拿战胜台风“菲特”袭击来说吧，排水抢险中，为了防止泵车吸水管周围的杂物堵塞管道，张波一次次带头跳进齐腰深的积水中清理杂物。突击队员们都说，张波不像是领导，他总是冲在第一线，哪里艰苦，就出现在哪里；哪里危险，就战斗在哪里。

连续的防汛抢险，使得张波根本顾不上自己的家。他的妻子一边工作，一边要照顾正在上小学的儿子。作为丈夫，张波能够做到的，仅是接到防汛任务临出发前，给妻子打个电话，告诉她，自己有任务了，并对她说：“你在家照顾老人和孩子，辛苦了。”仅此而已。在张波看来，面对几千万人居住的大上海，相比之下，自己的家太小太小。何况，从事城市排水这一行业，本身就意味着奉献。所以，工作中，他只能“顾大家，舍小家”了。

2017 年 5 月，因工作需要，领导把张波安排到公司工程技术管理科当科长，同时，仍兼任防汛科科长。到任后，张波一心扑在工作上，一手对新工作进行系统和全面的了解，一手对防汛工作紧抓不懈，为单位平稳运行和顺利度汛尽职尽责。

2018 年，张波所在科室被市排水行业党建工作组评为“治水管海先锋党员示范岗”；2019 年被市海洋系统评为“治水管海先锋”党建品牌示范点；同年，被市排水行业精神文明建设领导小组办公室、上海市排水管理处评为“十佳职业道德标兵”。张波个人多年来被评为先进分子和优秀党员。

采访手记之十七

2020年盛夏，连降暴雨，江西九江地区抗洪抢险迫在眉睫。王杰生前所在部队“济南英雄连”连长孙金龙，训练中因肩部受伤住院治疗，就在他肩部刚刚植入钢钉后不久，得知部队参加抗洪，毅然报名出战。他说：“作为荣誉连队的连长，别说肩膀里只有1个钉子，哪怕10个，我也要带领连队上。”

同样是在王杰生前所在部队，“王杰班”战士徐彬，已经确定休假，但获悉连队即将奔赴抗洪前线，便悄悄退了回家的车票，随同战友出发，奋战在九江抗洪抢险的第一线。

仍是王杰生前所在部队的战士、九江市都昌县多宝乡入伍的陈祥辉，刚刚走下军考的考场，就随部队来到九江抗洪前线。他在大堤上见到了两年未见到的母亲，特别激动。他顾不上军衣上沾满的泥土和汗水，紧紧地拥抱着母亲。母亲搂着他说：“孩子，你保卫着国家，也保卫着自己的家啊！”

采访手记之十八

2020年8月，邳州抗洪前线。

一声令下，地处沂河沿线的铁富、港上、官湖、陈楼等镇的民兵，根据市人武部统一调度和命令，紧急出动600名民兵防洪抢险。他们赶到涉险区域，立即投入了战斗。

一声令下，在沂河防汛陈楼段，100多名民兵严防死守在沿河大堤上。大家不顾天气炎热，连日劳累，加班加点地往编织袋里装砂子、石子，运往河沿大堤……

一声令下，燕子埠镇迅速召集30名应急民兵连夜赶到沂河防洪第一线，迅速投入战斗。

一声令下，只是一声令下啊，邳州市一天之内就集结了800名民兵，他们用血肉之躯，筑起了一道道防洪铁坝！

采访手记之十九

我们在邳州采访王杰民兵应急连。这个连队的连部设在东湖村部的办公楼上。民兵应急连连部位于四楼。

连部占了整个楼层的半层，宽敞的走道，两旁分别设有会议室、学习室、器材装备库、阅览室，以及简易的健身房。

通过采访，我们得知，建设正规化的王杰民兵应急连，张允泓功不可没。

张允泓曾经是一名军人，2015年转业到邳州市东湖街道办事处任副主任，兼武装部部长。他抓民兵工作抓得认真、细致、到位。成立街道民兵连时，他带民兵到南京“湖南路模范女子民兵连”学习；每个街道都成立民兵应急排时，他又带人到福建取经。王杰民兵应急连通过学习，以及平时严格的训练，大大提高了实战应急能力。

采访手记之二十

王海波是徐州精诚安防科技有限公司的董事长。1989年入伍，2004 年退伍。凭着在军营练就的果敢和勇气，艰苦创业，他所经营的公司目前已发展成为江苏省规模较大的安保公司，入选“中国海外安保推荐企业”“江苏省十佳海外安保推荐企业”，并先后设立了 12 家分公司。

王海波的公司有两块牌子，另一块牌子是徐州市彭城街道精诚特卫民兵营、徐州市云龙区民兵应急救援分队。他亲自担任民兵营营长，带领民兵连续十多年参加军分区组织的训练比武，均取得优秀的成绩。

王海波还有一个特点，即当过兵的人，对退伍军人特别亲。创办公司以来，王海波累计安置 2000 余名退伍军人就业，并帮扶 16 名退伍军人自主创业，取得了良好的社会效益。

只要社会需要，王海波总是在所不辞，冲锋在前。无论是抗洪、抗疫，他都带领职工积极上阵，奋战在第一线，为机关、院校、医院、居民住宅区和重点工程项目提供安全保卫工作。

采访手记之二十一

1969 年 6 月出生的曹海峰，在运河街道农业农村办公室工作。1998 年 2 月，参加张楼乡“王杰民兵班”。曾任民兵班第 11 任班长。

在他参加王杰民兵班的那一年，随同民兵连投身“西偏泓水利工程”建设。在工地上，他第一个跳到冰冷的河水中“挖机窝”。在组织爆破河道时，又是他争着抢着去安装雷管和施放炸药。遇到哑炮，曹海峰总是不怕危险，积极上前排除。因工作表现突出，当年曹海峰被评为“邳州市西偏泓水利工程先进工作者”。

2005年，民兵连安排曹海峰参加上级组织的军事比武；与此同时，作为农业技术员，单位又派他参加全市2000多人的竞聘上岗。两个任务，如同两副重担，担在曹海峰的肩上。曹海峰发扬王杰“两不怕”的精神，白天努力训练，晚上抓紧复习，结果，不仅取得了军事比武第二名的好成绩，也顺利地通过了竞聘上岗。

王杰雕像

第六章　万紫千红总是春

1. 耸立在心中的丰碑

在徐州市南郊的凤凰山东麓，高高耸立着一座淮海战役烈士纪念塔。这座塔于 1959 年 4 月经国务院批准兴建，1965 年落成，塔高 38.15 米。塔体正面是毛泽东题写的“淮海战役烈士纪念塔”。塔座正面镌刻着碑文，两侧为大型浮雕。塔周围由回廊、角亭环抱。塔前 10 段 129 阶台阶，让被烘托着的塔体，显得更加巍然挺拔。

淮海战役烈士纪念塔是为了纪念解放战争时期三大战役之一淮海战役的伟大胜利，弘扬老一辈革命家的丰功伟绩和战士们的革命精神建立的。

1948 年 11 月 6 日，中国人民解放军华东野战军、中原野战军在以徐州为中心，东起海州，西至商丘，北起临城，南达淮河的广大地区，对国民党军展开战略性进攻。1949 年 1 月 10 日，战役结束，共歼敌及改编国民党军 55.5 万人。淮海战役的胜利，使中国的军事形势进入一个新的转折点，战争双方力量对比发生了根本性的变化。因为这场战役，全国的解放，已指日可待。

为了纪念淮海战役的伟大胜利，淮海大地上耸立起了这座丰碑。它顶天立地，日复一日地向人们讲述着那场血与火的历史，讲述着胜利的来之不易，讲述着战胜一切艰难困苦的不屈不挠、一往无前的战斗精神，讲述着生活的美好该如何珍惜，如何为之继续奋斗！

同样，在这片土地上，还有一座碑，它没有淮海战役纪念塔那么高大、雄伟，但也是一座耸立在人民心中的丰碑，那就是位于邳州烈士陵园的王杰的墓碑。

两座丰碑，一座是为了纪念战争年代的一次重要的战役；一座是为了纪念在和平年代舍己救人壮烈牺牲的英雄。

大地庄严地托举起它们，托举着一个两者之间有着某种必然联系的具有史诗性的深邃话题。

1965 年 7 月 14 日那一天被英雄王杰舍身相救的 12 个人，他们在之后的日子里，心中始终住着一个人，那个人就是王杰。

吴步良是王杰救下的民兵中岁数最小的一位。王杰称他为小老弟。正是这个"小老弟"，在 1969 年珍宝岛事件发生时，积极报名参军，来到了塞外边城，紧握手中的钢枪，为伟大的祖国站岗放哨。在部队，吴步良热情地向战友们宣传王杰的英雄事迹。

8 年后，吴步良退伍返乡，在张楼公社负责管理机电。1982 年，农场开始实行承包责任制，吴步良率先承包了"丰收 35 型"拖拉机。2 年后，他又贷款 2 万多元，购买了犁、耙、拖车及联合收割机，为农场农业生产的配套服务添砖加瓦。与此同时，吴步良承包了一个 2 亩水面的鱼塘。按理说，搞农业机械与鱼塘养鱼不搭界，为什么他要这么做呢？吴步良自有他的想法。

因为那个鱼塘距王杰墓不远。王杰牺牲后的这些年，吴步良经常到王杰墓前去祭奠，他会在王杰墓前摆放几个水果，和用军用水壶装着的一壶茶水，然后站在墓前默默地和王教员说上一会儿话。当吴步良得知离王杰墓不远的一个鱼塘对外承包时，他毫不犹豫地把鱼塘拿了下来。这样他可以有更多的时间到王杰墓地去看望英雄了。他要好好地养鱼，用"年年有余"的寓意，来和王杰聊聊改革开放，聊聊社会生活发生的变化。

承包鱼塘的第一年，吴步良就获得了大丰收。那天，他打了一条大鱼，亲自下厨房烧好，然后用盘子端到王杰的墓前。吴步良在用他的劳动成果告慰英雄，农民的日子越来越好了！

范志华当年是张楼公社民兵地雷班的主要爆破手，要不是王杰在实施炸药包实爆前，让他把手上的22枚雷管和用500克硝胺炸药制成的模拟地雷放到一边，炸药包爆炸时，他必死无疑。王杰救了他。之后，范志华在农场当了很长时间的供销员，因工作需要，他常出差，去过很多地方。但每每来到一处有河有树有道路的地方，他都会睹物思人，想到王杰，想到7月14日的早晨，王杰把他手上的爆炸物拿走时说道："老范，把这都给我。你放在身边危险！"范志华觉得自己离不开家乡的这片土地了。退休后，他与老伴、儿孙同住在一个农家小院里。那个小院离王杰纪念馆不远，他经常带着孙子散步，走着走着，就走到了王杰陵园。其时，他会一遍一遍地告诉孙子，要是没有王杰，就没有他的今天。

郭文武也是当年王杰救下的一个民兵。许多年来，郭文武都在农场从事育种的科研与推广工作。退休后，他在离张楼10里外的运河镇有一套三居室的住房。那里环境好，交通方便，生活设施也都不错，适合居家养老，可他不想去。他说舍不得离开张楼，人到了一定的岁数，念旧。郭文武会时不时地回想起年轻时参加公社民兵地雷班的往事。他会想起王杰王教员是怎么样带着他们训练的，会想起他们在那条乡间土路上如何挖坑埋地雷，想起训练间隙王杰和大家聊天的情景，还会想起炸药包意外爆炸时王杰扑向炸点的身影……于是，郭文武找到一家木器厂帮人干活。木器厂的厂长本不想用一个年纪大，已经退休的人，但听了郭文武找活干的原因是为了离王杰陵园近，便一口答应了。

在当年王杰舍身救下的民兵中，有几个人不同程度地负伤，且伤势较重。比如被炸断腿的罗汉瑞，被炸伤双眼的林义群，被炸伤了喉管的刘成喜，以及被炸伤了胳膊和腰的周士忠、龚茂才、庄忠海、庄海芝等人。受伤后，他们被及时赶来的救护人员送往医院进行治疗。伤尚未痊愈，他们就纷纷要求参加王杰的葬礼。

后来，听说王杰的家人从老家来了，他们又相互搀扶着来到王杰的墓前，与王杰的父母见面……

在这之后，每年到了清明，他们都要来王杰陵园扫墓。在他们的心中，英雄王杰就是他们的亲人。

王杰生前所在部队，更是忘不了英雄。为了缅怀先烈功绩，弘扬革命精神，进一步激发广大官兵担当强军重任的使命感，他们在清明，或是王杰牺牲日，以向王杰老班长敬献花篮、重温入党誓词、集体唱《王杰的枪我们扛》、参观王杰事迹陈列馆等多种形式开展祭奠活动。

部队要出征参加抗洪抢险，临行前，全体官兵在王杰铜像前宣誓："不忘初心，不负重托，不辱使命，英勇战斗，坚决完成抗洪救援任务，以实际行动，向党和人民交上一份满意的答卷！"

军队改革，"王杰班"由工兵班调整组建为装甲步兵班，同时又要换装新型两栖步兵战车，这对"王杰班"是个全新的挑战。于是，全班战士列队，面向王杰老班长的雕像，立下铮铮誓言："决不愧对王杰传人的荣誉，再苦再难也要迈过转型这道坎。"为了实现誓言，全班当着老班长的面，立下三条"铁规矩"：训练时间一秒不能少，规定内容一个不能落，训练强度一点不能降。

2017 年 12 月 13 日，习近平主席来到驻徐州解放军某部，看望了王杰生前所在连官兵。习主席详细了解王杰同志"一不怕苦，二不怕死"的事迹，动情地讲，“一不怕苦，二不怕死”是血性胆魄的生动写照，要成为军人的座右铭。过后，王杰连官兵来到王杰纪念馆，向老班长王杰进行汇报，并表示要牢记习主席的嘱托，弘扬“两不怕”精神，以实际行动，推动强军目标在连队的落地生根。

2019 年 1 月，习主席在接到“王杰班”战士写的信后，回信勉励战士们好好学习，坚定信念，苦练本领，再创佳绩，努力做新时代的好战士，在人民军队的大熔炉中书写火热的青春篇章。“王杰班”战士随后面对王杰雕像，向老班长汇报：“在强军兴军的伟大征程上，努力发扬和传承‘一不怕苦，二不怕死’精神，争当英雄传人！”

还有许多次，部队参加上级组织的大比武或是军事演习，每每取得了好成绩，王杰连的官兵们就会来到邳州王杰烈士陵园，面对面地向英雄诉说，诉说他们的心迹，诉说他们的愿望，诉说他们对于未来的企盼与追求！

王杰精神，已融入这支部队的血脉，成为军魂中不可缺失的一部分！

在邳州王杰纪念馆采访，我们先后听到两个故事，是该馆讲解员黄靖雯告诉我们的。

第一个故事。

某一天，是纪念馆闭馆日，不接待参观者。一个小姑娘，七八岁的样子，她脖子上系着红领巾，远远地看去，十分醒目。只见她独自一人来到纪念馆的门前，见大门关着，就隔着门的护栏向里面望了又望，然后才扭头离开。

可是走不了几步，她又回来了。看上去她是那么不愿意离开。她又一次走到纪念馆的门前，抬头仔细看了看告示牌上写明的开放时间，轻轻地摇了摇头，遗憾地再一次离去。

可以说，她是一步一回头地离去的。她从哪里来，要到哪里去？在这之前是否了解过王杰的英雄事迹？为什么独自一人来王杰纪念馆？不知道。

只知道她走着走着，就停了下来。显然，她在思考。片刻的思考过后，她再一次转过身来，向王杰纪念馆走去。

她走得很慢，一步一步地向前走着。太阳照在她的身上，逆着的阳光，把她的轮廓勾勒出金边，显得清晰而又耀眼。

当这个小姑娘再次走到离纪念馆大门七八米远的地方，她站住了。她挺直了胸膛，把灼热的目光投向纪念馆的建筑物，然后庄重地敬了一个少先队礼！

这时，她的眸子里闪烁着如同星星般明亮的泪花。

礼毕之后，她转身走了。

她只是一个小姑娘啊，一个年仅七八岁的小姑娘……

第二个故事。

纪念馆来了一群残疾儿童，由讲解员黄靖雯为他们讲解。

黄靖雯说，那天，她为他们讲解得特别仔细，并且特地用孩子们能够理解的语言，向他们介绍王杰的英雄事迹。

她讲到王杰为救训练中的民兵，在炸药包发生意外爆炸时，奋不顾身地扑向炸点……

有一个孩子问黄靖雯："阿姨，王杰叔叔长什么样，我们看不见。我们可以摸一摸他的雕像吗？"

黄靖雯是个"90后"，毕业于江苏师范大学，来到王杰纪念馆当解说员已经第4个年头了，在工作中，她接待过来自全国各地不同行业、不同年龄的观众，还是第一次听到有人向她提出这样的问题。当时，黄靖雯愣了一下，随后就被感动了！

要知道，这群孩子虽然眼睛看不见了，可是幼小的他们心中是多么渴望知道英雄是什么样子！尽管通过她的讲述，他们可以凭着想象，勾勒出王杰的模样，但这远远不够，他们想要用手代替眼睛来“看”，用触觉感受一下英雄！

于是，黄靖雯强忍住眼角的泪水，蹲下身子，轻轻地对那个孩子说：“可以，当然可以！”

接下来，黄靖雯让孩子们在王杰雕像前排起队，一个接一个地走上前触摸。按照规定，是不允许参观者用手触摸展品的，但黄靖雯破例了。在这一群残疾儿童面前，你没有任何理由拒绝他们的要求！

看着一个个孩子用手轻轻地触摸着英雄，或是说用心在深情地感受着英雄，黄靖雯的泪水止不住流了下来。

同样是在王杰纪念馆，馆长李文静为我们讲述了她亲身经历的故事。

她说那一天，馆里来了一位70多岁的老人，她头发花白，衣着朴素；素颜却不失高雅，走起路来不紧不慢。从举止上，不难看出是一位颇有风度的知识女性。

后来馆长李文静得知，老人来自北京，是一位大学教授。她来徐州参加一个学术会议，活动结束后，特地乘火车独自来到邳州，下车后即打车来到王杰纪念馆。

这位老人走进纪念馆时，李馆长就注意到她了。她是含着眼泪走进纪念馆的，然后走着走着，泪水情不自禁地流了下来。她掏出纸巾去擦，谁知越擦，泪流得越多，到了后来，她索性不擦了，任泪水在脸上流淌。

在纪念馆工作久了，李文静馆长见过各种各样的人，她意识到她是一个有故事的人。这位老人来到王杰墓前，静默了一会儿，然后对着长眠的英雄深深地鞠躬。

她告诉李馆长，50多年前，她曾来过这里祭奠英雄。那时候，她还是个学生。她和同学相约，徒步从江苏无锡走到邳县。她们栉风沐雨，连续走了7天。来到王杰墓前时，她们的鞋子已经磨破了……半个世纪过去了，她说，她再一次来到这里，站在王杰墓前，不由感慨万分……

后来，我们在皖东某训练基地采访正在那里进行军事演习的王杰连指导员戴凡博时，戴指导员也向我们讲了他的一次经历。他说有一天，营区内施工，由工人铺设管道。那些工人干了一天的活，已经很累了，收工后却没有立即走，而是在他们连队的门前来来回回地走动。戴指导员见了，以为有什么事，便上前询问。

一个工人说："你们是王杰生前所在连？"

戴凡博说："是。"

工人说："听说你们连有个荣誉室，里面有王杰的事迹介绍？"

戴凡博说："是。"

工人说："那我们可以参观吗？"

戴凡博心头一热，说可以。

随即，戴指导员领着这些工人来到连队荣誉室，并为他们进行讲解。在王杰连，每一个官兵都可以为参观者当讲解员。他们熟悉老班长王杰的事迹，就像熟悉自己。

戴指导员讲得很仔细。

工人们听得很入神。

那一天，无论是王杰连的指导员戴凡博，还是前来参观的工人，都被一种精神感动了，那就是王杰精神！

2. 处处都有你的身影

在中国，王杰同时代的人，或是比王杰年龄大的人，大都知道王杰。1965 年 7 月 14 日，伴随着一名普通战士在即将爆炸的炸药包前纵身一跃，一个伟大的名字——王杰，在神州大地上被广为传颂，成为那个年代人们心中一座永恒的丰碑。

当年，王杰舍己救人的英雄壮举，引起了媒体的广泛关注。《人民日报》、新华社、中央人民广播电台、《光明日报》、《中国青年报》等中央主要新闻单位派出由 70 多名记者组成的强大采访团，来到王杰生前所在部队了解英雄的先进事迹。

接着，《人民日报》刊登社论《一不怕苦，二不怕死——学习王杰同志一心为革命的崇高精神》，全国各地掀起了学习、宣传王杰事迹的热潮。

接着，解放军总政治部、全国总工会、共青团中央和全国妇联分别发出通知，号召向王杰同志学习。1965 年 11 月 27 日，王杰生前所在班被国防部命名为“王杰班”。

毛泽东、周恩来、邓小平等老一辈无产阶级革命家都对王杰及“两不怕”精神给予高度赞扬。毛泽东指出：“我赞成这样的口号，叫做‘一不怕苦，二不怕死’。”周恩来亲笔抄录王杰的诗：“座座高山耸入云，我们施工为人民。不怕工作苦和累，愿把青春献人民。”邓小平强调，提倡和表彰“一不怕苦，二不怕死”精神。

至此，全国人民学习英雄王杰，掀起了一个新的高潮！

50 多年后，我们追寻英雄的足迹，前来采访王杰及传人的事迹时，曾有过一点小小的担心，因为之前我们打开网页，搜索“王杰”两个字时，会跳出许多与英雄王杰同名同姓的一个歌手的相关链接。于是，我们不禁会想："现在的'80 后''90 后''00 后'们，会因为追星，只知道唱歌的艺人王杰，而不知道具有'两不怕'精神的英雄王杰吗？"

带着这样的想法，采访中，我们侧重关注了一些年轻的学生们。

梁启超在《少年中国说》中说："故今日之责任，不在他人，而全在我少年。少年智则国智，少年富则国富，少年强则国强，少年独立则国独立，少年自由则国自由，少年进步则国进步……"

1957 年 11 月，毛泽东在莫斯科大学礼堂与中国留苏学生见面时，鼓励年轻人："世界是你们的，也是我们的，但是归根结底是你们的。你们青年人朝气蓬勃，正在兴旺时期，好像早晨八九点钟的太阳。希望寄托在你们身上。"

赓续王杰精神，需要年轻人从上一代人的手中接过奔向远方的接力棒。而他们，将是我们未来的希望！

1992 年的一天，邳州张楼镇中心小学的师生们排着整齐的队伍来到王杰烈士纪念馆，举行隆重的学校更名仪式。从这一天起，这所小学将拥有一个新的名字——张楼镇"王杰小学"。

张楼镇是英雄王杰的牺牲地。王杰牺牲后，驻地小学的校长和老师们，每年都要组织学生来到烈士墓地，讲述王杰的故事，用王杰的"两不怕"精神，滋养师生们的心灵，锻铸师生们的道德品质。

时光荏苒。从这所小学校毕业了一拨又一拨的学生，他们像是一颗颗春天里的种子，怀揣着对英雄王杰的敬仰，以及对"一不怕苦，二不怕死"的精神传承，走向远方。

但他们总觉得做得还不够。于是，这所小学的校长和老师们决定把张楼镇小学的校名改成"王杰小学"。他们觉得，这不仅仅是形式上的改变，更是一种决心，一种态度，表明了他们教书育人，就是要培育学生树立正确的人生观和价值观，向王杰学习，做一个对国家和社会有用的人！

更名仪式隆重而热烈。现场，校长吕修华宣读了市教育局关于学校更名的决定，并现场进行了授旗。那是一面红旗，旗帜上方是少年先锋队五星和火炬的队徽，下方是“王杰中队”四个大字。王杰小学今后将定期评选出优秀的少先队中队。旗帜就是授予先进的少先队中队的。通过这项定期的评选活动，学校将把学习王杰的活动扎扎实实地持续开展下去。

授旗结束后，学生们举起右手，握成拳，面对王杰的英灵，进行宣誓。站列成方阵的百十号学生，用带有童声的誓言，表达了他们决心以王杰为榜样，大力弘扬“两不怕”精神，学英雄、做英雄的强烈愿望与心声！

仍然是邳州张楼镇的王杰小学。

每逢新学期开学，这所小学都要组织学生到王杰烈士纪念馆进行第一课开课仪式。

这一天，开课仪式结束后，师生们照例进入纪念馆参观。

那天，为师生们担任讲解员的，是一位小姑娘，她名叫苏芮，11 岁，是王杰小学少先队的大队长。

苏芮上小学一年级的时候，第一次参加学校组织的新学期开课仪式，就在王杰烈士纪念馆。当时，她被王杰的英雄事迹震撼了，此后，她多次要求父母带她来纪念馆参观，并找来大量有关王杰的书籍阅读。久而久之，苏芮就成了一名地地道道的“王杰迷”。

一开始，就连苏芮自己都觉得奇怪，你想啊，在她周围的许多同龄人，有的喜欢芭比娃娃，有的爱好追歌星，甚至有的沉迷于游乐场抓娃娃……可是她却大不一样。为什么？她不清楚，只知道自己打心里崇敬英雄。她觉得王杰太了不起了，王杰的故事给了她许多生活中的有益思考。

后来，学校举办诸如“王杰歌曲主题演唱”“王杰日记朗诵会”“讲红色故事”“学王杰黑板报专栏”等活动，苏芮总是积极参加。

再后来，老师见苏芮对王杰的英雄事迹了如指掌，就让她给更多的人讲讲，新学期学校在王杰烈士纪念馆举行开学第一课，让苏芮担任讲解员。

苏芮讲解得很好，就连纪念馆的专职讲解员听了之后，都对她称赞不已。

张轩豪是王杰小学四年级二班的学生，他的学习成绩在班里名列前茅。这让张轩豪很得意。张轩豪的这种得意是隐藏在内心深处的，也就是说，他骨子里挺傲，表面上却风平浪静，一点儿也不张扬。要是哪个同学对他说，张轩豪，这次你数学考得不错哎！张轩豪则会连连摆手，说哪里哪里，碰巧了！对方说你谦虚啥？张轩豪便低着头，嘿嘿地笑笑，仅此而已。

实际上张轩豪很看重他的学习成绩，每一次考试之前，他都要精心做准备；而每一次考试过后，一旦分数达到期望值，张轩豪都要在心里高兴好一阵子。他希望自己在学习上，始终处于全班“领头羊”的地位。

“领头羊”这个位置还有个强有力的竞争者，名叫李高旭。在班上，张轩豪和李高旭在学习上旗鼓相当，不分上下。正因为如此，张轩豪不敢掉以轻心。他知道，他在努力，对手也在努力。他不能有一点点的松懈和大意。

有一次，考英语，张轩豪得了一百分。李高旭仅以一分之差，落后于他。为此，张轩豪特意找机会看了李高旭的试卷。没想到，这一看不要紧，张轩豪竟发现试卷中的一道选择题，李高旭答的是A，自己选的是B，而老师在判卷时，没注意，都给打对了。其实，张轩豪知道，是他答错了。而这道题的分值是两分，也就是说，他的得分实际上比李高旭低……

怎么办？是找老师进行更正，还是将错就错？张轩豪经过一番剧烈的思想斗争，最终选择了后者。他打心里害怕失败。哪怕是一次败于对手，他也觉得难以容忍。

不过，这样做的结果，让张轩豪付出了代价。从此之后，张轩豪心里就觉得少了一点什么，有一种空落落的感觉。

这种感觉如同影子一样跟随着张轩豪，直到一年后的这一天，老师组织大家学习《王杰的故事》。张轩豪在读到《要不得的“第一”》这个故事后，有一种云开日出、豁然开朗的感觉。这个故事，说的是英雄王杰，也像普通人那样，耍过小聪明。一次，王杰预感到连队夜间要搞紧急集合，便在暮色降临后，悄悄地提前做好紧急集合的准备。到了夜里，当集合哨吹响时，王杰以最快的速度，背起早已准备好的背包，拿起放在手边的武器，第一个抵达集合地点，受到了连长的表扬！过后，王杰通过反思，认为这个“第一”有弄虚作假的成分，拿得不光彩，于是，他战胜了自己，鼓足勇气，向领导作了汇报，并进行了深刻的检讨。这件事后来被王杰写进了日记。他写道：“要不得的第一……今后我一定要正确对待问题，做一个无名英雄！”

读了王杰的这个故事，张轩豪的心灵受到了极大的冲击。张轩豪心想，王杰紧急集合的弄虚，和他考试成绩的作假，实质上是一回事，即不够诚实。那么，王杰及时意识到错误，进行了纠正，而自己呢，是不是也该亡羊补牢，知错改错！虽然那次考试已过去一年了，但什么时候纠错都不晚。都说学英雄，要见行动，为此，张轩豪以写学习《王杰的故事》读后感的方式，把自己的心路历程，毫无保留地写了出来！

张轩豪结合实际写学习王杰的体会，从内心深处剖析了自己，受到了老师和同学们的夸赞！

王圣宗是王杰连的一名排长。

采访中，他对我们说，连队曾经安排他到驻地的王杰小学对学生们进行军训。指导员在向王排长交代任务时特别提到，学校的老师要求连队派一个大个子军人当教员。王圣宗心想："这是去军训，又不是去打篮球，与身高有什么关系？"

想归想，王圣宗还是去了。

到了学校，和老师见了面，王排长才知道，他要带的是六年级学生。这些学生中，男生多，特别调皮的也多。老师怕难管，让部队来个大个子军人，好在气势上镇住他们。

开始军训后，王排长发现这些离开课堂来到操场上的学生们，无拘无束，太不安分了。男生们淘气，尽情地撒欢，一会儿你追我，一会儿他追你，互相打闹；女生们也不闲着，叽叽喳喳地说话，还笑得前仰后合。

王圣宗向学生们宣布了军训纪律。

可是有的同学刚执行了一会儿纪律，不久，又把规定忘到脑后了。更有甚者，有的男生趁女生不注意，悄悄用小石子砸女生，结果，被砸的人随即进行反击，在操场上引发"战火"，直打得"硝烟弥漫"，乱成一团。

王圣宗见状，知道再这样下去不是个办法，便暂停训练，把学生们集合起来，向他们讲述王杰的故事。

他讲了王杰在老家金乡县一中读书时，班上女生多，男生只有 4 个。学生们大多住校。一日三餐，每到开饭，王杰总是领着班里的另外 3 个男生到伙房替同学们打饭打菜。伙房离教室远，大约有 500 米的距离。王杰和几个男生把饭菜和汤用盆打回教室，供大伙儿用餐。

他讲了王杰从小就不怕苦，不怕累。有一次下大雨，河水猛涨，村民们转移出村后，王杰发现生产队的一匹马没有牵出来，随即不顾危险，返回村，从即将倒塌的马棚里救出了马。

他讲王杰参军后在沂蒙山施工，不幸被滚烫的沥青烫伤了右手。住院后，伤未痊愈，他就提前出院，返回工地，继续施工。

他讲王杰牺牲的那一天，还替战友们站岗，替战友们打洗脸水。王杰一心想着他人，以至在训练中炸药包发生意外爆炸时，舍身救人，献出了自己年轻的生命。

他还讲到王杰连的战友们是怎样传承老班长王杰精神的，以及自己学习王杰的体会……

王圣宗排长在讲述王杰及其传人的故事时，学生们显得特别安静，他们静静地听，静静地想。等再参加军训时，他们就像变了一个人，忘我地投入，特别认真。

训练休息时，学生们围在王排长身边，还让他讲王杰。他们说，以前听过王杰的故事，但这一回听，不一样，因为讲故事的人，是王杰生前所在部队的人，他们觉得自己与王杰的距离拉近了。

在后来的 4 天军训中，学生们表现突出，王圣宗排长从他们的身上，感受到了王杰精神传承的巨大力量！

神州大地，处处有王杰。

王杰并没有走远，他就在我们的身边。

你看，在王杰的故乡山东金乡县，他居住的华堌村，更名为“王杰村”；王杰部队所在的地方江苏徐州，原云龙公安分局铜山派出所，更名为“王杰派出所”；还有遍布各地的王杰中学、王杰小学、王杰托儿所、王杰医院、王杰公交车站、王杰邮局、王杰社区、王杰班、王杰中队、王杰广场……王杰的名字像春风一样吹遍了中华大地！每当你走到以王杰命名的地方，你都会下意识地想起英雄王杰，想起他用生命谱写的时代壮歌。

你看，在许多学校的黑板报专栏上，都写有学习英雄的体会文章；在许多单位的多功能报告厅里，都能听到王杰的战友，在宣讲王杰的动人事迹。在徐州王杰中学建校60周年庆典大会上，该校“秋之韵”朗诵社朗诵的《王杰颂》，打动了多少观众的心；而学生社团创作和表演的舞台剧《我们的王杰时光》，则将庆典推向高潮，并以此向英雄表达了由衷的崇敬之情。在金乡县山阳书院附属小学开展的多种形式的主题活动中，学生们高唱《王杰的枪我们扛》，演讲《我心中的英雄王杰》，重温王杰的故事，争当王杰的小传人。在2022年春节期间亮相中国教育电视台首届“全国校园戏曲春节晚会”中的原创少儿京剧《英雄王杰》，是金乡县实验小学的孩子们自编自演的节目，他们把心中的英雄搬上舞台，圆了上央视戏曲春晚的梦！

是的，50多年了，英雄王杰就生活在广大人民心中，他以“两不怕”的精神，浸染着大家的心灵；传承王杰的争先精神、创新精神、担当精神、友爱精神、苦干精神，将成为人们在新时代的价值追求！

3. 绿色的延伸

2018年9月，中央电视台纪录片《英雄王杰》摄制组来到王杰生前曾经生活过的内蒙古阿荣旗，采访了阿荣旗原旗委书记谭宏宇老人。

面对摄像机，谭宏宇对主持人说："你们把英雄王杰事迹拍摄成纪录片搬上银幕，让更多的人真实了解王杰的英雄事迹，以此为榜样，奉献自己年华，是件功德无量的事。"接着他说："英雄是一个民族的灵魂防线，英雄是一个民族的精神长城，不懂历史的民族没有根，淡忘英雄的民族没有魂，没有英雄的国家很可悲……宣传好英雄，就是守护好我们民族的精神脊梁。"

是的，中华民族是一个英雄辈出的民族。

一个有希望的民族不能没有英雄，一个有前途的国家不能没有先锋。包括战争年代、和平时代在内的一切英雄，都是中华民族的脊梁，英雄的事迹和精神，从来都是激励我们前行的强大力量。

"天地英雄气，千秋尚凛然。"王杰就是诸多英雄中的一个。王杰属于我们这个时代，也属于我们伟大的民族。王杰用他的青春年华，诠释了"一不怕苦，二不怕死"精神的伟大意义与深刻内涵；他用他短暂的一生，弘扬了中华民族坚定不移、一往无前的民族精神。他是我们的骄傲，是我们永远的学习榜样！

来自四川大凉山的杨子干，彝族人。2020 年 9 月入伍。"王杰班"的战士。在家乡，乡亲们都亲切地喊杨子干"阿图"，那是他的彝族名字。

杨子干上初中时就想参军，他父亲不同意，说他还小，有条件上学，就好好上学，读书重要。杨子干就继续读书。这样又过了几年，杨子干已是四川广安职业技术学院城市燃气专业的学生了，却仍然向往军营。他憧憬着自己应征入伍，穿着一身崭新的军装，胸前挎着冲锋枪，威风凛凛。

大一上完，杨子干便决定休学，报名参军。他没有和父母说。他觉得自己是成年人了，该做什么，应当有自己的选择。

办好征兵的手续，杨子干回家向父母告别。

他的父母亲得知儿子要参军，什么也不说，连忙杀猪。一般来说，只有过年家家户户才要杀猪。如今，儿子就要远行千里，作为父母，能够表达心情的，便是把养得膘肥体壮的猪杀了。

杀猪的过程充满了喜庆色彩。杨子干和家人一起在院子里垒起简易灶，烧上一大锅开水，然后由一家之主杀猪，而其他人烫猪拔猪毛。等到把猪弄干净了，就开始切肉。切成大块的肉，即彝族人叫的坨坨肉。

煮好肉，再端上一坛荞麦甘酒，家宴便在全家人围坐后开始了。送杨子干参军是家宴的主题。在父母亲和亲朋好友的祝贺声中，杨子干喝了不少酒。那天，他特别开心。

来到部队，杨子干被分到了“王杰班”。

杨子干在“王杰班”的训练成绩放在全连算出类拔萃的，但在“王杰班”就差一点了，其原因在于，有的项目成绩虽然在全连还说得过去，可是在班里，硬是通不过——因为班里的标准高。比如穿越低桩网，它是400米障碍的一个重要环节。这个项目要求既要快速通过，又要匍匐前进，不被铁丝网刮到。杨子干穿越低桩网的成绩，虽然在全连排在30名左右，但在“王杰班”却属于垫底的水平。班长黄龙要求严格，给杨子干开小灶，在他腰上拴上绳子，让他拉着轮胎进行练习。

按理说，杨子干体能没有问题。他来自大凉山，奔跑和爬山是他的强项。他之所以穿越低桩网成绩不够理想，主要是不太适应。

杨子干就想方设法在这项目上多下一些功夫。老班长王杰说了：“我要一不怕苦，二不怕死，做一个大无畏的人。”杨子干也要做一个不怕困难，最终战胜困难的人。

杨子干理着小平头，长脸，凹眼，脸上有棱有角，一看就有一股子彝族人不服输的犟劲。班长让他练，他就拼命地练。班长说他得把训练成绩大幅度提高，他就隔三岔五地让班长给他掐秒表，力争每一次穿越低桩网的时间都在减少。

有时候班长让他练得狠了，杨子干会一天不和班长说话。到了第二天早晨出操时，班长黄龙发觉杨子干喊起口号来，喊声里明显带有一股子杀气！黄班长怕他心理上承受不了，就做他的思想工作。哪知杨子干心里却跟明镜似的，他让班长放心，说他是在和自己较劲，过一会儿就好了。果然，时间不长，杨子干穿越起低桩网，就像平地刮起一阵风，最终以十几秒的成绩，圆满完成了这个项目。

经过严格的锻打，杨子干成了“王杰班”的训练尖子。他在 3 公里越野项目上，取得了全旅第 3 名的优秀成绩！

边强是内蒙古阿荣旗得力其尔鄂温克民族乡四年级学生。

“鄂温克”意思是“住在大山林中的人们”。鄂温克人是大山林中的狩猎民族。如今，随着历史的发展，鄂温克族人有一部分走出山林，迁居草原和河谷平原地带；有一部分依旧留在山林。

鄂温克人是从游牧发展到定居的。边强的父母，以及他父母的父母，把边强一家人从大山深处带到了阿荣旗。他的父母重操旧业，在离家四五十里外的草原放牧；边强则和他的弟弟在乡里的小学上学。

阿荣旗与王杰有着非常亲近的关系。因为王杰的姐姐远嫁内蒙古，王杰的父母便从山东迁至这里。可以说，阿荣旗也是王杰的家乡。所以，王杰壮烈牺牲后，阿荣旗以英雄的故乡之名，在阿荣旗建立了王杰纪念馆和王杰广场，缅怀先烈，让王杰精神代代相传。

这个旗的小学，时常会开展“向英雄王杰学习”的主题活动。边强积极参加学校组织的这一活动，经常参观王杰纪念馆，和同学们一起唱《王杰的枪我们扛》，宣传王杰的英雄事迹……

2007年7月3日中午，学生边春晓和几个同学相约，一同来到马河村二组西北角的一处河滩上玩耍。在这几个同学中，就有边强。

那个河滩，被树林环绕着，景色非常优美。大家来到之后，早已忘了河滩虽美，却隐藏着危险。因为水流的缘故，河滩中的某一段水深竟达两米多，且有暗流涌动！

边春晓他们先是在浅水滩玩。他们赤着脚，下到河里，捡漂亮的小石头，捉小鱼，以及打水仗……正玩着，河面游来了几只鸭子。男同学跑过去抓。女同学在鸭子的一侧进行围堵。鸭子不愿意了，拍打着翅膀纷纷逃窜。同学们便跟在鸭子后面紧追不舍。

这时候，谁也不会想到，鸭子的逃窜，竟把身后的4个同学引向了深水区。当跑在最前面的男生王晓杰落入深水中时，后面的3个女同学根本刹不住，加上惊慌失措，竟先后中招。他们4个人在水里一边挣扎，一边呼唤：“救命啊，救命啊，快来救命啊……”

这时候，边强离他们还有十多米远。那里属于浅滩。要是边强站在原处，不再上前，可以肯定，他绝对安然无恙。但边强闻声迅速冲上前去。

王杰在关键时刻，为救他人，奋不顾身地纵身一跃，扑向意外爆炸的炸药包；以英雄王杰为榜样的边强，在这时候，也奋勇地扑了过去。尽管边强游泳不是很好，只会“狗刨式”地划水，但救人要紧，只见他拼命地向离他较近的边春晓游去，然后抓住她，把她推向浅水滩。接着，边强迅速转身，去救第二个人、第三个人、第四个人。直到把最后一个同学推到岸边，边强才想着伸手去抓已经上岸的王晓杰向他递来的一根树枝。可是此时的边强力气用尽，他伸出手，连抓了两下，也没抓住。后来，再想抓，暗流涌来，把他拉向了水深之处……

舍己救人的边强，牺牲时年仅 13 岁。2009 年，边强被评为第二届“感动内蒙古人物”。2018 年 1 月，经民政部批准，他被追认为“革命烈士”。

写到这里，我们想强调的是，边强以王杰为榜样，关键时刻，挺身而出，英勇救人，值得赞扬和肯定。但他毕竟是未成年人，属于被保护的对象，作为一名少年，首先还是要做好自身的防护，在遇到他人需要救助的情况下，最好的方式是尽可能就地寻求大人的帮助。让我们感动的是，人口数只有 3 万多的鄂温克族，亦有王杰精神的传承，亦有王杰小传人。可见，王杰精神，已经深深融入了中华民族的血脉与灵魂。

阳谷的老家在贵州。他是布依族人，从小长到大，寨子里的人都叫他阿谷。后来参军时，征兵表格上需要填写姓名，人武部的一个科长问他姓什么。他说姓阳。然后，他在表格姓名一栏，写下了“阳谷”二字。

阳谷在山东当兵，连队驻地离金乡县不远。金乡县是王杰的老家，部队经常组织官兵到那里去参观王杰纪念馆，开展传承和弘扬王杰精神的各项活动。

在部队服役了 5 年之后，阳谷退伍了，他没有回到家乡的那个山村，而是通过战友介绍，在贵阳的一家公司上班，过着朝九晚五的安定生活。

2014 年 3 月的一天，村里的党支书给阳谷打电话，希望他回来，接他的班。书记说，他老了，干不动了。他让阳谷回村，领着村民们发展经济，走致富之路，奔小康。党支书说：“村里这些年有变化，但远远不够，与附近的村子还有很大的差距。你当过兵，走出过大山，见过大世面，让你领着大伙一起干，我特别放心。”

尽管阳谷舍不得离开省城，离不开他就职两年多的公司，但他还是决定返乡。阳谷记得王杰在他的日记里曾经这样写道：“宁肯自己辛苦，换来别人幸福。”是的，他返乡，意味着要抛弃很多，但又将从中得到许多。他将要带领乡亲们搞好生产，发展经济，让更多的人过上美好的生活。因此，阳谷觉得值得。

回到村里，环境变了，眼前不再是城市的车水马龙、高楼大厦，而是石头垒成的世界：所有的房子、院子都是由石头建成；就连屋顶上的“瓦”，也是由青石板铺就。村子里的路，是石头的；巷子里的台阶，是石头的；村民们用来装水、储粮的缸，是用石头凿的；村头山神庙里的神像，更是用石头雕成……阳谷踏着石头的路走街串巷，进行摸底和调查研究。在这基础上，阳谷经过反复思考，决定领着全村人种植猕猴桃。

在贵阳工作时，阳谷和公司的同事曾经参观过离贵阳不远的修文县谷堡镇宏夏猕猴桃种植农民专业合作社。那里的猕猴桃很有名，已经成为当地农民脱贫致富的一张名片。通过种植猕猴桃，农民们生活越来越富裕。

据阳谷了解，他们村无论是土壤，还是当地的气候都适合种植猕猴桃。可是阳谷把自己的想法告诉村里人时，却遭到了大多数人的反对。之前，村里人祖祖辈辈种水稻，现在忽然让大家种猕猴桃，他们想不通。大伙儿纷纷问阳谷，种那种水果能不能行，能不能卖出钱来。

阳谷在部队当过班长。当班长有一个专长，就是善于做思想工作。于是，阳谷就挨家挨户给村民们讲种猕猴桃的好处，讲猕猴桃产业附加值如何高，等等。

其间，阳谷登门拜访次数最多的是族长家。布依族多年来实行宗族制。每个宗族都有族长。族长在宗族成年人中自然产生，一般由辈分较高并有威望者担任；或辈分虽不算高，但属族中大户，有能力，有威望。阳谷知道，只要做通了族长的工作，这盘棋就可以下活了。

族长年纪大，接受新事物显然有困难，阳谷就一次一次地和他交谈。阳谷向族长详细介绍了猕猴桃，介绍了修文县种植猕猴桃的经验，介绍了那里的合作社社员近年来因为种植猕猴桃生活得到的改善和提高。许是阳谷的真诚打动了族长，最后族长同意采取宗族议事的方式，在宗祠召开“家族全体会议”，具体讨论是否种植猕猴桃的事。

通过召开宗族会议，大家同意了阳谷的提议，拿出一部分土地，种植猕猴桃。

两年后，阳谷所在的石鼓村村民们种的猕猴桃获得了丰收。那些毛茸茸的果实给大家带来了良好的经济效益。阳谷算了一笔账，种猕猴桃，的确比种水稻实惠，村民们能够从中赚到更多的钱。

村民们为此都很高兴。

但是阳谷不满足。因为村里把生产的猕猴桃拿到县城里去卖，每斤只能卖到一两块钱。阳谷认为能卖更多的钱，关键是怎么卖！于是，阳谷带人到修文县谷堡镇考察，回来后做了两件事：一是注册商标，打出自己种的猕猴桃的牌子。石鼓村属于山区，空气好，水质也好，种植的猕猴桃不打药，属于绿色产品。有了品牌商标，以后销售产品，消费者可以通过二维码跟踪整个生产过程，了解产品的质量。二是组织村里的年轻人成立了专门的销售班子，改变了以往产销脱节的状况，搭上互联网的快车，把产品销出大山，销往全国各地。

有了这两招，石鼓村种植的猕猴桃，无论是产量，还是销售量，大幅度增加。仅仅种植了 5 年猕猴桃，村民们的人均收入就增至 8 000 元以上！

山西军锋科技有限公司的总经理张志安是回族人，1973 年入伍，在贺兰山下的宁夏军区高炮部队当兵。

从新兵连分到连队的第一天，连长给每人发了几页纸，让大家写一篇学习毛主席《愚公移山》的体会。张志安也没多想，拿起笔，略作思考，就按连长的要求写了起来。张志安是高中生，在这批新兵中，文化程度较高，写一篇学习体会，对他来说并不难。

张志安写得很快，第一个写好交稿了。当时，张志安记得把稿子交给连长时，连长盯着他，看了好一会儿。

第二天，全连集合，连长宣布把张志安分到了指挥排的航模班。

高炮连的每个连队都设有一个航模班，主要任务是操作航模飞机，为全连官兵高炮射击提供保障。这个班的成员，要求文化程度高，连长在新兵下连时让他们写学习体会，实际上就是为了对新兵的文化程度进行摸底。

张志安进入航模班，成了连队新兵最眼红的一件事。许多人都想操作航模，认为平时训练就是操作航模机在天上飞，跟玩差不多。

实际上，航模班的训练有难度。比如航模操纵手要在接受指令的第一时间，对航模机进行遥控，并做出相应的动作。比如要学会修理航模机，就要弄懂航模机的遥控系统和遥测系统。

张志安的班长徐兴强是江苏新沂人，对张志安要求极严，每每训练中张志安有做不到的地方，徐班长就会严厉批评他。

但徐班长平时为人很和蔼，他经常跟张志安讲王杰的故事。王杰的牺牲地离徐班长老家不远。徐班长从小就会唱《王杰的枪我们扛》，会讲王杰的故事，他对王杰的英雄事迹了如指掌。徐班长在训练中对张志安讲得最多的，就是要有“一不怕苦，二不怕死”的精神，不怕困难，迎难而上，努力提高技艺，尽快掌握和提高航模技术。

正因为张志安在部队参加了航模班，正因为他在班里多年来受到“两不怕”精神的熏陶，他从部队退伍后，回到家乡，创办了科技公司，主要业务便是使用无人机，促进现代农业的生产与发展。

张志安成立公司后的第一笔业务，是接受临汾郊区一个果树种植园园主的委托，对其120亩梨园进行托管。托管的内容包括采用无人机打药，扩大树间距，换用环保肥料等。经过实践，果园生产的梨，又大又甜，就连口味都和以前不一样了。对此，客户满意，张志安也特别满意。

有了良好的开端，张志安趁热打铁，扩大再生产，组建了一支由50多名退役军人组成的团队，专职对多个地区进行农业科技服务和集中托管种植。

为什么作为一家科技公司要接纳那么多老兵？

一是张志安有军人情结。他觉得和当过兵的人在一起工作，特别带劲。二是部分退役军人在自谋职业时，苦于缺乏学历条件和技术能力，时常难以获得稳定的工作。张志安认为自己有条件帮助他们就业。三是张志安了解老兵，他们受部队培养多年，执行力强，作风优良，特别能吃苦，特别能战斗，非常适合农业科技服务工作。所以，张志安觉得把传统农业面对现代化出现的困境与部分退役军人就业的困难两者结合起来，统筹解决，就一定会让他的公司打开新的局面。

当然，对退役军人组成的团队，需要进行全面的科技培训。也就是说，打铁需要自身硬。后来，通过不断的学习，张志安的这个团队不仅人人业务精通，而且都能担当小教员，对所服务地区的农户进行专业的培训与指导。近年来，张志安和他的科技公司，通过运用植保无人机、智能履带车等新型农机设备，开展农业生产托管专业化服务和集约化生产销售，有效地解决了农业生产中劳动力不足等问题，在促进脱贫攻坚与乡村振兴的过程中，运用科技创新，为传统农业的发展，注入了新的活力。

张志安的故事给予我们的启示是，人是要有精神的。在张志安身上，我们看到了王杰精神的传承——张志安在部队服役期间受班长的影响，崇敬英雄，时时用“一不怕苦，二不怕死”精神来要求自己；退役后，他依旧学英雄，以王杰为榜样，坚持自己的价值取向。如此一来，他的人生因王杰精神的影响而丰富，也因王杰精神的传承而格外显得生动。

事实上，人无精神不立，国无精神不强。从这个意义上讲，王杰属于我们整个民族。王杰用生命铸就的“两不怕”精神，已经成为中华民族精神的重要组成部分，正激励着无数的人们在新时代的征途上阔步前进！

4. 一个人与一座城

★ | 王杰与徐州

王杰是在徐州地区的邳州张楼公社训练民兵时，因炸药包发生意外爆炸，舍己救人，壮烈牺牲的。从那以后，王杰就成了徐州的一个组成部分，他的存在，就像九里山一样巍峨耸立；他的精神，就像云龙湖一样博大不朽。

总之，他和这座城市，有了千丝万缕的关联。

在徐州，仍然驻扎着王杰生前所在部队。每天当晨曦照亮军营的时候，官兵们出操点名，第一个呼点的就是王杰。指挥员一声“王杰——”，整个方阵都在齐声回答：“到！”声震寰宇，气吞山河！

徐州地区的邳州，是王杰的牺牲地。在那里，王杰会以多种形式出现在你面前。他还会在你需要他出现的时候，出现在你的前方。他走，你也在走。他的激情，会随时随地感染着你，让你心头揣着一团火，热烈而又明亮。在那里，有一座“王杰小学”，是孩子们的天地；还有一所“王杰干部学院”，是成年人学习的园地。这所干部学院成立于2018年，为了进一步弘扬王杰精神，由邳州依托市委党校创办，意在借助当地红色资源，加强军地融合共建力度，培训党员干部，打造优质的教育基地。由此一来，我们通过一所小学和一所学院，看到了不同年龄、不同层面的人的组合。这并非刻意组合而成的板块，却有着鲜明的意象，让我们从中领略了活力四射，看到了未来希望！

王杰是徐州的一张无形的名片。在徐州，你若是在大街上，向路人打听某某地方怎么走，对方有可能不知道；但你若是提及英雄王杰，无论老人或是孩子，都会告诉你，王杰是怎么牺牲的，王杰的纪念馆在哪里，以及王杰小学、王杰中学、王杰超市、王杰社区、王杰邮局、王杰车站的具体位置。

还是在徐州，云龙公安分局依托“王杰精神”发源地的独特优势，成立了由52名原王杰部队军转民警组成的“警营王杰班”。这个由民警组成的王杰班，其成员涵盖了分局机关直属队和派出所的各个岗位。首任班长王先云，曾是王杰生前所在部队“王杰班”的第18任班长。

王先云，浙江安吉天子湖镇吴址村人，1973年5月出生，1992年3月入伍。当兵后不久，就调到“王杰班”。1994年12月至1996年3月，他在“王杰班”担任班长。用王先云的话讲，这一经历，让他受益终生。2008年，王先云从师司令部直工科副营职干事的任上转业，来到公安局工作。

从军营来到了警营，工作改变了，可是有一种东西没有变，那就是王杰精神的传承。云龙公安分局离王杰生前所在部队很近，那些日子，王先云上下班，经过部队大院，总想着有一件事要做。是什么事呢？想来想去，王先云想清楚了，那就是成立“警营王杰班”，通过“王杰班”的形式，大力弘扬和传承英雄王杰精神，推动新时代王杰精神在警营的发扬光大，并以此引领公安工作高质量地发展。于是，在王先云的提议下，云龙公安分局“警营王杰班”很快成立了。

成立之后的“警营王杰班”，大力弘扬王杰精神，先后组织全局 510 名民警走进淮海战役纪念塔、王杰部队、徐工集团等地，接受红色教育。“警营王杰班”还与王杰生前所在部队的“王杰班”结成共建对子，多次开展活动，进行座谈与交流，用王杰“两不怕”精神凝魂聚气，校正自己的价值追求。

郭华民曾是王杰生前所在连队的一名排长，转业后在云龙公安分局新生派出所社区担任民警。新生街是老旧棚户区。有一次，连降暴雨，因排水管道不通，造成了地面大量积水。郭华民冒雨挨家挨户排查灾情。居民老钟家里积水严重，郭华民蹚着齐腰深的水，多次往返，将受困人员和贵重物资背到安全地带。2021 年，郭华民被徐州市评为“徐州好人”。

葛松曾在王杰部队服役了 6 年，2018 年转业，来到青年派出所担任刑警。众所周知，刑警任务重，工作的第一年，葛松就连续出差 12 次，行程累计超 20 000 公里。儿子埋怨他很多天不回家，即使回一趟家，也是晚上回，天不亮又走了，见不到人。但他儿子特佩服爸爸，因为葛松是破案能手，自担任刑警以来，先后配合同事破获各类案件 30 余起，保护了人民群众的生命和财产安全。

大郭庄派出所副所长朱彦忠，是“警营王杰班”的成员。他从部队转业，从事公安工作 11 年来，办案不计其数。

朱彦忠有一个特点，是始终保持着部队的优良作风，干起工作来，不怕苦，不怕累，勤勤恳恳，兢兢业业。有一次，他接到报案，说有人在某地走私和倒卖香烟。朱彦忠抓住线索，顺藤摸瓜，紧追不放，不辞劳苦，三去广州，终于破获了一起亿元烟草走私案。还有一次，朱彦忠在办理一宗诈骗案中，为寻找证人，反复上网查询，四处打听，终于找到了突破口，在嫌疑人拒不认罪的情况下，通过铁证，做到了零口供破案，将罪犯绳之以法。

参加公安工作以来，朱彦忠先后带领警组办理刑事案件 40 余起，抓获犯罪嫌疑人 60 余人，获得三等功，并被评为“市局人民满意警察”“优秀复员转业军人”等荣誉称号。

……

目前，徐州市云龙公安分局，通过“警营王杰班”的示范效应，在进一步深入开展弘扬王杰精神的活动中，加大以点带面的力度，引领全局民警争做“王杰式”民警，打造“王杰式”警队。

还是在徐州。

这座城市有许多大学，教育部直属的全国重点高校中国矿业大学，便是其中的一所。

多年来，中国矿业大学一直把王杰精神列为该校思想政治教育的重要内容。原校党委书记罗承选说：“王杰的优秀品质，始终潜移默化影响着我们的学生。”

2008 年 8 月，中国矿业大学的毕业生樊晓东和宋朋朋，一个来自山西，一个来自四川，为了响应国家号召，打赢脱贫攻坚战，远离家乡，主动要求到新疆工作。

怀着“好青年志在四方”的豪情，入疆后，他们被分配到喀什地区的一个偏远乡镇工作。那里远离城区，自然环境差，时常黄沙飞舞，遮天蔽日。他们住的宿舍，极其简陋，只有一张床，一张桌子，一把椅子。插线板要自己装，窗纱要自己换，门闩要自己安……但他们有心理准备。在学校时，老师组织他们参观过王杰纪念馆，王杰的“一不怕苦，二不怕死”精神，早已深入人心。当他们决定来新疆工作时，就已经把即将面临的艰苦生活考虑过了。他们想过，人生的价值，在于奉献。他们要在火热的实践中，放飞梦想，把在大学学到的知识，奉献给祖国的边疆。

在乡镇，扶贫是他们的日常工作。他们经常走村串巷，深入田间地头进行调查研究。其间，他们向当地群众学习少数民族语言，以便更好地与对方交流。他们还经常帮助农民种田，和老乡们打成一片……

樊晓东和宋朋朋筹划了一项支教团项目，这个项目让更多的大学生能够来到这里，为推动新疆的发展，贡献青春力量！

据中国矿业大学统计，近 10 年间，该校毕业学生有 2 100 多人志愿奔赴西藏、青海、内蒙古、贵州等边远地区工作。

陈玉国是中国矿业大学资源与地球科学学院的辅导员，作为一名高校的老师，2020 年 10 月，他来到新疆大学，开始了为期一年的对口援疆工作。

新疆大学十分重视学生思想政治教育，陈玉国所在的思想政治教育科主要负责这方面工作。通过与学生的密切交流和实地考察，陈玉国发现，学校思政教育活动的主题与同学们关注的话题衔接度不够，学生参与积极性不强。他想到在中国矿大时，借助当地红色资源，突出王杰精神的教育，取得了很好的效果。于是，陈玉国尝试着让新疆大学的学生根据自己的体会，讲述英雄王杰的故事，并将王杰精神与当代青年的价值取向作为关注点，召开主题班会，组织大家进行讨论。陈玉国说：“这样既能推动学生思政理论学习，又能引导大学生活向良性方向发展，二者相辅相成，能让思政教育入耳更入心。”

援疆之行让天山脚下这片广袤的土地留下了陈玉国扎实的脚印，也为新疆大学带去了来自矿大的支援和帮助。通过援疆，陈玉国对“一不怕苦，二不怕死”的王杰精神有了更加深入的理解和认识。回到矿大后，他经常结合自己援疆的经历，向学生们讲述王杰精神的传承。

在中国矿业大学，热衷于支教的不光有像陈玉国这样的老师，还有一批学生。学校里有一个由3名力建学院贵州籍学生发起的“筑梦”爱心公益组织，已经连续10年组织学生对我国西南偏远地区进行暑期支教活动。

学生姚翰宸去过贵州支教。“去贵州毕节的时候，那个学校所在的地方特别穷，没有通电，手机也没有信号，上课的教室是养猪的猪圈。我们上课时，把猪牵出来，搬进去桌椅，就这样上课。”姚翰宸说，“那里环境闭塞，家庭教育短缺，致使山区留守儿童与外界沟通能力薄弱，他们甚至不会讲普通话，害怕与陌生人接触。”针对这样的情况，姚翰宸尽自己最大的努力，给予这些孩子陪伴和关爱。他整天都和这些孩子们在一起，教他们学知识，教他们唱歌，向他们讲述大山以外的故事……在贵州山区支教给姚翰宸的感受是，支教的时间有限，但让他受益一辈子！

2014年，“筑梦”公益与徐州市慈善总会开展合作项目，先后受邀参加了徐州市第八、第九届慈善晚会，获得了社会爱心企业家的捐助。2021年，该公益组织是江苏省唯一获得暑期实践双十佳荣誉——“十佳团队”与“十佳风尚”的社团组织！

中国矿业大学采矿工程专业学生郭春福，心中有一个军人梦。在他上完大学一年级的时候，郭春福毅然决定休学，报名参军。

2016年9月，郭春福来到部队，他决心以王杰为榜样，严格要求自己，争当一名合格的士兵。

从军两年，让郭春福记忆最深刻的是一次100公里徒步拉练，那是他第一次参加如此高强度、远征途、强难度的野外拉练。途中，不光要负荷钢盔、手榴弹、九五式全自动步枪等重达30公斤的武器装备，跨越高山大河，还要进行演习，应对高空无人机侦察，通过毒气封锁区域等难度较大的项目。郭春福走着走着，体力就跟不上了，但他仍旧坚持着。最后10公里、5公里、1公里……当他和连队在凌晨4点到达目的地时，脸上露出了胜利者的微笑。郭春福说，那次远程拉练的经历，从此在他心中播下了王杰的“两不怕”精神的种子！

从部队退役后，郭春福回到母校矿大，继续上学。其间，郭春福兵心依旧，他在学校武装部老师的指导和战友们的帮助下，参与组织成立了中国矿业大学退役军人协会，并担任首届会长。

经过3年的学习，郭春福不仅顺利毕业，还取得了保研资格。然而，他却放弃了保研，毅然前往基层生产一线，当了一名煤矿工人。

郭春福说，他愿当一块煤，优质的煤，燃烧自己，为世界发热、发光！

在安徽省皖北煤电集团下属煤矿的矿长中，最年轻的是中国矿业大学采矿工程专业2005级学生王涛，现任五沟煤矿矿长。他大学毕业后，从一名普通的煤炭一线技术员做起，在磨砺中不断进步，逐步成长为集团最年轻的中层干部。

来到煤矿，王涛每天都和工友一起下井劳动。在井下的巷道里，王涛运用在学校学到的知识，解决了包括机械故障在内的许多技术问题，保证了生产的顺利进行。

由于吃苦耐劳，工作细致，业务熟练，成绩突出，2013年王涛被公司委派到陕西宝鸡开拓公司工作。从平原到山区，王涛在三秦大地一待就是6年。在那里，王涛对煤与瓦斯突出、冲击地压等复合灾害进行了有效的防治。2019年，经过安徽省委党校中青年干部培训班4个半月的学习，王涛被提拔为矿长。

王涛在谈到他大学毕业后来到煤矿，从当技术员到班组长，再到当队长、当矿长的任职体会时说，开矿就要不断地掘进。困难时时都有，关键要有“一不怕苦，二不怕死”的精神，就能够战胜一切，勇往直前！

张云怀是中国矿业大学地质系的学生，1990年毕业，先是到阳泉矿务局工作，后来辞职，运用在大学学到的专业知识，进行创业，成立山西云泉岩土工程科技股份有限公司。目前，这家公司作为阳泉市经济开发区首家新三板挂牌企业，计划下一步进入科创板，正式上市。

张云怀始终有一颗好奇心，他进入矿大之前没出过远门。第一次见到电梯，感到新鲜；第一次坐火车，兴奋得不行。在大学学习期间，他总是因好奇而不满足，通过替同学修理收音机，自学了无线电技术。到了阳泉矿务局工作之后，又因好奇而参加竞赛，张云怀曾在局里组织的地质比武中获得了理论和实践双料冠军。后来创业，也是因为好奇，张云怀想通过创业，试一试自己究竟有多大的能量，运用学到的专业知识，来解决社会的诸多需求，看一看能创造出什么样的奇迹。

当然，创业的路，充满了艰辛，但张云怀不怕。记得在学校时，老师跟他讲过，中国矿业大学教授学生矿业方面的知识，这里的矿包括两种矿，一种是自然界的矿藏，一种是精神世界的矿藏。矿业大学有一大优势，即与王杰生前所在部队是近邻。那里也是一座矿，一座富矿。矿业大学的学生，要与时俱进，开采好这两种矿藏。

张云怀是一个新时代的好“矿工”，生活中的他，始终在掘进，掘进，再掘进！

还是在徐州。

在这座城市，有着很多很多与王杰有关的故事可以讲述，只是由于篇幅的原因，我们只好忍痛割爱，就此打住。

徐州素有“淮海之都”之称，是淮海经济区中心城市，长江三角洲区域中心城市，徐州都市圈核心城市。在这片辽阔的土地上，自从有了王杰这样的英雄，50 多年来，人们向王杰学习，争做“两不怕”精神传人的热情，就如同春潮，汹涌澎湃，一浪更比一浪高。

一个英雄，给一座城市带来了荣光。

一座拥有 900 多万人口的城市，让一个英雄连同他的精神复活了，如同丰碑，高高耸立在人们的心中！

★ | 王杰与金乡

山东济宁市金乡县是王杰的家乡。

1942 年 9 月 14 日，王杰出生在这个县城北王庄一个农民的家里。1950 年至 1961 年，他在当地的小学和中学上学读书。1961 年 8 月，19 岁的王杰应征入伍。1965 年 7 月 14 日，在训练中，为救 12 名战友，王杰壮烈牺牲。

得知王杰牺牲之后，金乡人民以极其悲痛的心情，开展了一系列的追悼祭奠活动。他们为这片土地养育了王杰这样的英雄而感到骄傲。他们把王杰奉为全心全意为人民服务的楷模；把“一不怕苦，二不怕死”的精神，视作金乡人民宝贵的精神财富。从此之后，凡是金乡人远行，走上千里万里，他们都会对别人说：“英雄王杰是咱家乡的人；咱家乡的人，人人学王杰，个个争做王杰的传人！”

仍在金乡。

2010 年 10 月，升级改造的王杰烈士纪念馆新馆即将开馆，有一个人，抱着一大摞资料来到纪念馆。传达室的门卫拦住他说，纪念馆正在整修，还没有开放。此人自报家门，说他名叫冯利，是金乡街道办事处的干部。这次来，是特意为正在布展的王杰烈士纪念馆捐赠资料和藏品的。

那么，作为金乡县普普通通的一个市民，冯利哪来那么多与王杰有关的捐赠物呢？

说来话长。

1990 年初的一个休息日，在河北邯郸服兵役的冯利逛当地文化市场的旧货地摊时，偶然发现了一张 60 年代国内《科学报》上刊载的一篇报道王杰事迹的文章，立即产生了极大的兴趣。一来，冯利自幼爱好集邮，并附带着对诸如陈年报刊、香烟盒、连环画等也很感兴趣。二来，他是金乡人，而王杰是家乡人的骄傲和学习的榜样。可以说，冯利从小就是听王杰的故事长大的。所以，当冯利看到那张刊有王杰内容的旧报纸时，眼睛一亮。他拿起那张报纸，爱不释手地看了又看，决定买下它。地摊老板见冯利喜欢，便趁机抬高价格。后来，几经交涉，冯利还是以较多的钱买下了这份报纸。

有了这一张载有王杰事迹的报纸，从此冯利一发不可收，他把有关王杰事迹的图书、报纸、杂志等作为自己收藏的一个专题。20 年来，冯利收藏的与王杰有关的书籍 10 多册，报刊近 40 种，其中云南省芒市的机关报《团结报》，现已成为绝版珍品。

当冯利得知王杰烈士纪念馆新馆即将开馆时，他萌生了一个想法，即让更多的人看到他的藏品，将王杰的精神继承和发扬光大。于是，他决定将这些藏品无偿捐赠给纪念馆。

冯利的善举，受到了县领导的表扬；日后，也受到了众多王杰烈士纪念馆参观者的好评。

仍在金乡。

有一支由老干部、老战士、老党员、老模范、老教师组成的5个人的“五老”宣讲队，他们挖掘地方元素，通过“红色故事会”等大家喜闻乐见的方式，走村串户，深入农家小院、乡村广场、田间地头，宣传王杰精神，受到当地群众的欢迎。

年已80岁的韩义祥，是县供电公司的退休职工。他和王杰一同入伍，在部队，两人是同一个连队的战友。1964年11月4日，韩义祥和王杰一起参加济南军区工程兵组织的“郭兴福教学法”集训。这次集训是专门培养工兵专业的尖子和教练员的。韩义祥和王杰均获得一级能手的资质，多次在连队或给民兵们担任小教员。

我们在前面的章节里写过，王杰牺牲前曾推迟探亲时间，把机会让给了战友。这位战友，就是韩义祥！

那年4月，韩义祥接到电报，得知父亲病重。此时连队已安排王杰探亲。后来王杰得知韩义祥的情况，推迟了探亲假。3个月后，王杰牺牲。韩义祥赶到现场，和另一位名叫辛养法的战友把王杰的尸骨收敛，包在一块浸满鲜血的衣布里……此后，韩义祥以宣传和传承王杰精神为己任，他觉得那是一种责任，是对战友王杰最好的怀念。

有一天，韩义祥遇到了其他4位热衷于宣传王杰的老人，大家在一起一合计，就成立了“五老”宣讲队。他们考虑到宣传形式要多样化，不能光是说教，那样宣传效果不好；要寓教于乐，让群众在喜闻乐见的形式中，感受王杰精神的伟大与崇高。金乡县曲艺资源丰富，是方圆百十里地出了名的“戏窝子”。于是，“五老”们除了讲故事，还编排多种曲艺节目，比如山东快书《王杰精神代代传》《王杰日记放光芒》和情景剧《英雄壮举》。他们的演出，收到了很好的宣传效果。金乡县王杰中学学生14 岁的刘丁看了演出后，惊叹不已，说：“以前我只在书本上看过王杰的故事，原来还可以看到这样演出来，更震撼了！”县霄云中心小学五年级学生王本彤说：“他们讲的都是实实在在的东西，听了很受用。我们要学习王杰，倍加珍惜现在的幸福生活，长大后为国争光！”

在“五老”的示范和带动作用下，现在金乡县各乡镇都组建了“五老”宣讲队，开展“红色故事会”1 000 多场，观众达 5 万多人次。

仍在金乡。

兴隆乡郭店村党支部书记、村委会主任郭奉林，从 1988 年起就担任村干部。村民们都夸他，说他一心一意为群众着想，带领大家走富裕道路，是郭店村的好干部。

郭奉林之所以工作干得好，在群众中有威信，是因为他严于律己，一心为公。1999 年的夏天，村里实行家庭土地承包责任制，需要重新分配村民土地。分地是个敏感的事，大家的眼睛都盯着，看干部怎么分。郭奉林不客气，他第一个拿地，拿了村里最差的一块地。那块地大，他分不了这么多，那余下的分给谁呢？郭奉林便动员三个兄弟和亲戚，大家一起分。他弟弟抱怨说，凭什么别人吃树上的熟果子，他们吃落在地上的。郭奉林说，因为他是村干部，更因为学习英雄王杰“三不伸手”的作风，当干部的不能光让人家学王杰，自己不学！这样一来，村支书带头，其他干部也不落后，最后剩下的地都是一些好地，也就不难分了。过后，村民们都说，最难的事，到了郭奉林那里，就不难了。为什么？因为他心里装着大伙儿。

还有一次，村里调整宅基地。按照规划，郭奉林二哥的宅基地需要向东挪2米。二哥没挪，反而打了地基，垒起了石头。郭奉林见了，操起锤子就把垒起的石头砸了。然后，郭奉林丈量了一下，在原地基的东边2米处插了根木棍，对他二哥说："就这了，差一分都不行。"村里的人都服了，纷纷朝郭奉林竖起大拇指。

2001年，郭奉林带头致富，和4个村民一起建了一个预制件厂。工厂建好后，产品供不应求。村民们见了，个个摩拳擦掌，都想上项目，可是苦于手中没有那么多资金。郭奉林主动为村民们到信用社担保贷款。村民郭敦民建楼板厂，要买运输车，找郭奉林帮忙。郭奉林一口答应，先后三次，帮他贷款9万元，现在郭敦民的企业发展很好，年收入达30万元。村民郭德林家庭负担重，想买台车跑运输，也是郭奉林帮他贷的款。有人说："郭书记，你帮人贷款不怕担风险吗？"郭奉林说："怕风险，就不怕村民受穷？有风险，大不了把自己的厂子抵押了，再重新创业！"在郭奉林的带领下，郭店村不久就成了乡里的经济强村！

村里人都说他们的村支书郭奉林是王杰"两不怕"精神的传人。这话是有根据的。早在2007年4月，村里为方便村民给地里的大蒜浇水，经供电部门同意，重新调整电力线路。施工中，发生了意外，一根电线杆突然倒下，眼看着就要砸到村民刘学武和白冬梅，说时迟，那时快，郭奉林一个箭步冲了上去，奋力将二人推开，而他自己却被电线杆砸倒在地。村民得救了，郭奉林却身负重伤！

事后，在场的村民都说，郭支书扑上前的姿势很像王杰，他是王杰式的好支书！

从此，郭奉林带着救人落下的伤勤奋工作。所以，村民们都夸郭奉林好，绝对没错。一个连死都不怕的人，还有什么困难不能克服，还有什么问题不能解决呢?!

仍然是在金乡。

2012 年 10 月 7 日清晨，广西来宾市兴宾区合山路东一巷 24 号 6 间铺面发生火灾。消防队班长周轲接到火情报告后，以最快的速度和战友们乘坐消防车赶到事发现场。

火情严重。火焰借助风势，足足蹿到 10 米多高，浓浓的烟雾，遮天蔽日。跳下消防车的周轲，仅凭观察，就发现有人被困在一间店铺里。于是，周轲拿着切割机冲上前去。他不顾迎面扑来的火势，切割店铺的铁门。当他打开铁门后，竟发现里面还有一道铁门。就在周轲要往前去的时候，战友韩攀攀欲跟他一起去，被他拦住。周轲让他往后退，说里面危险。说完周轲就独自冲上前去。结果，就在周轲切割第二扇铁门时，横梁从空中落了下来，将他砸倒在地。当战友们把周轲救出来，送到医院时，由于伤势过重，周轲停止了呼吸……

周轲 1990 年 10 月生于山东金乡县兴隆乡半边峭楼村。2008 年 12 月入伍，2011 年入党，下士警衔。入伍 4 年来，这个来自王杰故乡的优秀士兵，自觉以王杰为榜样，发扬“两不怕”的精神，荣立三等功一次，获得嘉奖一次。其间，他随警出动 387 次，与战友抢救遇险和被困人员 200 多人，抢救财产价值 3 089. 7 万元。

周轲牺牲两天后，公安部即批准他为革命烈士，并颁发献身国防金质纪念章；广西壮族自治区公安厅给周轲追记一等功。

刘联合是金乡县公安局治安大队大队长。1990 年毕业于济宁警校，那时候他身体非常棒。可是到了 1999 年，工作很忙的刘联合时常感到乏力，脸色也不大好。抽空上医院检查，医生说他血小板减少，要他注意休息。他并没有放在心上，工作一忙起来，就把医生的话抛在了脑后。到了 2001 年，刘联合开始经常性地发低烧，且是持续低烧。当他再一次来到医院检查时，医生告诉他，他的血小板只有常人的五分之一，也就是说，他患上了再生障碍性贫血症。

回到单位，刘联合把病历锁在办公桌的抽屉里，并没有把自己的病情向组织上汇报，也没有和同事讲。他和往常那样，仍旧继续工作着。那时候，作为治安大队长，他正主持全县的缉枪治爆工作，他不想因为自己生病，使这一工作受到影响。

那些日子，刘联合带领干警日夜奋战。经过3个月的集中整治，共缴获非法枪支507支，炸药5 080公斤，导火索1 200米，雷管3 949枚。在这期间，他不舒服了，就自己服药，或是偷偷到医院挂水，然后继续工作。

2002年9月21日，县化肥厂发生液氨泄漏事故，正在打点滴的刘联合听到报告后，立即拔掉针头，火速赶到现场，实施援救，并进行事故调查。一直忙了十多天，直到事故处理完毕，他才拖着疲惫的身子，去了医院，继续挂水。

一个半月后，刘联合因病去世。同事们都说，他工作起来不要命，是累死的……

王传德在县鱼山工商所工作。2002年9月12日这一天，所长安排几个年轻人去鱼山镇辖区落实一下冷库的吨位，考虑到王传德年龄较大，让他留在所里值班。王传德说："那里的情况我熟悉，还是我去吧。"所长看他执意要去，便同意了。

于是，王传德与闫中华、代海波、李辉一起去了杨庄村的冷库。到了那里，有人反映说现在有棉贩无证收购棉花，缺斤少两严重，希望工商所加强棉花市场的管理。

经查看，果然有一辆满载棉花的三轮车停在万福河的桥下。王传德和他的同事上前询问，并出示检查证要求对方下车接受检查。对方不仅不配合，还恐吓执法人员。代海波见状，拉开棉贩三轮车的车门，要求棉贩下车。棉贩却从驾驶员的座椅下抽出一把尖刀，向代海波的胸部刺来！王传德眼明手快，一把拉开同事代海波，试图夺下行凶者手中的刀。岂知对方不仅不缴械，反而用刀对着王传德连刺了两刀。王传德当场倒地，血流如注……

了解王传德的人都说，王传德在上中学时，就崇敬英雄王杰，现在，他践行“两不怕”精神，自己也成了一个了不起的英雄！

★ | 王杰与阿荣旗

内蒙古呼伦贝尔市阿荣旗，是王杰的第二故乡。

王杰牺牲后，与王杰一家有着不解之缘的阿荣旗人民，为纪念王杰，弘扬王杰“一不怕苦，二不怕死”的精神，在那吉屯镇建立了“王杰广场”和“王杰纪念馆”。

现在，“王杰广场”“王杰纪念馆”已经成为阿荣旗爱国主义和国防教育基地，周边的农牧民群众纷纷前来参观；每年民兵开训、学生开学，大家都要到王杰广场和纪念馆瞻仰，接受教育。一代又一代的青年人，传承着王杰精神，努力奋斗，有力地促进了当地经济的发展和社会进步。

郑俊谈是阿荣旗的旗委书记。他在谈到弘扬英雄精神时说，王杰“一不怕苦，二不怕死”，踏踏实实，埋头苦干，全心全意为人民服务的高尚品德，同样适用于从事地方经济建设的人们。当前大力倡导王杰精神，就是要塑造新时代的阿荣旗精神，像王杰那样热爱祖国，热爱家乡，不怕艰苦，不畏困难，不甘落后，创新争先，用我们勤劳的双手、滚烫的血和汗水，把家乡建设得更加美丽富饶。

阿荣旗王杰传人故事之一

阿荣旗农牧局的沈为明，参加扶贫工作队，来到堆粮山村。这个村子很有意思，名叫“堆粮山”，可是多年来，村民们却没有脱贫，也就是说，堆粮山空有其名，或者说“堆粮”就是村民的一个梦。

沈为明来到这个村子，就是要通过扶贫，把梦想变为现实。

1964 年 9 月出生的沈为明，大学本科毕业。1984 年 8 月参加工作。1997 年 7 月加入中国共产党。在扶贫工作队，论年龄，他算得上是老同志了，但他工作起来，却像年轻人，充满了朝气。

2016 年初，沈为明刚到堆粮山村，经过走访，听取群众意见，发现从村部通往四组的道路缺少一座桥。没有桥，路不通畅，给村民们日常生活和经济发展带来了许多不便。于是，沈为明急群众所急，本着为老百姓办实事的强烈意愿，向局领导汇报后，协调多方，集社会力量，为村里建起了一座 12 米长的钢筋水泥桥，解决了群众出门难的问题。

看到村里的五保户李春英居住的条件差，生活有困难，沈为明心里搁不下，多次与村干部商量，并与旗民政局沟通，想方设法地将老人送到了公费养老院。过后，沈为明一家一户地走访，力求精准扶贫，不留死角。

有效增加贫困户的收入，大力改善包扶村的集体经济，是沈为明来到堆粮山村扶贫工作的重点。他利用山村的自然优势，结合专业知识，协助农牧局为2016年建档立卡的贫困户每户购买40只鸡雏。给村民买鸡雏，仅仅是第一步。接下来，他组织养殖户学习，为他们上课，讲解如何科学养鸡、预防疾病、选配饲料等知识，为贫困户早日脱贫致富干实事。

2018年底，沈为明通过招商引资，吸引外地的“致富能人”来村里流转土地，发展中草药种植。与此同时，他自掏腰包，购买中草药种子，让贫困户种植，帮助他们铲除“穷根”。

在阿荣旗，王杰是家喻户晓的英雄。王杰说了：“我一定全心全意为人民服务，做一个人民的勤务员。”沈为明就是学王杰的典范，他一心为群众着想，以实际行动，带领群众脱贫致富，让村民们从中感受到党的关怀与温暖。

阿荣旗王杰传人故事之二

李井波是阿荣旗电力有限责任公司的生产部部长。

2005年4月14日，阿荣旗遭遇了几十年不遇的大风雪。那场雪下得大啊，从早下到晚，纷飞的大雪，很快就把世界染成了一片洁白。

狂风加暴雪，让9个乡镇中断了供电。在寒冷的季节，断电意味着什么？意味着天气更加寒冷，群众的生活更加艰难。作为电力部门的生产部部长，排除障碍，恢复供电，责无旁贷。

原本，处理故障，让技术人员去就行了，可是在这样恶劣的天气下，李井波必须去，因为他是部长。领导带头，以身作则，是李井波对自己的要求。

李井波从小就崇敬英雄，王杰是他心目中的偶像。他当过兵，深知“一不怕苦，二不怕死”对于人生有着多么重要的意义。于是，在这风雪交加的日子里，李井波带领5名技术人员，朝着孤山变电站、亚东变电站出发了。

天气太冷，即使坐在车里，也觉得寒气逼人。一张嘴，呼出的热气，转眼间就消失了。更糟糕的是，道路时常被大雪堵住。有时候，他们不得不下车，用随车带着的铁锹铲雪开路。个别路段，积雪竟厚达一米。因此，他们一路走得十分艰难。

看着前方白雪覆盖的道路，有人跟李井波嘀咕道：“部长，你看这雪下得，还能去吗?”李井波坚定地说：“只要不放弃，就一定能到达目的地。”接着，李井波说：“抓紧铲雪，群众还在盼着我们为他们送电呢!”

于是，李井波带着大家越战越勇。

他们铲雪，开通了一段路，就上车开一段；车走不了了，再接着下车铲雪。60多里的路，他们乘车走走停停，竟用了4个多小时。等赶到事故现场，李井波和他的同事顾不上休息，立即投入到抢修线路的工作中去。

干活干累了，李井波就唱歌给大家鼓劲。他最喜欢唱的歌是《王杰的枪我们扛》。每每唱起来，李井波浑身是劲。

经过连续奋战，9个乡镇都恢复了供电。

而大雪仍在不停地下着……

阿荣旗王杰传人故事之三

2009年9月，张苹通过内蒙古自治区“村官”考试被选聘到阿荣旗六合镇永胜村担任村主任助理。

阿荣旗是王杰的第二故乡。张苹来到王杰广场，参观王杰烈士纪念馆。可以这么说，张苹的职业生涯，是从王杰广场开始的。她带着传承王杰精神的强烈愿望，迈入了人生道路上一个崭新领域。

来到村里后，张苹通过考察当地的自然环境及农业生产方式，决定成立阿荣旗金豆马铃薯产销专业合作社，与村民合作，种植和销售马铃薯。

为什么要进行创业，成立合作社？

张苹考虑，村里人多年来适应了传统农业的生产，你让他种马铃薯，说这里的气候、土壤特别适合马铃薯的生长，大多数村民不相信。他们说，他们祖祖辈辈都没种过马铃薯，地也没荒过。所以，张苹要以事实说话，一旦合作社种的马铃薯收获了，卖出了大价钱，自然村民们的观念也就改变了。

从 2010 年开始，张苹的金豆马铃薯产销专业合作社，真是从地里刨出了金豆豆。由于马铃薯品种好，又有技术人员指导，合作社的农户最高亩产马铃薯 4 000 斤，平均产量也在 3 000 斤以上，其收入比起种大豆高出了 3 倍，比种玉米高出 3.5 倍。收获的马铃薯，一部分进入市场销售，另一部分加工成粉条，大大提高了马铃薯的附加值。

有了第一年种植马铃薯的成功经验，张苹加大改革力度，采取“企业 + 农户 + 基地”三位一体的发展模式，扩大再生产，通过马铃薯项目的全面开展，大大增加了村民们的收入。

接着，张苹一发而不可收，于 2014 年创立呼伦贝尔金豆墨宝农业发展有限公司，在村里建立了6 000亩生产基地，开始尝试发掘优质的呼伦贝尔生态粗粮，并同时推出“乡愁味道”品牌，使该企业成为呼伦贝尔地区第一家在互联网上品牌化推广粗粮的公司。

再接着，张苹以旗下的两家经济实体为依托，组织人员入驻网络销售平台，开展网上销售业务。目前，他们已成功推出30多款主打产品；与此同时，他们还通过销售渠道，与全国各地的农产品建立了良性互动关系。线上线下，热闹非凡，阿荣旗六合镇永胜村的农副产品受到了全国各地消费者的青睐。

张苹由于成绩突出，2010年被中共呼伦贝尔市委组织部和共青团呼伦贝尔市委员会等单位评为“杰出青年创业致富带头人”；2011年，被新华网评为新华社年度“大学生村官十大创新人物”；2012年，被阿荣旗委组织部评为年度“基层组织建设优秀大学生村官”；2015年7月，在全国大学生村官十佳“村民贴心人”推选活动中获提名奖。同年，永胜村马铃薯种植项目获得“全国大学生（村官）十大创业项目”。

阿荣旗王杰传人故事之四

杜伟军是阿荣旗音河达斡尔鄂温克民族乡维古奇村山堖黑麦产销专业合作社的理事长。这个合作社是杜伟军的父亲杜兴国于1988年春天创立的。那时候，刚刚创立的合作社，第二年就向国家交售10万斤优质小麦，从而创造了自1956年以来维古奇村首次向国家交售余粮的历史。

1999 年，杜兴国去世。在部队服役 5 年的杜伟军回到家乡，接手了父亲开创的企业。当时，许多农户种粮的积极性不高，村里出现了土地撂荒现象。杜伟军看在眼里，急在心上，于是他把别人不种的田地承包过来。后来，随着耕地面积逐步扩大以及大型农机具的应用，合作社的规模效益开始显现。

在杜伟军看来，一家富，不算能耐；只有让全村的村民们都富裕了，才叫本事。在部队当兵期间，杜伟军始终以王杰为榜样；离开部队后，他仍旧把王杰事迹记在心上。因此，杜伟军把为乡亲们办好事，办实事，看成是学习王杰，一心一意为人民服务的具体行动。2012 年，杜伟军投入 150 万元，建起厂房，购进黑麦面粉加工设备，进一步延长了产业链。他通过产销合作社，实施“专业合作社 + 基地 + 农户”的产业化模式，为种植户提供种子、种植、加工、销售一条龙服务，使处于弱势地位的黑麦种植户通过合作社这一平台，“抱团”发展，共同致富。

发展生产的根本目的，是为了更加美好地生活。杜伟军清醒地意识到，鄂温克民族从来都是敬畏自然的。因此，在发展生产中，生态保护十分重要。于是，杜伟军始终把优良的生态环境当成自己的眼睛一样进行保护，凡是围绕种植业、养殖业、加工业、林下资源的开发，他都要求企业必须坚持走绿色生态、产业循环的发展道路。比如实行土地草场轮作，对耕地进行合理划分，精心安排轮作、休耕等。

“绿水青山就是金山银山。”凭借当地土质肥沃、水源优良、天然无污染等优势，杜伟军的合作社生产的“山堖”有机黑麦粉和黑麦米，一经推出，便迅速走俏市场，被称作是“古老原始碾坊的味道”，是“大山深处的绿色食品”。

与此同时，杜伟军带领村民开发的林下资源也为合作社带来了丰厚的回报。在合作社的带动下，周围的群众纷纷走上了农牧结合之路，先后 20 多户养起了肉牛、奶牛，日子渐渐好了起来。

生活好了，手上有了钱，杜伟军个人出资 50 万元，修了近 20 公里乡村公路。他还出资修建了鄂温克族祭祀敖包和莫日根广场；每年承办鄂温克族传统节日——瑟宾节。按照杜伟军的思路，在这美丽的音河源头，在这鄂温克民族世世代代生长的地方，发展民族民俗和生态旅游产业，也是为农业供给侧结构性改革和农业绿色发展作出贡献。眼下，杜伟军以鄂温克民族文化为特色，正着力于把居住的维古奇村，打造成为集农业观光、运动健身、生态美食、森林养生于一体的多民族守望相助的和谐家园！

阿荣旗王杰传人故事之五

向阳峪镇政府召开大会，对“一不怕苦、二不怕死”英勇救助落井群众的张启明、李志斌等人进行了隆重表彰。大家都说，他们就是生活在我们身边的王杰！

救人事件发生在 2011 年 9 月 17 日中午 1 时许，向阳峪镇松树林村村民刘贞华为了给家养的 1 000 多只肉鸡饮水，到院子里的水井打水。

不巧的是，第一桶水打上来后，水桶掉到井里去了。于是，刘贞华便顺着井壁上的简易铁梯子下去捞水桶。

大约过了七八分钟，刘贞华的母亲不见儿子上来，上前俯下身子趴在井口向下一看，吓了一跳，只见刘贞华落在井水里，浑身抽搐着，嘴巴张开，却喊不出声来。刘贞华的母亲急忙喊来了丈夫刘启堂，让他快下井救儿子！刘启堂急急忙忙踩着井壁的铁梯子下去，谁知刚下到一半，头一昏，也栽到了井底。

这时，走门串户走访群众，宣传护秋保粮和治安保险工作的张启明正好路过这里，他听到呼救声，迅速赶到事发现场。说时迟，那时快，张启明什么都没有想，连忙下井。紧随其后的是村民王兆军。没想到踏着梯子刚刚往井下走了几步，张启明就感到呼吸困难，头晕，腿软。张启明意识到，井底可能滋生有毒气。井深，平时盖有井盖，久而久之，井里缺氧，甚至连二氧化碳的浓度也会降低。而低浓度的二氧化碳，会造成头痛、头晕、脑缺氧等中毒症状，严重者，可引起反射性呼吸骤停的突发性死亡。于是，张启明对身后的王兆军挥了挥手，示意他上去。然后，明知有危险的张启明用手捂住鼻子，屏住呼吸，加快速度，继续向井底走去。此时，井下落水的两个人近在咫尺，张启明不能不救。阿荣旗是王杰的第二故乡。英雄王杰是张启明心中的榜样。他要像王杰那样，“一不怕苦、二不怕死”，奋不顾身地救人！

张启明下到井底，伸出双手去拉刘启堂，岂知，原先捂住嘴巴的那只手刚刚离开，就觉得眼前一黑，一头栽倒……

就在张启明下井救人的同时，向阳峪供电所的职工李志斌接到群众打来的求助电话，立即与同事李宝仁、王仁峰以及胜利村的村民任长清迅速赶到现场。当他们来到井边，抢先一步下井救人的张启明已经昏倒。见状，李宝仁等人争着要下井，被李志斌拦住了。李志斌说，井下有毒气。我们要另想办法救人。于是，大家很快想出了一个好主意，他们用5根绝缘棒连接在一起，伸到井下，然后搅住被救者的衣服，一边拧，一边往上拽，最终把井下的三个人拉了上来！

由于井深5、6米，且井口狭窄，长期累积的二氧化碳和甲烷等气体在井底无法得到有效释放，以至张启明等人被打捞上来后，不幸身亡。

张启明年仅38岁，为救他人，永远地离开了亲人，离开了这个值得他留恋的世界！

阿荣旗的乡亲们将牢牢地记着为了救助群众，不顾自身安危，明知山有虎偏向虎山行的张启明，也记着见义勇为的好青年李志斌、李宝仁、王仁峰、任长清，他们都是王杰的传人……

5. 像大海一样壮阔

我们在上一节讲述了一个人与一座城的故事。其实，岂止是一座城，王杰牺牲后，全国人民都在学习王杰。

时光可以消逝，而王杰的精神，永远不会消失。王杰就生活在我们当中。王杰可以是你，也可以是他；可以是一个集体，也可以是一个时代的象征。

1965年7月14日，是王杰牺牲的日子。同年11月6日，解放军总政治部发出了“向王杰同志学习”的通知。11月8日，《解放军报》以《一心为革命》为题，发表了学习王杰的社论，先后用12个头版头条、21个版面刊登王杰事迹、王杰日记以及全军指战员学习王杰的情况。《人民日报》、中央人民广播电台、《中国青年报》、《光明日报》等主要媒体也先后刊发向王杰学习的社论。全国总工会和全国妇联等相继发出号召，学习王杰的高尚品德和革命精神……至此，学习和宣传王杰的活动在全国广泛开展。

让我们来摘录1965年11月《解放军报》刊载的几篇文章吧，从中我们不难看出当年全国人民、全军指战员学习王杰的热烈情景——

王杰同志英勇地牺牲了。我们要学习他，像他那样读毛主席的书，像他那样一心为革命，像他那样对待工作和生活，为我们伟大的革命事业添瓦增砖。

4630部队一中队炮四班全体

王杰同志像雷锋同志一样，只长着一个心眼，那就是一心为革命，一心为人民。一事当前，他首先想到的是人民，是党，党叫干啥就干啥。他能不断地同个人主义作无情的斗争，正确地对待入党、荣誉、地位、婚姻等等的个人问题。他虚心地向雷锋同志学习，经常同雷锋同志相比较，像雷锋同志一样，做“平凡”的“小事”，做不生锈的万能螺丝钉。

读一读，比一比，看一看，觉得自己和王杰同志差得很远。一事当前，我先想什么？常常是想着“我”。这怎么能算是一个真正的革命战士呢？

今后，我要把王杰同志的言行当作一面镜子，时刻对照检查自己，看自己一事当前先想了什么！

某部仓库战士　魏进良

王杰同志勇于做平凡的人，踏踏实实干好党交给的一切工作，从而铸出了自己的英雄性格……王杰同志具有多么坦荡的胸怀，多么豪壮的气概！对比起来，我很惭愧。党让我当计算兵，我总认为这是给人家当配角，不能一鸣惊人。因此，见异思迁，干得不起劲，成绩也不好……“莫学篾箩千只眼，要学红烛一条心。”我一定以王杰同志为榜样，一心为革命，党把我放在哪里，我就勇敢地在哪里战斗，做一个坚定称职的“小兵”。

山海关驻军某部班长　李连春

入伍眼看快四年了，我还没有入团。过去我总觉得自己几年来的进步不小，成绩挺大，入不上团，是组织不培养，同志们找茬子，心里有股埋怨情绪。

读了王杰同志的日记，我心里豁然开朗。他说：“入党这是我的要求，也是我努力的方向，别人能入党这说明别人条件已经具备，自己还不具备……”

看王杰是怎样对待入党的！我虽然也做出了点成绩，与王杰相比，何值一提呢？王杰有这样突出成绩，还这样严格要求自己，我对自己的缺点却这样“宽宏大量”，这怎么行呢！

某部修械厂　初阳

学习了雷锋式的革命战士——王杰同志一心为革命的英雄事迹，我的心很久不能平静。我为王杰同志用自己的身体掩护我们民兵而壮烈牺牲的革命精神所感动。

他的行动正像他自己写的那样：“为党的事业忠心耿耿，为革命胜利勇于牺牲。是共产党员哪能不视死如归，做革命军人岂能管个人安危。”而我呢？一事当前先替自己想。今年为区人民代表汇报步枪单臂射击时，八发子弹消灭了五个“敌人”，就认为丢了面子，好几顿没吃饭。这样怎么能像王杰那样心怀祖国，放眼世界，随时为共产主义事业献出一切！

长春市城西公社小城子大队女民兵排长　陈玉兰

我一字一泪地读完了雷锋式的战士——王杰同志的日记。

王杰同志在日记中写道：“今后不论在什么工作中我一定做到：为党的事业忠心耿耿，为革命胜利勇于牺牲。是共产党员哪能不视死如归，做革命军人岂能管个人安危。”他说的和做的一个样，在需要的时候，他毫不犹豫地献出了自己的生命。

看看王杰，想想自己，感到惭愧。我入伍前是个高中生。到了部队，觉得学习嘛，自己是有经验的，有些文章像《为人民服务》《纪念白求恩》，几乎都可以背下来。可是，就是没有照着做，遇到问题，没有像王杰那样，说得到，做得到。读了王杰日记，重温雷锋日记，我更加觉得，要前进，就要以他们为榜样，说得到，做得到！

一个雷锋牺牲了，千万个雷锋在成长；一个王杰牺牲了，千万个王杰紧跟上。

4879 部队二连战士　李思俭

我现在担任排长，工作不够熟悉，但我要依靠群众，战胜困难，党指向哪里，我就奔向哪里。在工作中，学习王杰同志挑重担子的精神，见困难就上；在今后的战斗中，只要祖国人民需要，我一定像黄继光、董存瑞、王杰那样，勇敢地献出我的一切。

7793 部队五连　陈代富

（注：陈代富同志是中印边境自卫反击战中著名的战斗英雄。王杰同志在 1963 年 9 月 24 日的日记里曾经提到，要坚决学习陈代富等同志的猛打猛冲、机智勇敢、临危不惧、英勇奋战的精神。）

以上是 20 世纪 60 年代人们学习王杰事迹的部分体会，读来能够感受到字里行间的纯朴与真诚。事隔半个世纪，社会发生了如此巨大的变化，王杰精神是否仍旧具有时代价值，体现民族精神的精髓？

让我们举若干事例，来看一看新时代的人们，是怎样继续和发扬王杰精神，争做王杰传人的——

2016 年 3 月 15 日 23 时，河南永城市马桥镇马桥新街曹雷庭家的五金电料超市突然起火，瞬间，火势蔓延，烈焰升腾。邻居的叫喊声惊醒了正在熟睡的马北村退伍军人刘大甜，以及阿彪理发店的理发师刘彪。他们二人看着被大火映红的夜空，连外衣都没来得及穿，就直奔火场。

借助风势的大火熊熊燃烧，吞噬着五金电料超市。有人喊道，小心啊，超市里有烟花爆竹等易燃易爆物！赶到现场的刘大甜和刘彪顾不上了，因为他们听到屋子里有呼救声。超市老板曹雷庭夫妻，以及出生才 40 天的孙子被困在里面，生命危在旦夕。刘大甜、刘彪奋不顾身地冒着烈火浓烟，向屋里冲去。

他们循着呼救声，穿越火海，很快找到了曹雷庭祖孙三人。把人救出之后，刘大甜和刘彪两人接着又返身冲向火势正旺的二楼。那里存放着大量的烟花爆竹以及十多个煤气罐。曾经当过兵的刘大甜深知，液化气一旦引爆，将危及周边居民的人身安全，后果不堪设想。

来到二楼，被大火包围的刘大甜、刘彪，一趟趟地转移烟花爆竹和煤气罐，直到消防队员赶来……

"一不怕苦，二不怕死"，退伍军人刘大甜把英雄的理念带回家乡，影响着身边的刘彪。他们临危不惧的壮举感动了千万人，获得了永城市道德模范称号并荣登"河南好人榜"。

天山脚下，王杰精神如清澈的雪水，在岁月中流淌。

阿里木江·哈力克来自新疆。他在贵州省毕节市已经生活了十多年。每天，他都在街上摆摊卖烤羊肉串，日子过得并不富裕，但他很开心。因为他不仅可以给当地的人们带来正宗的新疆特色小吃，还可以用一部分收入资助贫困学生。自从来到贵州，他已经先后捐赠十多万元，资助了上百名贫困学生，并在贵州毕节学院设立了"阿里木助学金"。在新疆，他被家乡人亲切地称为"好巴郎"；在贵州，他被当地的人们誉为"草根慈善家"。

热汗古丽·依米尔，一个新疆的农家女孩。早在2007年，她就勇敢地摒弃传统观念，离开家乡阿克陶县，跟随当地政府组织的劳务输出队，来到数千里之外的内地打工。现如今，她已是所在企业的岗位能手。在她的带动下，仅她的家乡，就有2 000多名少数民族姑娘外出务工，她们靠勤劳的双手，织就了人生梦想，让"奋斗改变命运"，成为生活中的现实。

青河县的阿尼帕·阿力马洪妈妈，先后收养汉、回、维吾尔、哈萨克等6个民族的19个孤儿，清贫苦累，一肩担当，不是骨肉，胜似骨肉。她展开羽翼，给孩子们撑起一片天空。

陈俊贵是汉族人，1980年4月8日，年轻的他随同部队来到新疆天山深处参加修筑独库公路大会战。在被暴风雪围困的危急时刻，班长郑林书舍己为人，把生的希望留给陈俊贵。5年过去了，陈俊贵心里放不下当年救了他的老班长，他带着妻子和刚刚出生的儿子，告别家乡，千里迢迢地来到老班长和战友牺牲的天山脚下，为战友守墓。他说："我会一直守下去，守一辈子！"

敖特更花是鄂尔多斯市杭锦旗独贵塔拉镇刀图嘎查的农民，在当地288支治沙民工连队中，43岁的她是唯一的女队长。"两不怕"精神是民工连队的精神支柱，10多年间，敖特更花带领治沙民工连队向沙漠宣战，绿化了3万亩荒漠化土地。

在工友眼中，敖特更花为人随和、沉稳干练，治沙经验丰富，是大家的主心骨。她把乡亲共同致富奔小康作为自己的奋斗目标。她说："像保护眼睛一样保护生态环境，像对待生命一样对待生态环境。我要把我们在库布齐沙漠治沙的经验，告诉其他生活在沙漠边缘的人，还要跟他们一起治沙，让更多生活在沙漠地区的农牧民过上好日子。"

2014年，敖特更花带领治沙民工连队赴新疆生产建设兵团种了900亩红柳、600亩沙柳和240亩甘草。2017年，她转战青藏高原从事绿化工作。2018年5月，她带领工友到内蒙古通辽市辣椒铺嘎查种甘草、款冬花等药材。

从多年治沙实践中，敖特更花总结出了经验："在沙漠里发展，也要走'公司+农户'的规模化、市场化道路。"于是，她先后成立了神让湖养殖专业合作社，开办了内蒙古花姐园林绿化工程有限公司，坚持用自己的绿色梦，染绿更多的沙漠。

在最平凡的人生里，我们仍然可以感受到王杰的那句格言“有一分热发一分光”，激励着许多人挑战自我。

1974 年出生的丁红军，是陕西省宝鸡市渭滨区石鼓镇庙沟村的村民，他靠捡拾废品为生。别看他每天和废弃的脏物打交道，内心却干干净净的。他为了救助更多的人，制定了一个献血计划。从 2005 年 8 月起，丁红军陆陆续续献血，并坚持至今，光“献血证”就积攒了 35 本。

丁红军是宝鸡市中心血站的常客，每个月要来一次血站，工作人员没有不认识他的。2009 年，他加入宝鸡市无偿献血志愿者服务大队。在他的感召下，宝鸡市自愿献血的群众越来越多，义务献血量基本能满足社会需求和临床用血量。

丁红军每天走街串巷收破烂很辛苦，但再苦再累，他对无偿献血的事从不松懈，一到时间就主动去血站献血。即使是刮风下雨，也阻挡不住他献爱心的脚步。多年来，丁红军先后获得国家无偿献血奉献奖“金奖”“银奖”、无偿献血志愿者志愿服务“五星级”、陕西省造血干细胞志愿捐献者……

2011 年 8 月 20 日，中央电视台新闻频道“新闻直播间”对丁红军的先进事迹进行了专题报道。至此，这名以收旧为生的农村青年，成为家喻户晓的“献血明星”！

王杰说过：“一个人生活在世界上，活要活得有意义，死要死得有价值，活在世上不能碌碌无为，虚度年华。”

2019 年 8 月 2 日，年仅 51 岁的山西陵川县附城镇台北村党支部书记郭建平，不幸劳累过度，牺牲在扶贫工作的第一线。10 天后，他女儿郭子涵擦干眼泪，毅然向组织提出申请，女承父业，来到台北村，踏着她父亲的足迹，完成父亲未完成的事业。

郭子涵，1996 年 5 月生，2018 年毕业于沈阳工业大学。当她获悉父亲倒在了带领乡亲们奔向小康的路上时，毅然决定放弃城市舒适稳定的工作，来到村里接班，当一名新时代的新农民。

父亲去世前，没有给郭子涵留下一句话，但她知道自己应该做什么。来到村里，郭子涵当选村支书后，关注民生，首先抓的是村里污水的处理。这是一项综合工程，不光要疏通河道，在村里建两个蓄水池，还要改造厕所，设立垃圾站，并通过广泛的宣传，让村民们养成良好的卫生习惯。她要让大家意识到，居住环境好，幸福指数高，也是生产力。

处理污水的工程启动后，郭子涵又把工作重点转向发展农业生产上。村里的农副产品，主要有干梅子、大葱、茄子。于是，郭子涵琢磨着，下一步，如何在传统种植和加工中，注入科技含量……

郭子涵的想法，其实也是她的父亲郭建平生前曾有过的想法。

征途上，父亲倒下，女儿出战；扶贫的路上，女儿传承着父亲未竟的事业，再出发！

“把幸福建立在为人民服务上”，王杰的幸福观感动着千万人，王晓军就是其中一个。

王晓军，青海省西宁市兴海路红香柳刀削面馆的经理。他从面馆开业起，就贴出了“为 70 岁以上老人免费提供刀削面”的海报。多年来，王晓军始终坚持着自己的承诺，他用一碗面温暖了一座城市。

16 岁那年，王晓军离开家乡来到青海当兵，当时部队驻地自然环境恶劣，冬天外出执勤，吃的是携带的干粮。乡亲们给了这些军人们极大的帮助。有一次，王晓军又累又饿，一位老人给他做了一碗面，让王晓军终生难忘。

2010 年 9 月，退伍后的王晓军在西宁开了一家刀削面馆。每每有老年人来面馆吃饭，他都会想到当年老人给他煮的那碗面。于是，就有了面馆墙壁上那张告示，“为 70 岁以上老人免费提供一碗面条”。10 多年来，只要有老人到店里用餐，王晓军都会在其餐票上写上“老人”两个字，以便让后厨知道这是老人的面，要多煮一会儿，更加用心一些。他要用这种方式，对当年的那位老人进行报答与感恩。

“两不怕”精神是一种使命担当。甘肃省临洮县上营乡包家山村的申韦娟，是村里“难不倒”的女强人。

2010 年 4 月，申韦娟的丈夫被查出肝硬化，3 个孩子年幼，老人又体弱多病。面对困境，她从不放弃，硬是通过悉心的照料，将放弃治疗的丈夫拽回头，与病魔进行抗争。之后，她不幸遭遇车祸，造成骨折。但她没有倒下，而是带着手术后植入钢板的身子独自耕种 40 多亩地，承担起家庭脱贫的重担与责任。

党的精准扶贫政策给她带来了希望。大病救助、生源地助学贷款等政策极大地减轻了申韦娟一家人的负担；扶贫贷款、产业奖补等政策，为她发展百合种植提供了资金方面的支持。申韦娟通过种植百合，使家庭人均纯收入由 2013 年建档立卡时的 2 212 元增加到 2017 年的 9 600 元。

吃水不忘挖井人。作为一名共产党员，申韦娟认为自己有义务帮助更多的乡亲致富。她参加了村妇联主席换届选举并全票当选，过后带动全村 300 多户群众种植百合 2 000 多亩，实现销售总额 1 000 多万元，帮助 74 户贫困户实现了脱贫致富。从一个建档立卡贫困户到脱贫户，再到当选村妇联主席，带领全村脱贫致富，申韦娟凭借坚强和勤劳，实现了一位贫困山村女性的精彩蜕变。2018 年，申韦娟入围“全国脱贫攻坚奖”，并获得“全省脱贫攻坚奖奋进奖”。

“心里装着两不怕，走到哪里都不怕”，这是王杰生前所在连的战斗格言，也是李朝阳带领群众奔小康的写照。

李朝阳获悉自己被评为“2018 安徽年度经济人物”的消息后，一时没反应过来，心想自己是安徽省石台县七都镇河口村第一书记，又不是企业家，怎么就评上“经济人物”了？

后来我们得知，因为带领村民种香菇，办扶贫车间，搞黄牛养殖，让地处皖南山区的河口村发生了巨变，所以李朝阳成了 10 位入选者中唯一一位扶贫干部。

初到河口村，李朝阳听说村里有个名叫桂来胜的黄牛养殖“大户”，家有 5 头牛。李朝阳鼓励桂来胜成立黄牛养殖合作社，让村里的 22 户贫困户加入进来。桂来胜说，每天都要赶牛到较远的山沟里饮水，很不方便。李朝阳便帮他解决后顾之忧，替他申请了一个小型安全饮水项目。桂来胜说，牛多了，牛棚不大够用。李朝阳又通过县有关部门对牛棚改造给予补贴。如今，合作社里的牛已经达到 100 多头，其中桂来胜的牛就有 70 多头，成为名副其实的养殖大户。

见村里生产的香菇销售困难，李朝阳想方设法去上海，与一家餐饮企业建立了联系，拓宽了香菇的销售渠道。后来又见茶叶销售遇到问题，李朝阳经过调查和了解，发现产茶的石马塘村地处偏远，村民们要步行一个多小时才能把茶叶运到离得最近的公路。路不通，村里的茶叶销售就难。李朝阳便开始张罗修路。2017 年，李朝阳申报了“安徽省农村公路畅通工程”项目，随后整合其他扶贫资金，终于把路修好了……

按照规定，李朝阳扶贫工作已经期满两届，但他心里想着乡亲们，仍旧留在村里，为改变乡村的面貌，继续与难点较劲，带领大家用勤劳的双手，绘出生活中最新最美的蓝图。

王杰说过：“人一生，以服从祖国的需要为最快乐。”潘美儿对此多有共鸣，她在艰苦中寻找着快乐。

1976 年 6 月出生的潘美儿，是第 42 届南丁格尔奖的金质奖章获得者。

1996 年，潘美儿从浙江省湖州卫校毕业后，被分配到德清县山沟沟里的省皮肤病防治研究所麻风病住院部，先后承担了 60 多名麻风病人的长期医疗护理与康复工作。

一般人看到麻风病人，都会因其肢体残缺、外貌变形而感到害怕。可是作为护士，潘美儿从来都把病人当作自己的亲人。病人因生病心情不好，潘美儿就做他们的心理疏导工作；病人生活上遇到困难，潘美儿就帮助解决，并给予精心的照料。

因为麻风病是一种传染病，现症病人有一定的传染性，所以现症病区也是最危险的地方。潘美儿明知如此，总是主动申请，积极要求去那里工作。对于专业技术，潘美儿认真钻研，精益求精。她在国内外麻风病权威杂志上发表了多篇高质量的麻风病人的心理研究、麻风溃疡综合治疗等论文；她撰写的《麻风溃疡综合治疗研究》，曾在国际麻风病大会上进行学术交流，获得专家们的认可。

20 多年来，潘美儿以过人的勇气，无私的爱心，精湛的技术，创新的意识和协作的精神，带领病区的全体护理人员，为促进麻风病人这一弱势群体的健康及麻风病护理科学的发展，作出了突出的贡献。

接下来，我们要写到的一个人名叫钟扬。我们之所以执意要写钟扬，并不是因为他平时说过要以王杰为榜样，发扬“一不怕苦、二不怕死”的精神，也不是因为他在日记或是留下的文字里提过学习王杰的体会与感受，我们只是认为，在钟扬的身上，集中体现了“一不怕苦、二不怕死”的共产党人精神。正是在“两不怕”的共产党人精神的传承与感召之下，才涌现了像王杰那样的优秀共产党员，也涌现了像钟扬这样的当代共产党员。

这也是我们诠释“两不怕”精神的初衷。

那么，就让我们来说一说钟扬。

2017 年 9 月 25 日清晨，一场突如其来的车祸把钟扬的生命永远定格在了 53 岁。

钟扬是复旦大学生命科学学院副院长、复旦大学研究生院院长，他在复旦大学任教 17 年，培养了 107 位研究生和博士后。

作为中共中央组织部第六、七、八批援藏干部，钟扬 16 年来坚持学术援藏，不畏艰险盘点世界屋脊的植物家底，寻找生物进化的真实轨迹。从藏北高原到喜马拉雅山区，从阿里无人区到波涛汹涌的雅鲁藏布江，到处都留下了他忙碌的身影。他收集上千种植物的 4 000 多万粒种子，填补了世界种质资源库没有西藏种子的空白。

事实上，全世界都在关注种子。种质资源，事关国家生态安全，事关人类未来。作为物种遗传信息的一种载体，种质资源几乎是所有重大研究成果的基础，也是未来科技较量的必争之地。

正是为了种子，钟扬走进了青藏高原。他被这片土地的壮美与丰饶深深折服；被青藏高原独特的地理条件、耐受极大温差的植物、很可能包含着某些特殊基因的种子所吸引。于是，他如饥似渴地收集着，研究着，希望通过采撷，得到更多、更好的新的品种。

在世界屋脊采集种子的艰苦，非亲历难以想象。每一种植物的样本数量要达到 5 000 粒，濒危物种样本一般需要 500 粒。为了保证植物遗传信息独立，每个样本之间的距离不能少于 50 公里，同时在整个西藏境内，任何一个物种的样本不能超过 5 个群体……

于是，在青藏高原，钟扬有时一天奔波 800 公里。早上五六点出发，晚上八九点钟到达宿营点，之后还需要连续几个小时整理标本，一天只睡 3 个小时已是常态。

如同王杰所言："我更加感到时间的可贵，青春的可贵了，我一定要把毕生的精力献给最伟大的事业。"

奋斗者的心灵是相通的。钟扬说，有些事情是难，但再难，总要有人去做。只要国家需要、人类需要，再艰苦的科研也要去做。

钟扬走了，他就像一粒种子植入大地。那是生命的种子，会生根、发芽、开花、结果……

采访手记之二十二

我们的思路很明确，即写王杰精神，不光要写部队，也要写地方。也就是说，王杰精神，作为中国共产党人的精神谱系中的一种，是属于全党和全国人民共同所有。对于我们来说，采访的过程，就是一遍又一遍加深对"两不怕"精神认识的过程。

按照原先的计划，我们来到某集团军采访时，很想见一见某集团军政治工作部副主任张振东。一来，张副主任担任过王杰生前所在部队某旅的政委；二来，他曾经是集团军的宣传处长，对宣传工作非常熟悉。可是我们赶到集团军军部时，张副主任已提前一天去了皖东，部队在那里进行演习。好在几天后，当我们正准备去皖东，张副主任回到了军部。

于是，我们的见面推到了此后的一个早晨。

张振东副主任中等个儿，十分精干。他思维清晰，逻辑性强，言语流畅，节奏分明，和他聊起来，你会觉得非常惬意。

张副主任说到习近平主席来王杰生前所在部队视察，还说到习主席给“王杰班”的战士们回信，其间，习主席多次提到王杰和其“一不怕苦，二不怕死”的精神。

“两不怕”，最早出自20世纪50年代初，张国华军长率领第18军奉命进军西藏。当时为解决补给困难，经部队提议，中央批准，准备修筑入藏公路。

在人迹罕至、自然条件恶劣的青藏高原施工，筑路官兵不但要翻越数座海拔5000米以上的雪山，还需打通30多公里长的雪域天堑，为此，不少指战员牺牲了。但他们没有退缩。面对艰难困苦，官兵们庄严地喊出了“一不怕苦，二不怕死”的口号。

张副主任认为，如果溯源，这还不是“两不怕”精神的源头。要找源头，应当从1921年中国共产党成立算起。“两不怕”精神，是中国共产党精神谱系之一，第18军是在传承这种精神，而王杰及其传人，也是在传承这种精神。

说到王杰，张副主任充满了激情。

他说，“一不怕苦，二不怕死”精神，到了王杰这里，就显得十分突出了。王杰是在明知有生命危险的情况下，主动扑向炸点的，他用行动印证和诠释了“两不怕”的精神内涵；同时，也是他用青春和生命，把“两不怕”精神，在全国进行了普及与推广。王杰牺牲后，《人民日报》第一时间发表了社论，题目就是《一不怕苦二不怕死——学习王杰同志一心为革命的崇高精神》。后来，毛泽东主席说“我赞成这样的口号，叫做‘一不怕苦，二不怕死’”，更是对王杰“两不怕”精神的肯定和褒奖！

习近平主席强调，王杰精神是一面永不褪色的旗帜，“一不怕苦、二不怕死”的“两不怕”精神，过去是、现在是、将来永远是我们的宝贵精神财富。

张副主任的一番话，让我们从中再一次感悟到了王杰精神的时代价值和丰富内涵。

后　记

我们经历过20世纪60年代，对于王杰的“一不怕苦，二不怕死”精神，记忆深处有着深刻的烙印。“两不怕”的英雄气概和坚定意志，那是我们成长的营养之一和精神动力。所以，当我们决定写作《瞬间与永恒——王杰及传人》这本书时，立即投入了极大的热情。

王杰名字是我们所熟悉的，但王杰的故事，尤其是王杰精神传人的故事，有的并不熟悉。我们走进机关、部队、学校、社区……先后采访了许许多多王杰的战友、现役和退役军人、民兵、教师、学生、志愿者，以及众多的城乡群众。采访的过程，也是受教育的过程。我们从中感受到王杰精神的伟大与不朽。

回望一百年来的中华民族的奋斗史，一代又一代中国共产党人顽强拼搏、不懈奋斗，涌现出了一大批视死如归的革命烈士，一大批顽强奋斗的英雄人物，一大批忘我奉献的先进模范，形成了一系列伟大精神，构筑起了中国共产党人的精神谱系，为中国共产党的先进性提供了丰厚滋养。这其中就包括王杰精神！

我们带着满腔热情，讲述英雄王杰的成长历程，力图通过深度解读王杰及传人在新时代凸现的必然性，全面诠释一个人的生命可以有多么灿烂，一种伟大的精神能够给社会进程带来什么样的提升，以及由此带来的价值传导，带来的沉甸甸的思考——当代人应以什么样的姿势走向未来，以此振奋士气，开阔当代人的胸襟！

但愿我们的努力，能够如愿以偿。

这本书的采访与写作，要特别感谢中国人民解放军东部战区陆军和王杰生前所在部队71集团军政治工作部的大力支持与周到安排；感谢中国作协列入重点扶持项目；感谢江苏省委宣传部、江苏省作协和徐州市委宣传部对于作家创作现实题材的支持；感谢凤凰出版传媒集团、江苏凤凰教育出版社将本书列入重点出版物。

还要感谢众多的被采访者和信息提供者，是他们对于王杰的热爱，以及对王杰精神传承的执着，时常提供给我们意外的素材线索，使我们对写作本书充满了信心。从某种意义上讲，我们这本书的完成，是大家共同努力的结果。

谢谢大家！

2022年12月　二稿